Jürgen Friedrichs (Hrsg.)

Die Städte in den 80er Jahren

Jürgen Friedrichs (Hrsg.)

Die Städte in den 80er Jahren

Demographische, ökonomische und technologische Entwicklungen

Westdeutscher Verlag

CIP-Kurztitelaufnahme der Deutschen Bibliothek

Die **Städte in den 80er [achtziger] Jahren:** demograph., ökonom. u. technolog. Entwicklungen / Jürgen Friedrichs (Hrsg.). – Opladen: Westdeutscher Verlag, 1985.
ISBN 3-531-11758-0

NE: Friedrichs, Jürgen [Hrsg.]

Umschlaggestaltung: Horst Dieter Bürkle, Darmstadt
Druck und buchbinderische Verarbeitung: Lengericher Handelsdruckerei, Lengerich

Printed in Germany

ISBN 3-531-11758-0

Inhaltsverzeichnis

Vorwort

Der Wandel von Städten ist eng mit dem der Gesellschaft verbunden. Die gegenwärtigen Veränderungen der Beschäftigtenstruktur, der demographischen Struktur, sowie die technologischen Veränderungen haben die Großstädte stark und in unterschiedlichem Maße getroffen. Arbeitslosigkeit, Umweltschutz, neue Haushaltsformen, hohe Ausländeranteile, sinkende Finanzkraft und Konkurrenz um die Ansiedlung von "neuen" Industrien sind Beispiele dafür.

Dieser Band soll die Veränderungen der Großstädte in den letzten 15-20 Jahren dokumentieren und analysieren. Er soll außerdem Hinweise auf die abschätzbaren Entwicklungen bis zum Ende der Dekade geben. Schließlich gehen einige Beiträge auf die Frage ein, wie sich die beschriebenen Entwicklungen auf die funktionale Arbeitsteilung zwischen den größten Städten auswirken werden.

Die fehlende Volkszählung 1981/1983 erschwerte die Analysen. Aber gerade deshalb dürften die materialreichen Aufsätze von Bedeutung für Sozialwissenschaftler, Planer und Politiker sein. - Alle Beiträge wurden für diesen Band geschrieben.

Ich danke der British American Tobacco-Stiftung für die finanzielle Unterstützung des Projekts, Frau Margrit Menck und Herrn Volker Englich für ihre Geduld am Textcomputer.

Der Herausgeber

Jürgen Friedrichs

Die Zukunft der Städte in der Bundesrepublik

> "Profound changes in the character of the city can only come from the sources from which they have always come, changes in the economy and technology".
> J. Roebuck (1974:231)

Im Jahre 1980 wurde der Bericht einer noch unter Präsident Carter eingerichteten Kommission zur Lage der nordamerikanischen Städte in den 80er Jahren vorgelegt, "Urban America in the Eighties". Die von Wissenschaftlern verschiedener Disziplinen unterstützte Kommission gelangte u.a. zu dem Schluß, die Städte würden "schmerzhafte" Prozesse von Wachstum und Schrumpfung durchlaufen, und weiter heißt es:

"The redistributions resulting from the larger transformation of the economy and society will, of necessity, disadvantage certain places while they advantage others, The nations settlements will have to undergo these adjustments, and their 'health' will often have to be appreciated at new levels of population and employment.
The nation can no longer assume that cities will perform the full range of their traditional functions for the larger society. They are no longer the most desirable settings for living, working, or producing. They should be allowed to transform into more specialized service and consumption centers within larger urban economic systems" (PRESIDENT´S COMMISSION 1980:4).

Es ist nicht anzunehmen, daß die Entwicklung der Städte in der Bundesrepublik weniger schmerzhaft sei und nicht auch in einer ungleichen regionalen Verteilung der Wachstumschancen bzw. der ökonomischen Stabiltiät münden werde.

Ein Vergleich gerade mit den USA erscheint deshalb sinnvoll, weil die Großstädte in der BRD in ihrem Wandel weitgehend dem nordamerikanischen

----

Für zahlreiche Kommentare zu einer früheren Fassung des Aufsatzes danke ich Wolfram Droth.

Modell folgen, wenngleich mit einer Verzögerung von 10 - 15 Jahren (Friedrichs 1982: Vorwort). Drei wichtige Bedingungen haben beide Länder gemeinsam: Sie haben kapitalistisch verfaßte Wirtschaftssysteme, sie sind gleichermaßen betroffen von dem ökonomischen Strukturwandel, sie unterliegen schließlich dem gleichen ökonomischen Druck, sich durch neue Technologien an internationale Märkte anzupassen. Beide Länder hingegen haben keinen Frankreich und England vergleichbaren Nachholbedarf, ihre Industrie zu modernisieren. Bei dem Vergleich ist es allerdings erforderlich, von Phasen städtischer Entwicklung auszugehen (vgl. FRIEDRICHS & KIEHL 1985), also z.B. die Städte in der BRD eher mit den älteren nordamerikanischen Städten im Nordosten und nicht mit den jüngeren im Süden zu vergleichen.

Wenngleich die Trends der Stadtentwicklung in beiden Ländern übereinstimmen, so müssen einige wichtige Unterschiede zwischen den Ländern beachtet werden, die dazu beitragen, die Schärfe der Entwicklung der räumlichen Muster in der BRD zu verringern. Die Ausdehnung der USA und ihre dünnere Besiedlung haben es gestattet, ständig neues Land zu erschliessen, alte Strukturen, z.B. Wohnquartiere, zu verlassen, um anderswo neu zu beginnen, - so wie man ein ausgedientes Auto stehen läßt. Außerdem sind die Unterschiede in den Einkommens- und Staatssteuern beträchtlich, so daß allein hierdurch Ungleichgewichte bestehen, z.B. variieren die Lebenshaltungskosten zwischen den Bundesstaaten. Die regionale Mobilität der Arbeitnehmer und der Unternehmen ist erheblich höher als in der BRD bzw. in Europa. Schließlich sind die sozialen und hierbei die ethnischen Gegensätze - gegenwärtig noch - größer als in der BRD, so daß die steigende Konzentration von Minoritäten und Arbeitslosen in den Kernstädten eine größere Barriere für jede Stadtentwicklung oder gar Revitalisierung darstellt als es in der BRD der Fall ist.

1. TRENDS SOZIALEN WANDELS

Die künftige Entwicklung der Städte - auch jener in der BRD - wird sich noch weniger als bislang von den sozialen und - internationalen wie nationalen - ökonomischen Entwicklungen trennen lassen. Für eine Analyse großstädtischer Entwicklungstrends ist es daher angemessen, zunächst Trends sozialen Wandels darzustellen, um dann deren räumliche Effekte zu untersuchen. Als Bezugsrahmen für die Analyse dienen drei Dimensionen sozialen Wandels: Bevölkerung, Wirtschaft und Technologie. Ein Modell,

Tabelle 1: Ausgewählte Indikatoren sozialen Wandels, BRD, 1960-1990

Indikator	1960	1965	1970	1975	1980	1982	1990
Frauenerwerbsquote	33,4	31,9	30,2	30,9	32,6	33,9	33,5
Fruchtbarkeitsquote	81,8	85,2	67,2	47,6	46,7	46,2	-
deutsche Frauen	-	-	66,1	43,5	44,2	44,7	-
ausländ. Frauen	-	-	107,6	95,2	74,4	62,5	-
Anteil 0-18jähriger	25,3	26,6	27,0	25,8	23,0	21,2	17,5
Anteil 60 J. u. älter	16,4	18,1	19,3	20,2	19,8	19,9	21,7
Heiratsquote (1000 E)	9,4	8,3	7,3	6,3	5,9	5,9	-
Scheidungsquote (1000 E)	0,9	1,0	1,3	1,7	1,6	1,9	-
Anteil Ausländer	-	-	4,9	6,6	7,2	7,6	10,5
% Ewt. im sekund. Sektor	47,9	49,2	48,9	45,1	44,2	42,6	41,2
% Ewt. im tert. Sektor*	38,3	40,1	42,6	48,0	50,3	52,0	54,2
Handel	33,0	31,0	29,6	27,2	26,4	25,5	25,5
Verkehr	14,6	13,7	12,4	12,1	11,1	11,0	10,3
Banken, Versicherungen	3,8	4,5	5,3	5,6	5,6	5,6	5,4
Sonst. Dienstleistg.	19,8	20,2	20,7	20,4	21,2	21,8	22,3
Org. o. Erwerbsch.	7,7	6,1	5,7	5,8	6,0	6,1	6,3
Gebietskörpersch.	21,0	24,5	26,3	28,9	29,7	30,0	30,2
Arbeitslosenquote	1,3	0,7	0,7	4,7	3,8	7,5	-
Ausgaben F & E, Mio. DM	1350	1590	2819	6241	10266	-	-
DM/Einw.	24	27	46	101	167	-	-

* Die nachfolgenden Wirtschaftsgruppen des tertiären Sektors ergänzen sich zu 100 %.
Quellen: Statistisches Jahrbuch für die Bundesrepublik Deutschland.
Prognosen: Bildung im Zahlenspiegel 1983; BIRG 1983; HALSTRICK & RETTIG 1981.

das diese Dimensionen begründet und durch einzelne Hypothesen verbindet, wurde an anderer Stelle dargestellt (FRIEDRICHS 1985, FRIEDRICHS, DANGSCHAT, KIEHL & SCHUBERT 1983). In Tab. 1 sind die wichtigsten Indikatoren zusammengestellt, die diese Trends belegen.

Bevölkerung

1. Die Bevölkerung der BRD wird insgesamt abnehmen (vgl. den Beitrag von Bähr und Gans). Sie wird von 61.546.100 Einwohnern im Jahre 1982 auf 54.892.600 im Jahre 1990 auf 52.140.200 im Jahre 2000 sinken, legt man die gegenwärtige Nettoreproduktionsrate zugrunde (BMI 1984:135f.).

2. Ein steigender Teil der Bevölkerung wird Ausländer sein (rd. 12% im Jahre 2000), da deren Fruchtbarkeitsquote höher - wenngleich sinkend - ist und die Zahl der Deutschen sinkt.

3. Dennoch werden hiervon die meisten den Status der Gastarbeiter behalten, sofern a) die politischen und ökonomischen Verhältnisse in den Herkunftsländern, insbesondere der Türkei, unverändert bleiben, b) keine wesentlichen Änderungen in deren rechtlichem Status eintritt, z.B. Wahlrecht oder der Zwang, die deutsche Staatsbürgerschaft anzunehmen oder aber das Land zu verlassen. Bislang hat nur ein verschwindend geringer Anteil der ausländischen Arbeitnehmer die Einbürgerung beantragt: 1981 waren es 13.643, was einer Einbürgerungsquote (=Zahl der Ermesseneinbürgerungen : Zahl der Ausländer mit zehn und mehr Jahren Aufenthaltsdauer) von 0,7 entspricht. Auch ist die Bereitschaft, sich einbürgern zu lassen, vergleichsweise gering: Einer Umfrage des MARPLAN-Instituts zufolge hatte im September 1984 die Hälfte der befragten Türken, Jugoslawen, Italiener, Spanier und Griechen kein Interesse, die deutsche Staatsbürgerschaft zu erwerben (dpa, 27.9.1984).

4. Die Bevölkerung wird älter werden. Die geburtenstarken Jahrgänge der 60er Jahre werden in den frühen 90er Jahren in das Berufsleben eingetreten sein. Es wird ab 1986 einen höheren Anteil von über 60jährigen als unter 20jährigen geben. (Vgl. hierzu Abb. 1.)

5. Die Vorverlegung des Rentenalters, bislang fast ausschließlich unter dem Aspekt behandelt, neue Arbeitsplätze zu schaffen, wird erhebliche soziale Auswirkungen haben. Zum einen ist die Gruppe der Rentner weniger standortgebunden als die der Erwerbstätigen. Es ist nicht zu entscheiden, ob damit auch die Tendenz zu kleinen, innerstädtischen Wohnstandorten mit hoher Reisemobilität bzw. zu Winterstandorten im Süden verstärkt wird. Zum anderen wird zumindest ein Teil der (vorzeitigen) Rentner versuchen, nebenher zu arbeiten, sei es "schwarz" oder im Rahmen des gesetzlichen Limits.

6. Die Zahl der Haushalte wird zunehmen. Eine Modellrechnung (abgeschwächte Trends zugrundelegend) erbrachte folgende Entwicklung der Haushalte (BMI 1984 151, 153):

	Haushalte	% 1-Pers. Haushalte	% der Bev. in 1-Pers. Haushalten	Durchschn. Hh-größe
1981	23.456.000	31,2	12,9	2,42
1985	23.701.000	32,2	13,7	2,35
1990	24.045.000	33,4	14,7	2,28

Die wohl wichtigste Ursache hierfür sind die "neuen Haushalte" (vgl. den Beitrag von Droth und Dangschat). Insbesondere die geburtenstarken Jahrgänge werden bis 1990 einen eigenen Haushalt gegründet haben, ein großer Teil hiervon werden Einpersonenhaushalte sein.

7. Schließlich, und das hängt mit den eben erwähnten Veränderungen zusammen, wird die Zahl der alleinerziehenden Mütter und Väter zunehmen. Während es 1970 nur 745.000 solcher Eineltern-Familien gab, stieg diese Zahl um 21,5% auf 905.000 im Jahre 1981 (BMI 1984:29).

Abbildung 1:

Entwicklung der deutschen Bevölkerung insgesamt und nach ausgewählten Altersgruppen unter drei Modellannahmen

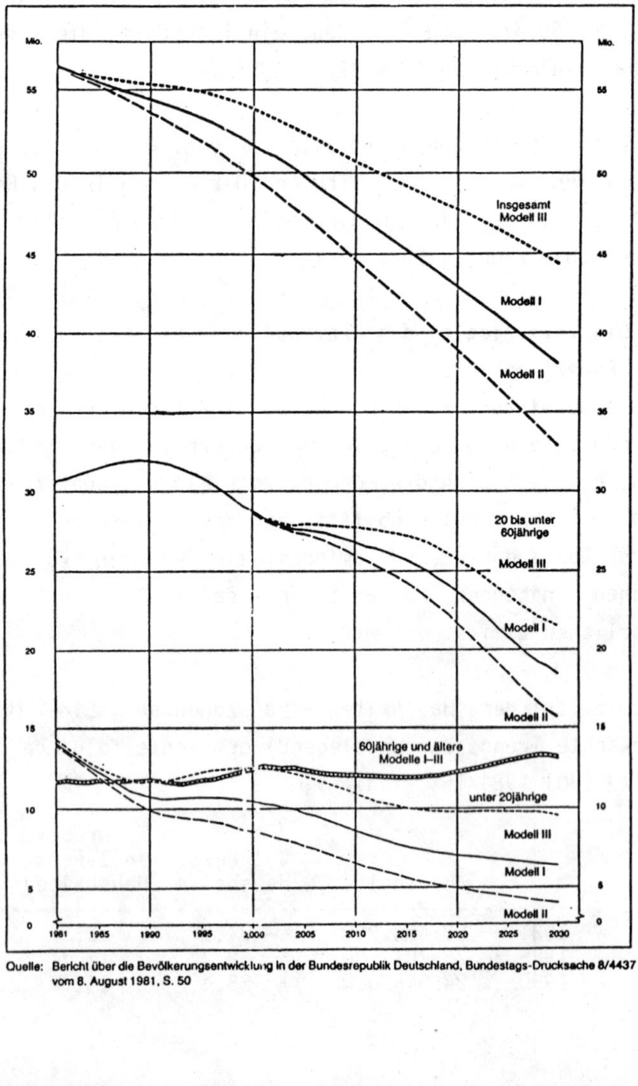

Quelle: Bericht über die Bevölkerungsentwicklung in der Bundesrepublik Deutschland, Bundestags-Drucksache 8/4437 vom 8. August 1981, S. 50

Wirtschaft

8. Die Zahl der im sekundären Sektor Beschäftigten ist in den letzten Jahrzehnten (nach einer Phase der ökonomischen Rekonstruktion nach dem 2. Weltkrieg) ständig gesunken und wird weiter sinken; hingegen steigt der Anteil der im tertiären Sektor Beschäftigten. Entscheidend sind daher die Entwicklungen innerhalb des tertiären Sektors. Die Zunahme richtet sich vor allem auf die Beschäftigten in den Wirtschaftsabteilungen "Sonstige Dienstleistungen" und "Gebietskörperschaften". Die steigende Zahl der in staatlichen und kommunalen Einrichtungen Beschäftigten ist u.a. die Folge von staatlichen Beschäftigungsprogrammen, die das Ziel haben, die Arbeitslosenquote zu senken. Sehr wahrscheinlich ist der Höhepunkt dieser Entwicklung überschritten; neuere Programme werden sich darauf richten, Beschäftigungsanreize für die private Wirtschaft zu geben, - ohne daß deren Erfolg gewiß wäre.

9. Langfristig bedeutsamer sind daher die Entwicklungen bei den "Sonstigen Dienstleistungen", z.B. im Gaststättengewerbe, Gesundheitswesen und sonstigen Dienstleistungen. In eben diesen Wirtschaftszweigen sind in den USA in den letzten Jahren die meisten Arbeitsplätze entstanden.

10. Aber auch damit ist das Problem struktureller Arbeitslosigkeit nur begrenzt zu lösen. Rationalisierungen und neue Qualifikationsanforderungen werden zwei Effekte haben: a) Die Zahl der Arbeitslosen wird sich zumindest bis Anfang der 90er Jahre kaum verringern, da die Umstellung der Wirtschaft zu einem hohen Anteil strukturell Arbeitsloser, schwer umschulbarer Arbeiter und Angestellten führen wird. Zudem werden die neuen Arbeitsplätze in absehbarer Zeit nicht zahlreicher sein als die verloren gehenden. Abb. 2 zeigt Projektionen dieser Entwicklungen; es ist ablesbar, daß nur ein über dem gegenwärtigen Niveau liegendes Wirtschaftswachstum die Zahl der Arbeitslosen vermindern könnte. b) Die veränderten Qualifikationsanforderungen werden einen geringeren Teil der jetzigen Mittelschicht in gehobene Positionen bringen, einen größeren in Berufe mit geringeren Anforderungen. Vereinfacht formuliert, ist es der Unterschied zwischen einem Fachmann für Computerprogramme und einem Restaurantangestellten.

Folgt man den Prognosen von CETRON (1983) für die Arbeitsplätze in den

Abbildung 2: Arbeitsmarktbilanz 1965-2000

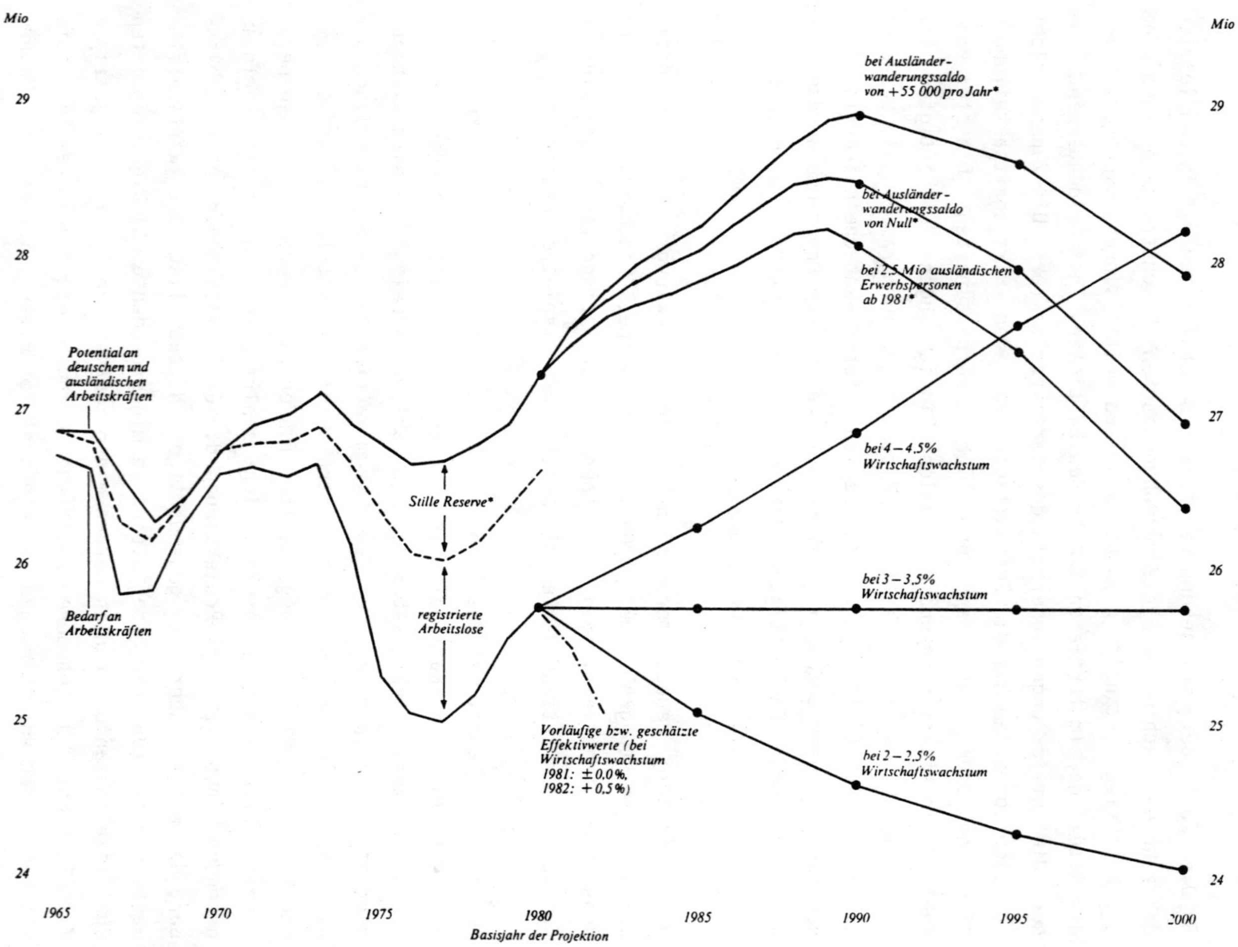

Quelle: KLAUDER, SCHNUR & THON 1982

USA, so werden sich vor allem die Arbeitsplätze für Wartungsarbeiten in der Industrie, im Handel und der Verwaltung erhöhen. Außerdem wird die Zahl der Arbeitsplätze im Einzelhandel steigen; die Zahl der Selbständigen wird sich ebenfalls erhöhen.

11. Die damit verbundenen Veränderungen in der Struktur der Erwerbstätigen im tertiären Sektor werden sehr wahrscheinlich zu einer Differenzierung innerhalb derjenigen Schicht führen, die für die westlichen Industriegesellschaften kennzeichnend ist: die Mittelschicht. Es werden zahlreiche Angehörige dieser Schicht absteigen, aber nur ein geringerer Teil aufsteigen. Ein derartiger Wandel der Mittelschicht zeichnet sich in den USA bereits ab (vgl. STEINBERG 1983, U.S. News and World Report, 19.3. 1984); er wird erhebliche soziale Folgen haben. - Zusammen mit der anhaltenden Arbeitslosigkeit wird die Einkommensdifferenzierung steigen, damit wiederum auch die Nachfrage auf den Wohnungs-Teilmärkten. Es ist zu vermuten, daß als Folge dessen u.a. die soziale Segregation in den Städten steigt.

12. Eine Folge der Anpassung an die ökonomische Struktur der post-industriellen Gesellschaft wird eine erhöhte Freizeit sein, eine Entwicklung, die sich jetzt bereits durch die Diskussion um die 35-Stunden-Woche abzeichnet. Es ist abzusehen, daß damit auch die Nachfrage nach Dienstleistungen steigen wird, vor allem der Bürobeschäftigten in den Zentren der Großstädte (PRESIDENT´S COMMISSION 1980:16).

Aber auch hier ist eine differenzierte Analyse angebracht. Die Arbeitszeit der durchschnittlichen Angestellten mag sich verringern, die der höheren Angestellten und Professionen eher nur verlagern. Mit der steigenden Ausrüstung privater Haushalte mit Personal Computern wird es möglich sein, einen Teil der sonst im Büro anfallenden Arbeiten nach Hause zu nehmen und am frühen Nachmittag oder Abend zu erledigen. Der Zugang zu Datenbanken und Geschäftsvorgängen ist ohne Probleme durch die schon heute verfügbaren Modems und das Telefon möglich. In den 90er Jahren wird sich dadurch auch die Struktur der zeiträumlichen Verteilung der Arbeit ändern.

13. Eine letzte Veränderung wird die stärkere Erwerbsbeteiligung der Frauen sein (vgl. BMI 1984:45f.). Nordamerikanische Forscher sind mehr-

heitlich der Ansicht, daß hierin eine wesentliche Veränderung des Arbeitsmarktes zu sehen ist (CETRON 1983, ALONSO 1980). Diese Prognosen sind jedoch mit Vorbehalten zu versehen: In der Bundesrepublik hat sich jede Rezession bislang besonders stark auf die Erwerbstätigkeit von Frauen ausgewirkt, sie sind rascher arbeitslos geworden als Männer. Geht man also von einer anhaltenden Rezession oder einem nur geringen Wirtschaftswachstum aus, so ist an eine solche Entwicklung erst in den 90er Jahren zu denken.

Die Prognosen über die höhere Erwerbsbeteiligung der Frauen beruhen auf mehreren Annahmen: der sinkenden Heiratsquote, dem sinkenden Anteil von Frauen im gebärfähigen Alter mit Kindern und der geringeren Zahl von Kindern pro Familie. Dieser Trend ist in den letzten Jahrzehnten erkennbar, doch ist er durch soziale Normen, die Frage: "Familie oder Beruf?", immer wieder beeinflußt worden. Es ist durchaus denkbar, daß eine neue Welle der Familienorientierung entsteht, - ohne jedoch den langfristigen entgegengesetzten Trend umzukehren.

Technologie

14. Die modernen Möglichkeiten der Telekommunikation, der Computer und der computer-gestützten Arbeit verändern die Industriegesellschaften vermutlich rascher noch als es frühere Technologien wie Dampfmaschine, Elektrizität oder Automobil getan haben. Zudem ist der Druck, diese Technologien zu übernehmen, aufgrund internationaler Konkurrenz stärker als in früheren Epochen.

15. Bei aller Unsicherheit über die genauen Effekte der Telekommunikationsmittel ist dennoch gewiß, daß sie die Standortflexibilität von Unternehmen(steilen) und Haushalten erhöhen. Traditionelle Kriterien der Standortwahl wie Rohstoffe, Arbeitskräftepotential und Fühlungsvorteile haben an Bedeutung verloren. Die Vernetzung von Unternehmensteilen sowie von Haushalten und Waren- und Dienstleistungsanbietern werden sich durch die neuen Technologien erhöhen. Damit eröffnet sich die Möglichkeit, die Ungunst schlecht erreichbarer Standorte zu kompensieren oder sogar bewußt dezentrale Standorte zu wählen. Es ist auch nicht mehr der Hauptbahnhof, um den sich ökonomische Aktivitäten konzentrieren, sondern

es sind der Flughafen oder Schnittpunkte von Autobahnen.

Schließlich wird die Verflechtung der Welt-Handelszentren zunehmen. Hierfür sprechen Projekte, die unter der Bezeichnung "Teleport" gegenwärtig in zahlreichen Ländern betrieben oder geplant werden. Es handelt sich um die technologische Variante des Hafens: ein Gelände mit mehreren Parabolantennen ("antenna farm") und zahlreichen Geschäftsgebäuden, die über Glasfaserkabel mit den Antennen verbunden sind. Über spezielle Satelliten sollen die Unternehmen des Teleport künftig mit ähnlichen "Cities" in der Welt verbunden sein. Es entsteht eine neue Bürostadt, meist am Rande der Stadt, seltener, wie im Falle des am weitesten fortgeschrittenen Projekts in London, im ehemaligen Dockgebiet. Neuere Planungen, wie die des "Texas Teleport" in San Antonio, sehen zugleich vor, benachbart eine (statushohe) Wohnsiedlung zu errichten. Geplant bzw. im Bau sind derartige Einrichtungen u.a. in New York, Chikago, Rio de Janeiro, Tokio, Toronto, Lagos, - aber auch in Hamburg. (Obgleich keine Einrichtung oder Stadt der Bundesrepublik Mitglied der World Teleport Association ist.)

Fraglos sind technologische Entwicklungen nicht naturwüchsig, sondern von Unternehmen und Regierungen gefördert. In den USA und Japan sind die neuen Technologien trotz ökonomischer Rezession und hoher Arbeitslosigkeit nicht so sehr als Bedrohung der Arbeitsplätze, sondern als Chance für neue Arbeitsplätze begriffen worden, wohl aus der pragmatischen Einstellung heraus, die neuen Technologien müßten ohnehin eingeführt werden. Dabei ist absehbar, daß die neuen Technologien Arbeitskräfte freisetzen und mehr neue Arbeitsplätze niedrigerer Qualifikation als höherer Qualifikation entstehen werden.

Im Gegensatz zu diesen Ländern sind derartige Entwicklungen in Europa jedoch mit viel mehr Skepsis betrachtet und auch langsamer eingeführt bzw. übernommen worden. Der Unterschied liegt nicht nur in einer dort rascheren Verwertung, um Profite zu erhöhen, sondern auch in einer spezifisch deutschen, wenn nicht europäischen Denkweise. Während sie dort stärker als Hilfsmittel begriffen und benutzt werden, besteht hier eine antitechnische Voreingenommenheit, die Computer und Telekommunikation als bedrohlich für ein Menschenbild des 19. Jahrhunderts erscheinen läßt.

Wertewandel

Lassen sich diese verschiedenen Trends demographischen und ökonomischen Wandels mit einem Wertewandel in Verbindung bringen? Es zeichnet sich, um es mit einem Ausdruck zu bezeichnen, eine zunehmend individualistische Gesellschaft ab. Der faktische Wohlstand der Mehrzahl der Bevölkerung, die weitgehende Befriedigung elementarer materieller Bedürfnisse, eine im internationalen Vergleich hohe soziale Sicherung, eine steigende Freizeit und erhöhte Mobilität haben die materiellen Voraussetzungen dafür geschaffen, individuelle Ziele stärker verfolgen zu können. Die Pluralität der Lebensstile wird durch eine Pluralität der Normen gestützt. Nicht nur die Abweichung von sozialen Normen, sondern auch das normenkonforme Verhalten bedarf der ständigen Rechtfertigung. Zudem sind die einzelnen Subkulturen umfangreich genug, um sich an ihnen zu orientieren und in ihnen akzeptiert zu werden, - es bildet sich eine neue Konformität heraus, bezogen stärker auf subkulturelle Standards als auf die Gesellschaft insgesamt.

Die Kehrseite dieser Entwicklung ist, daß die Differenzierungen feiner und unsichtbarer werden. Das bedeutet zugleich, daß die Unterschiede in den Lebensstilen, zusammen mit der oben vermuteten steigenden Einkommensungleichheit, zu einer steigenden sozialen Ungleichheit führen. Die räumliche Folge wäre eine stärkere soziale Segregation (der Subkulturen) in den Städten, wenn man davon ausgeht, daß Segregation vor allem durch Unterschiede im Einkommen und durch Ähnlichkeit der Lebensstile entsteht.

Dem Staat bzw. den Parlamenten kommt in dieser Entwicklung eine paradoxe Aufgabe zu. Einerseits sollen sie weiterhin die Basis für solche individuelle Entfaltung sichern, indem ökonomische Stabilität, Chancengleichheit und Subventionen garantiert werden. Andererseits wird dem Staat die eben hierfür erforderliche Macht indirekt durch Zweifel an seiner Legitimität und direkt durch mangelnde Mehrheiten zunehmend weniger zugestanden. Solche Zweifel dürften u. a. auf die bereits von LA PORTE & ABRAMS (1976) vermutete Enttäuschung der Bürger in den 70er Jahren über die Planbarkeit gesellschaftlicher Verhältnisse zurückgehen. Hieraus entsteht vermutlich auch die Forderung, Macht zu dezentralisieren: vom Bund auf die Länder oder in den Großstädten vom Stadtparlament auf die Bezirksparlamente, wie z.B. in Hamburg. Wichtiger noch: Die divergierenden

Vorstellungen darüber, wie die Probleme (Arbeitslosigkeit, neue Technologien, Integration von Gastarbeitern) gelöst werden können, sprechen dafür, daß sich die Konflikte zwischen den gesellschaftlichen Gruppen verstärken werden.

2. RÄUMLICHE AUSWIRKUNGEN

Unser Wissen über die Art, wie sich Trends sozialen Wandels räumlich umsetzen, ist noch immer sehr begrenzt, erwartet man präzise kausale und quantitative Aussagen. Weder läßt sich einer Erhöhung der Arbeitslosenquote um zwei Prozentpunkte eine räumliche Folge eindeutig zuordnen, noch kann aus einer Vergrößerung der Einkommensunterschiede zwischen Arbeitern und Angestellten um zehn Punkte auf dem Index der Dissimilarität ein entsprechender ID-Wert für die Segregation beider Schichten in der Stadt vorhergesagt werden. Im folgenden sollen daher nicht die räumlichen Effekte jedes einzelnen der oben aufgeführten Trends dargestellt werden - dies geschieht in den Beiträgen des Bandes -, sondern nur für ausgewählte Probleme.

1. Die Nachfrage nach Wohnraum wird sich bis in die frühen 90er Jahre nicht verringern (vgl. den Beitrag von Kreibich), den größten Anteil an dieser Nachfrage werden die neuen Haushalte haben. Die Effekte der neuen Heimarbeit, wie stark verbreitet sie bis zum Ende des Jahrhunderts auch sein mag, werden sehr wahrscheinlich dazu führen, die Nachfrage nach Wohnraum und größeren Wohnungen zu erhöhen. Die Wohnungsnachfrage und die technologische Entwicklung werden den Prozeß der Suburbanisierung begünstigen.

2. Demgegenüber sind die Hoffnungen auf eine Rückwanderung in die Kernstädte - und speziell die innerstädtischen Gebiete - in der BRD wohl ebenso unberechtigt wie in den USA. Die Rückwanderungsbereitschaft von Haushalten aus dem Umland dürfte unter 10% der Haushalte liegen (vgl. SCHENCK 1984). Auch läßt die Vielzahl verstreuter nordamerikanischer Studien den Schluß zu, daß die Bewegung "back to the city" erheblich überschätzt wird (vgl. u.a. CYBRIWSKI 1980, GALE 1980, STERNLIEB & HUGHES 1980). Weder werden ganze Haushalte, noch Eltern in der postgenerativen Phase in nennenwertem Umfang in die Städte zurückkehren. Was bleibt,

sind die Zuzüge der Jugendlichen, diese erfolgen aber aus den ohnehin bekannten Gründen: Ablösung aus dem Elternhaus und Nähe zum Arbeits- oder Ausbildungsplatz.

Eine für die Planung zugänglichere und quantitativ größere Gruppe sind jüngere Haushalte, vor allem jene, die in den USA als "young upward mobile professionals" bezeichnet werden. Es sind Personen zwischen 20 und 40 Jahren, mit Abitur/Hochschulabschluß und gutem Einkommen, in der Mehrzahl nicht verheiratet. Sie benötigen keine Wohnfolgeeinrichtungen wie Schulen und Kindergärten, - was zudem zur Folge haben wird, einige der vorhandenen Infrastruktureinrichtungen mangelhaft auszulasten. Dieser Typ von Haushalten trägt zu einer "gentrification" der innerstädtischen Wohngebiete bei, wenngleich es sich dabei nur um ausgewählte Teile innerstädtischer Wohngebiete handeln wird, um Inseln. Ob damit auch die von STERNLIEB & HUGHES (1980, 1983) für die USA vermutete Teilung der Großstädte in eine "city of the rich" und eine "city of the poor" kommen wird, ist aufgrund der geringeren sozialen Unterschiede in der BRD unwahrscheinlich. Eher abzusehen ist ein Anstieg der räumlichen Segregation der Altersgruppen. (Vgl. hierzu SCHÜTZ 1985.)

Es ist demnach wahrscheinlicher, daß es gelingen wird, Haushalte in der inneren Stadt zu halten bzw. am Fortzug zu hindern, als andere - wieder - anziehen zu können. (Vgl. für Hamburg die Studie von DROTH, FRIEDRICHS & HELMHOLTZ 1984.)

3. Die Zahl der <u>Ausländer</u> wird sich nicht vermindern; ihre Nachfrage nach Wohnraum wird steigen. Es wird daher auf dem Teilmarkt der preiswerten Wohnungen für einkommenschwache Familien eine verstärkte Konkurrenz geben. Angesichts einer ambivalenten Ausländerpolitik - Rotationsprinzip auf der Ebene der Regierung, Integrationsprogramm auf der Ebene der Kommunen - ist zu erwarten, daß sich die kulturellen Spannungen erhöhen, sodaß sich ein Teil der Ausländer nicht integrieren kann oder will. Wahrscheinlich werden unter solchen Bedingungen auch eigenständige Wohnquartiere im Sinne selbstbewußter "Chinatowns", entstehen.

Das Problem der Integration von Ausländern wird sich sehr viel stärker auf die zweite Generation verlagern (vgl. den Beitrag von Esser). Bei ihnen ist von einer geringeren Rückkehrbereitschaft auszugehen. Damit verstärken sich aber auch die Anforderungen an die deutsche Gesellschaft, ihnen ökonomisch und politisch gleiche Chancen zu geben (vgl. PALLUCH 1984:152f.). Gelingt dies nicht, so zeigen die Beispiele hoher Arbeitslosigkeit unter den Jugendlichen der Minorität in Großbritannien und den USA, daß es in den Großstädten zu erhöhter Kriminalität und Bandenbildung kommen wird; dies geht aus entsprechenden Prognosen von LOLL (1983) hervor.

4. Die räumlichen Auswirkungen der neuen Technologien sind schwer abzuschätzen (vgl. GÖB 1982, sowie den Beitrag von Henckel und Nopper). Gewiß sind eine erhöhte Standortflexibilität von Unternehmen, ebenso die möglichen Zeit- und Wegersparnisse für Haushalte. Ungewiß ist hingegen, ob z.B. Unternehmen Teile des Betriebes verlagern werden, welche Effekte dies auf die Bodenpreise im CBD haben könnte, oder ob das "Ende des Berufspendelns" (LIBBY 1969; vgl. KALBA 1974) aufgrund neuer Heimarbeit absehbar sei.

Theoretisch lassen sich diese Fragen folgendermaßen angehen: Technik und Technologien sind nicht für sich genommen bedeutsam, sondern erst durch ihre Anwendung, ihre Adoption. Sie können daher als Problemlösungen interpretiert werden. Eine neue Technik wird dann von einem Akteur (Unternehmen, Haushalt, Person) um so eher adoptiert werden,
- je größer die Problemlösungskapazität der Technik ist,
- je stärker die Problemwahrnehmung des Akteurs ist,
- je größer der externe Druck (z.B. Wettbewerb) auf den Akteur ist.

Im Rahmen der hier skizzierten Theorie der Technik als Problemlösung kann für die räumlichen Auswirkungen eher vermutet werden, daß geplante Standortverlagerungen rascher erfolgen wwerden, also Prozesse, wie sie bereits von GODDARD (1975, 1977) beschrieben wurden. Die neuen Technologien lösen hier nur bekannte Probleme, z.B. das der Betriebserweiterung, auf bessere Weise. Anders ist es bei Neuansiedlungen, wie sie weiter unten am Beispiel der Forschungsparks beschrieben werden.

Eine Heimarbeit im Sinne ausgelagerter Arbeitsplätze erscheint bislang unwahrscheinlich, vielmehr werden Betriebe zusätzliche Dienstleistungen an vorhandene, aber nun besser ausgerüstete, Heimarbeitsplätze (z.B. Schreibarbeiten, Sammelbestellungen von Versendern) delegieren. - Auch die Auswirkungen auf die Haushalte können durch diese Theorie besser erklärt werden, zieht man die Ergebnisse der umfangreichen Forschungen von KROMREY (1984a, 1984b) über die Nutzung von Bildschirmtext (Btx) heran. Demnach verändert das Medium nicht die Kommunikation in der Familie. Vielmehr wird es vorwiegend dazu verwendet, aktuelle Informationen und solche über Warenangebote einzuholen, sowie für Bestellungen und Erledigungen. Genau die beiden letztgenannten Tätigkeiten entlasten das Zeitbudget der Haushalte von Ein-Zweck-Fahrten, wie sie in mehreren Aktionsraumstudien nachgewiesen wurden. Da der Anteil der Fahrten für derartige Zwecke jedoch gering ist, werden keine erheblichen räumlichen Folgen, etwa ein vermindertes Verkehrsaufkommen, auftreten.

5. Regionale Ungleichheit. Der technisch-ökonomische Wandel geht rascher vor sich, als sich die sozialen Verhaltensmuster anpassen können. Diese Annahme dürfte seit ihrer Formulierung in der klassischen Arbeit von OGBURN (1922) empirisch unbestritten sein. Auch geht der technisch-ökonomische Wandel rascher vor sich, als die Städte sich anpassen können, da dem die Trägheit ("Persistenz") räumlicher Strukturen (Gebäude, Bodennutzung) und kommunalen Pläne entgegenstehen. Es ist einfacher, mit neu erschlossenem Gelände Ansiedlungspolitik zu betreiben als obsolet gewordene Flächen umzuwidmen oder einem Recycling zu unterziehen. Deshalb wird die Anpassungsfähigkeit jüngerer Städte (und Gemeinden) im Regelfall größer sein als die der älteren, durch Industrie geprägten Städte. Sind diese Annahmen zutreffend, so lassen sie den Schluß zu, daß die Entwicklung zu einem stärkeren regionalen Ungleichgewicht führen wird.

Eine kritische Rolle in der neuen Phase der Stadtentwicklung wird der Ansiedlungspolitik der Kommunen zukommen. Im Gegensatz zu den USA konkurrieren die Länder in der BRD nicht durch unterschiedlich hohe Einkommens- und Landessteuern, auch nicht durch unterschiedlich hohe Gewerbesteuern; es variieren nur die Grundsteuer und die Hebesätze für die Umsatzsteuer. Der Spielraum der Gemeinden ist demnach in der BRD geringer.

Dies spricht für eine ausgeglichenere Entwicklung in der BRD, die keine so krassen Wachstumsunterschiede aufweisen wird, wie sie in den USA bereits bestehen, wo die Kluft zwischen den Frostbelt-Städten im Nordosten (z.B. Baltimore), und den Sunbelt-Städten in Texas (z.B. Austin) und

Kalifornien (z.B. San Diego), ökonomisch und sozial zunimmt.

Dennoch bestehen zwischen den Großstädten erhebliche ökonomische Unterschiede. So variieren die Arbeitslosenquoten in den Großstädten, z.B. Stuttgart 5,6%, München 6,7%, Hamburg 11,2% (1. Vj. 1984), und die Wanderungsbewegungen. Sie werden sich eher verstärken, zieht man die Struktur der Arbeitsplätze in Betracht. In dem Maße, in dem sich die neuen Arbeitsplätze interregional ungleich verteilen, wird sich auch das regionale Ungleichgewicht in den Einkommen, das Steueraufkommen und somit die Investitions- und Verschuldungsfähigkeit der Gemeinden verändern. (Vgl. die Beiträge von Bähr und Gans, Friedrichs, Gatzweiler, Heuer.) Die Struktur der Industrien und der Mittelbetriebe in Baden-Württemberg und Bayern, speziell in München, sind für die gegenwärtige technologische Entwicklung besser vorbereitet als die der Hansestädte oder die von Saarbrücken. Es ist zudem nicht wahrscheinlich, daß die ohnehin bestehende Attraktivität des Südens (Klima, Nähe zu Ferienzielen) die bereits in den vergangenen 20 Jahren einen Teil der Nord-Süd-Wanderungen und Standortverlagerungen beeinflußt haben dürfte, unter den Bedingungen einer erhöhten Standortflexibilität weniger wichtig sein sollte.

Daher geht es bei der Diskussion um das "Nord-Süd-Gefälle" weniger um die gegenwärtigen Daten als vielmehr um die Entwicklungschancen. Der These von dem Nord-Süd Gefälle liegen zwei unterschiedliche Prozesse zugrunde, die zunächst wenig miteinander zu tun haben. Zum einen sind es strukturelle Probleme einzelner Branchen (Schiffbau, Stahlindustrie, Bergbau), die ehemals im Norden und im Westen ihre Standortvorteile hatten. Mit ihrem Niedergang verlieren die Regionen und deren Städte einen wichtigen Teil ihrer ökonomischen Basis. Zum anderen geht es um die Ansiedlung neuer Industrien, die einzelne Großstädte aufgrund von Fühlungsvorteilen zu vorhandenen Industrien und der Politik der Kommune und/oder des Landes haben. Für die künftige Entwicklung der Großstädte ist nur die Kombination beider Prozesse bedeutsam, nämlich niedergehende Industrien und mangelnde Attraktivität für neue Industrien.

Die in einer Großstadt vorhandene Branchenstruktur ist auch insofern von Bedeutung, als die Weichen für die künftige ökonomische Entwicklung der Regionen und ihrer Großstädte jetzt gestellt werden. Wie Entwicklungen in den USA zeigen, sind hierbei Erstansiedlungen von neuen Betrieben von entscheidender Bedeutung, um weitere Firmen der gleichen Branche folgen zu lassen. Die neuen "Research Parks" mögen hierfür als Beispiel dienen.

Klammert man die Entwicklung in Kalifornien aus, wo die Konzentration neuer Technologien noch auf die natürliche Ressource Silicium zurückgeht, so gibt es drei weitere solcher Konzentrationen von Forschungs- und Entwicklungsinstituten: im Westen von Boston, im Städtedreieck Chapel Hill - Durham - Raleigh in North Carolina und in Texas, entlang der 78-Meilen-Achse zwischen Austin und San Antonio.

Abbildung 3: Der "Research Triangle Park" und Lage der Firmen im Park

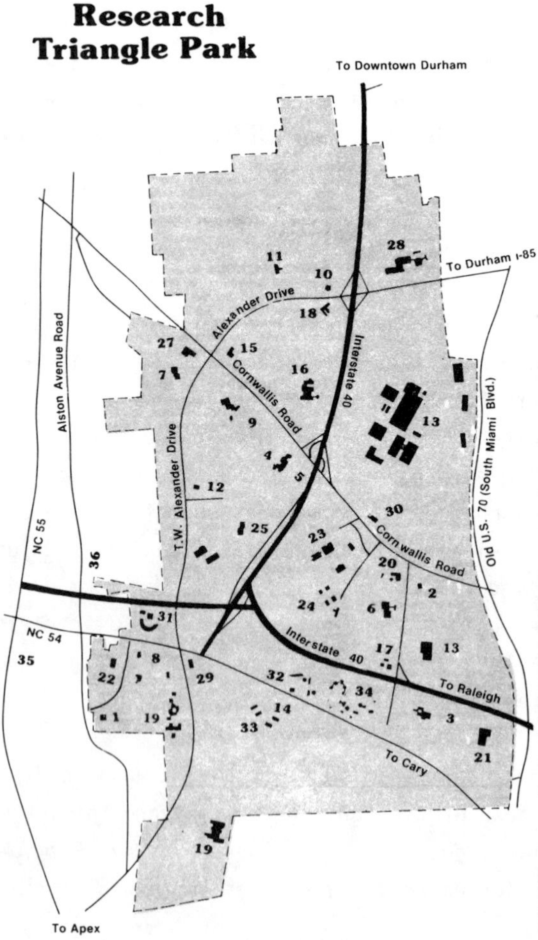

1. Airco Industrial Gases
2. American Association of Textile Chemists and Colorists (AATCC)
3. Becton Dickinson and Company (BD)
4. Burroughs Wellcome Company (BW)
5. The Burroughs Wellcome Fund
6. Chemical Industry Institute of Toxicology (CIIT)
7. Data General Corporation
8. Family Health International
9. General Electric/Intersil Microelectronics Center
10. Glaxo Incorporated
11. Institute for Transportation Researc[illegible] and Education
11. N.C. St[illegible] Education Assistance Authority
11. Friendship Force of N.C.
12. Instrument Society of America (ISA)
13. Internatinal Business Machines Corporation (IBM)
14. Mead Compuchem
15. Microelectronics Center of North Carolina (MCNC)
16. Monsanto Triangle Park Development Center, Inc.
17. National Center for Health Statistics Laboratory (NCHS)
18. National Humanities Center
19. National Institute of Environmental Health Sciences (NIEHS)
20. North Carolina Biotechnology Center
20. N.C. Education Computing Service (NCECS)
20. N.C. Science and Technology Research
20. Triangle Universities Computation Center (TUCC)
21. Northern Telecom Incorporated
22. Northrop Services Incorporated
23. Research Triangle Foundation of North Carolina
24. Research Triangle Institute (RTI)
25. J.E. Sirrine Company
26. Triangle Service Center Incorporated
27. Troxler Electronic Laboratories Incorporated
28. Union Carbide Agricultural Products Company Inc.
29. U.S. Army Research Office (ARO)
30. U.S. Department of Agriculture Forestry Sciences Lab and Southeastern Center for Forest Economics Research
31. U.S. Environmental Protection Agency (EPA)
32. General Electric
33. TRW
34. Governors Inn
35. Bamboo Court
36. Econo Lodge

Abb. 3 zeigt Einzelheiten des "Research Triangle Park" in North Carolina, 15 km vom Flughafen Raleigh-Durham entfernt. Es handelt sich um ein Waldgebiet; in dem 1959 eröffneten Park von 2185 Hektar sind die Gebäude weit verstreut. Die Investitionssumme betrug rd. eine Milliarde Dollar. Anfang 1984 arbeiteten hier 22.000 Beschäftigte, im Jahre 2000 sollen es 50.000 sein. Die Dimensionen mag verdeutlichen, daß die Firma IBM hier über 279.000 qm Bürogeschoßfläche verfügt.

Alle drei Ansiedlungen gehen auf die späten 70er Jahre zurück, alle drei sind noch im Ausbau begriffen. Sie weisen eine Reihe von gemeinsamen Merkmalen auf:

1. Sie liegen in zuvor unerschlossenen Flächen außerhalb der Großstädte, in landschaftlich schönen Gebieten.
2. Sie liegen an Kreuzungen von Autobahnen, nahe zu lokalen Flughäfen.
3. Sie sind eng mit mehreren der nahegelegenen Universitäten verbunden, z.B. im Falle North Carolina: Duke University, University of North Carolina und North Carolina State University.
4. Die Planungen sind eine gemeinsame Aktion von lokalen Behörden, Gouverneur, privater Industrie und Universitäten.

Wie bedeutsam die Rolle der Universitäten in diesem Zusammenhang ist, mag folgende Tatsache belegen: Auf einer Tagung der Bürgermeister der größeren Großstädte der USA (US Conference of Mayors) im Mai 1984 "Economic Recovery and the Cities", wurde zum ersten Mal festgestellt, daß für die zukünftige Entwicklung der Städte die lokalen Universitäten von entscheidender Bedeutung seien, sowohl um neue Industrien anzusiedeln als auch bereits ansässige kleine Betriebe (small business) zu unterstützen.

Es ist anzunehmen, daß die aufgeführten vier Merkmale auch die grundsätzlichen Voraussetzungen für eine derartige Konzentration sind, somit auch Voraussetzungen für neue Arbeitsplätze, sowie der durch sie induzierten Dienstleistungen (Hotels, Restaurants, Wartungspersonal). Ist diese Annahme zutreffend, so dürfte keine der vier Bedingungen in der BRD leicht zu erfüllen sein. Flächen, wie unter (1) und (2) aufgeführt, werden sich nur gegen den Widerstand der Anwohner oder von Bürgerinitiativen neu erschließen lassen. Das bedeutet: Die Ansiedlung kann eher dort erfolgen, wo solche Flächen bereits in Flächennutzungsplänen ausgewiesen sind oder aber dort, wo Flächen von "alten" Industrien verlassen wurden, z.B. Hafengelände. Die zuletzt genannten Flächen würden Bedingung (2) erfüllen, hingegen nicht die vermutlich wichtigere Bedingung (1). Bedingung (3) ist ohne ein Umdenken an den Universitäten (weniger den Technischen Universitäten) nicht vorstellbar, daher unwahrscheinlich; das gleiche gilt für die letzte Bedingung, die wiederum ohne ein Umdenken der Referate für Stadtentwicklung unerfüllbar bleibt.

Die Prognose ist daher, daß es Großstädten in einzelnen Bundesländern gelingen wird, in bereits ausgewiesenen Gebieten solche Ansiedlungen zu erreichen, ohne allerdings etwas den USA Vergleichbares zu erstellen. Der größte Teil der Entwicklung wird eine Expansion bestehender Firmen auf vorhandene Flächen ausmachen, dies wiederum eher im Süden, vor allem um München und in der Region Mittlerer Neckar.

Die Effekte auf die funktionale Arbeitsteilung der deutschen Großstädte lassen sich nur vermuten. Vermutlich wird die Konkurrenz um neue Betriebe nur wenige der großen Städte stärken und die Arbeitsteilung unter ihnen vergrößern: - Düsseldorf als Handelszentrum, vor allem mit Japan, - Hamburg als Medienstadt, - Frankfurt als Finanzkapitale und München als Zentrum neuer Technologien, mit zudem der höchsten Einwohnerzahl in der Stadtregion von allen deutschen Stadtregionen.

6. Konkurrenz und Steuerkraft der Kommunen. Es ist unausweichlich, daß die Konkurrenz unter den Großstädten steigen wird, vor allem durch Vorleistungen an neue Betriebe bzw. Hilfen, um eine Abwanderung zu verhindern. Damit erhält die Verschuldungsfähigkeit einer Stadt ein erhebliches Gewicht. Die Städte geraten so aber in stärkere Abhängigkeit von den Entscheidungen der Landesregierung.

Wenn sich aber die Wanderungen in der prognostizierten Weise zugunsten eines hohen Wanderungsüberschusses für den Süden entwickeln, so sinken mit den Einwohnerzahlen in den nördlichen Städten auch deren Finanzzuweisungen. Dies wiederum bringt die Städte sowohl in eine schlechtere Verhandlungsposition als auch in die Schwierigkeit, ihre laufenden Ausgaben nicht mehr decken zu können. Entsprechend steigt, ebenso wie bereits in den USA, ihre Abhängigkeit von Bundeszuschüssen bzw. Bundeshilfen (PRES-

IDENT'S COMMISSION 1980:51). Bereits 1983 wurde vom Bremer Bürgermeister Koschnick gefordert, auch die Hafenstädte in der Förderung den Zonenrandgebieten gleichzustellen.

Dieses Problem der schrumpfenden Steuerbasis ist für die USA in dem erwähnten Bericht der President's Commission ausführlich behandelt worden. In dem Bericht werden fünf Möglichkeiten erörtert, um die Steuerverluste auszugleichen und gleichzeitig die städtischen Dienstleistungen aufrechtzuerhalten: 1. Steuererhöhungen; 2. die Steuerlast auf neue Steuern zu verlagern oder zu erweitern; 3. Steuern durch Benutzungsgebühren zu ersetzen; 4. Kommunale Dienstleistungen zu privatisieren; 5. die Dienstleistungen und ihre Finanzierung einer anderen staatlichen Stelle anzulasten.

Die erste Strategie wird verworfen, weil sie in den USA vielfach die Nebenfolge erhöhter Abwanderung gehabt hat. Das gleiche gilt für die zweite Strategie, "because the most able to pay may be those most willing and able to avoid an increased tax burden" (ibid:47). Die dritte Strategie wird zunehmend angewendet und erscheint sinnvoll, da sie nur diejenigen für eine Dienstleistung bezahlen läßt, die sie auch tatsächlich beanspruchen. Dem Argument, hiermit sei auch eine Benachteiligung der ärmeren Bevölkerung verbunden, wird entgegnet, das progressive Steuersystem führe auch bei der ärmeren Bevölkerung dazu, allgemeine Steuern für Leistungen zu bezahlen, die hauptsächlich von anderen in Anspruch genommen würden. Die vierte Möglichkeit, Privatisierung bislang kommunaler Dienstleistungen, wird ebenfalls vielfach angewendet. Dies wird mit der Einschränkung empfohlen, sie auf neue Dienstleistungen zu beziehen, deren Herstellung und "Abnahme" einer gewissen Unsicherheit unterliegen, - also eine Privatisierung des anfänglichen Risikos.

Will man diese Argumente auf die Städte in der BRD übertragen, so ist zu bedenken, daß die Situation in nordamerikanischen Großstädten noch durch die steigende Konzentration von ethnischen Minoritäten, Arbeitslosen, alleinerziehenden Müttern und Sozialhilfeempfängern verschärft wird. Die meisten Regierungsprogramme seien darauf gerichtet, Bundesmittel an intermediäre Institutionen wie Schulen, Betriebe, Nachbarschaften (=Sanierung) zu geben, in der Annahme, damit auch den benachteiligten Individuen zu helfen. Die Kommission schlägt jedoch vor, die Hilfen an die Institutionen in den Städten von denen an die benachteiligten Individuen zu trennen, wenngleich eine Beziehung zwischen beiden Problemen nicht zu leugnen sei: "Urban programms aimed solely ameliorating poverty where it occurs may not help either the locality or the individual if the net results is to shackle distressed people to distressed places" (PRESIDENT´S COMMISSION 1980:55, 56). Die Empfehlung lautet daher, eine "people to the jobs"-Strategie zu verfolgen und die Mobilität der Arbeitskräfte durch finanzielle Anreize zu erhöhen:

"More importantly, if the ultimate goal is to direct greater concentrations of federal resources directly to people, wherever they may live, rather than indirectly to people through places and political jurisdictions, a national urban policy sensitive to distribution patterns might best be recast into more coherent national economic and social policies. As understanding of the root causes of distress and the possibilities and limitations of centralized policy initiatives deepens, our national responses to problems that are found in all communities also should evolve - from a largely place-oriented, locationally sensitive, national urban policy, to more people-oriented, locationally neutral, national economic and social policies" (ibid.:82).

3. ZUSAMMENFASSUNG

Die hier vorgestellten Trends und ihre vermutbaren räumlichen Folgen lassen nicht den Schluß zu, es gäbe eine "Krise der Stadt", - ein Ergebnis, zu dem auch SIEBEL (1984) in seiner Analyse gelangt. Es handelt sich vielmehr um einen langfristigen Übergang der durch Industrie geprägten Gesellschaft zu einer Dienstleistungsgesellschaft, deren Struktur erst langsam begriffen wird. Von den ökonomischen, sozialen und politischen Folgen dieses Wandels sind insbesondere die alten Industriestädte betroffen: dauerhafte Arbeitslosigkeit, hohe Ausgaben für Sozialhilfe und Einkommensungleichheit werden sich daher besonders in diesen Städten auswirken. Angesichts der Schwierigkeiten, Lösungen zu finden, sind selbst die vorgeschlagenen (z.B. Subventionen, Beschäftigungsprogramme, Verkürzung der Arbeitszeit) umstritten. Hieran wird sich voraussichtlich auch bis zum Anfang der 90er Jahre wenig ändern.

Nicht alle der hier vorgetragenen Annahmen sind wissenschaftlich gesichert, sondern sie enthalten auch spekulative Elemente. Wäre es anders, so verlängerte man nur die Gegenwart in die Zukunft.

Hans Heuer

Die veränderte ökonomische Basis der Städte

1. DIE ÖKONOMISCHE BASIS ZU BEGINN DER 70ER JAHRE

Die ökonomische Landschaft der Städte und Gemeinden war zu Beginn der 70er Jahre noch weitgehend "in Ordnung". Sie war von niedriger Arbeitslosigkeit, einem wachsenden Steueraufkommen und einer entsprechend expansiven Ausgabentätigkeit gekennzeichnet. Die westdeutsche Wirtschaft befand sich 1970/71 zwar in der Abschwungphase ihres fünften Konjunkturzyklus nach dem Kriege. Bereits 1972 war der milde Abschwung, der keine größere Arbeitslosigkeit gebracht hatte, aber wieder beendet (SACHVERSTÄNDIGENRAT 1972:52).

Die Arbeitsmarktsituation war nahezu allerorten - sieht man von den strukturschwachen Randbezirken in Bayern und Niedersachsen ab - von Vollbeschäftigung geprägt. 1970/71 war der Arbeitsmarkt buchstäblich leergefegt. Das Angebot an deutschen Arbeitskräften nahm insgesamt ab, weil mehr Personen aus Altersgründen aus dem Erwerbsleben ausschieden als junge Menschen das erwerbsfähige Alter erreichten. Die inländische Nachfrage nach Arbeitskräften konnte nur durch Zuzug ausländischer Arbeitnehmer befriedigt werden (SACHVERSTÄNDIGENRAT 1971:29). In den großstädtischen Arbeitsamtsbezirken reichte die Spannweite der Arbeitslosenquoten im Jahre 1972 von 0,2% in Stuttgart bis 2,5% in Bremerhaven (ANBAR 1973:74 ff). Sie wichen damit nur wenig vom Bundesdurchschnitt (1,1%) ab. Das Niveau der Arbeitslosenquoten war im Abschwung 1971/72 niedriger und auch die regionale Differenzierung war weniger stark ausgeprägt als im Konjunktureinbruch 1966/67 (SACHVERSTÄNDIGENRAT 1972:53).

Trotz verschiedener stabilitätspolitischer Maßnahmen der Bundesregierung war die Haushaltswirtschaft der Gebietskörperschaften Anfang der 70er Jahre von einer kräftigen Ausgabenexpansion gekennzeichnet (vgl. die Übersicht finanzpolitisch wichtiger Ereignisse in: SACHVERSTÄNDIGENRAT 1971:61f). Dabei haben sich vor allem die Kommunen nach Ansicht des Sachverständigenrates zur Begutachtung der gesamtwirtschaftlichen Entwicklung prozyklisch verhalten und den Restriktionskurs des Bundes unterlaufen (SACHVERSTÄNDIGENRAT 1971:64). So sind "für das Ausgabenverhalten jeder einzelnen Gemeinde gesamtwirtschaftliche Überlegungen kaum ausschlaggebend. Vielmehr richten sich die Gemeinden in ihrer gesamten Haushaltswirtschaft vorwiegend nach der Entwicklung ihrer laufenden Einnahmen" (ibid.:65). Die laufenden Einnahmen aber flossen reichlich, so daß nicht nur die sprunghafte Ausweitung der Personalausgaben, sondern auch die verstärkte Zunahme der Sachinvestitionen finanziert werden konnte (ibid: 64f). Dabei hat sich für den Ausgabenspielraum der Kommunen nicht nur die konjunkturelle Entwicklung, sondern auch die Gemeindefinanzreform von 1969 positiv ausgewirkt, weil aus dem Steuertausch (eines Teils des Gewerbesteueraufkommens gegen eine Beteiligung an der staatlichen Einkommensteuer) für die Kommunen ein positiver Nettoeffekt verblieben ist (KLEIN & GLEITZE 75:2).

Allerdings bestanden zwischen den Städten und Regionen teilweise erhebliche strukturelle Unterschiede, die nicht ohne Einfluß auf die ökonomische Basis sein konnten. So hat sich das wirtschaftliche Leistungsgefälle - nimmt man die Entwicklung des Bruttoinlandproduktes je Kopf der Wirtschaftsbevölkerung als Maßstab - von 1961 bis 1970 zwischen den Großstädten noch leicht verstärkt (HEUER 1975a:270ff). 25 von 52 Großstädten hatten ein um mehr als 10% über dem Bundesdurchschnitt liegendes BIP je Kopf der Wirtschaftsbevölkerung. Sie konnten als besonders wirtschaftsstark gelten, während 10 Städte mit einem um mehr als 10% unter dem Bundesergebnis liegenden BIP ihre Wirtschafts- und Strukturschwäche dokumentierten. Dabei handelte es sich fast ausnahmslos um Städte aus dem Ruhrgebiet (Herne, Bottrop, Recklinghausen, Mülheim, Rheydt, Mönchengladbach) und aus dem norddeutschen Raum (Wilhelmshaven, Osnabrück, Kiel) (ibid.:273, Tab. 52).

Die strukturelle Spezialisierung der Großstädte war 1970 geringfügig höher als 1961. Als Maßstab kann ein Spezialisierungskoeffizient herangezogen werden, der die Differenzen zwischen den regionalen Beschäftigtenanteilen und den Beschäftigtenanteilen im Bundesgebiet für 18 Wirtschaftsbereiche in einer Kennziffer wiedergibt (HEUER 1975b:275). An der Spitze einer Spezialisierungsskala lagen vorwiegend Städte der Rhein-Ruhr-Region, die einen überproportionalen Beschäftigtenanteil im Bergbau (Oberhausen, Bottrop, Gelsenkirchen, Recklinghausen) oder im Verarbeitenden

Gewerbe hatten (Leverkusen, Rheydt, Solingen, Remscheid, Duisburg) (ibid.).

Unterschiede in der örtlichen Wirtschaftsstruktur spiegelten sich besonders deutlich in den Steuerkraftunterschieden wider. Während die Städte mit wachstums- und ertragsstarken Industriezweigen (z.B. die Chemiestädte Leverkusen und Ludwigshafen) besonders günstig abschnitten, erzielten vor allem die Ruhrgebietsstädte und die norddeutschen Küstenstädte wegen der schlechten Ertragslage in den für sie bedeutendsten Wirtschaftszweigen (Bergbau, Schiffbau) eine schlechte Plazierung (HEUER 1975a:228f).

Neben großräumigen Disparitäten ("Nord-Süd-Gefälle") war die ökonomische und demographische Situation der Städte zu Beginn der 70er Jahre durch die zunehmende Peripheriewanderung von Bevölkerung und Betrieben gekennzeichnet. Die Kernstädte gaben Einwohner und Betriebe an ihre Umlandgemeinden ab, und es begann sich eine relative Verschlechterung ihrer ökonomischen Basis gegenüber den Randgemeinden abzuzeichnen.

Tabelle 1: Entwicklung der Arbeitslosigkeit in ausgewählten Ballungsräumen

Arbeitsamtsbezirk	Arbeitslose[1] 1970		1980		1983	
	abs.	%[2]	abs.	%[2]	abs.	%[2]
Hamburg	2.750	0,4	23.084	3,4	72.484	10,2
Bremen	1.921	0,7	12.912	5,1	32.567	13,0
Dortmund	2.130	0,7	17.118	6,2	41.348	15,0
Duisburg	1.441	0,8	13.766	6,4	30.884	14,7
Köln	1.355	0,4	24.374	6,1	49,631	12,4
Frankfurt	1.450	0,3	13.109	2,5	33.300	6,3
Stuttgart	520	0,1	7.300	1,8	21.005	5,2
München	2.791	0,3	22.357	2,5	55.329	6,1
Bundesgebiet	148.846	0,7	888.900	3,8	2.258.235	9,1

1 Jahresdurchschnittszahlen
2 Arbeitslose in v.H. der Erwerbspersonen

Quelle: zusammengestellt nach Angaben der Bundesanstalt für Arbeit

2. WAS HAT SICH ZU BEGINN DER 80ER JAHRE GEÄNDERT?

Zu Beginn der 80er Jahre hat sich die ökonomische Situation in den Städten gravierend verschlechtert:
Die Arbeitslosigkeit hat das höchste Niveau seit Bestehen der Bundesrepublik erreicht. Dabei fällt die dramatische Enwicklung seit 1980 besonders ins Auge. Während beispielsweise die Zahl der Arbeitslosen im Ballungsraum Hamburg von 1970 bis 1980 "nur" um rd. 20.000 zugenommen hat, wurden in den folgenden drei Jahren rd. 50.000 weitere Erwerbspersonen arbeitslos (vgl. Tab. 1). Wie schon 10 Jahre zuvor waren auch 1983 die Städte und Gemeinden im bayerischen Zonenrandgebiet (Arbeitsamtsbezirke Schwandorf, Deggendorf, Passau) und Ost-Friesland (Emden, Leer) am stärksten von Arbeitslosigkeit betroffen. Die Arbeitslosenquoten der großstädtischen Arbeitsamtsbezirke erreichten 1983 eine Spannweite von 5,2% (Stuttgart) bis 15,0% (Dortmund).

Hatten 1972 noch weniger als die Hälfte der großstädtischen Arbeitsmarktregionen eine überdurchschnittliche Arbeitslosigkeit, so wiesen im Jahre 1983 fast 70% eine über dem Bundesdurchschnitt liegende Quote auf. Insgesamt hat sich die Position von 37 großstädtischen Arbeitsamtsbezirken in diesen 11 Jahren verschlechtert, während 15 Bezirke ihre Position verbessern konnten (vgl. Tab. 2). In allen 15 Fällen handelte es sich um Regionen, die bereits 1972 eine geringere Arbeitslosigkeit als im Bundesdurchschnitt hatten.

Tabelle 2: Veränderung der Arbeitslosenquoten in 52 großstädtischen Arbeitsamtsbezirken 1972-1983

Veränderung der Arbeitslosenquote 1983 gegenüber 1972	Niveau 1972		
	über Bundesquote	unter Bundesquote	Städte insgesamt
Verbesserung[1]	0	15	15
Verschlechterung[1]	23	14	37
Städte insges.	23	29	52

1 Zunahme bzw. Abnahme der regionalen Abweichungen vom Bundesdurchschnitt

Quelle: Zusammengestellt nach Angaben der Bundesanstalt für Arbeit

Unter den Regionen, deren Arbeitsmarktposition sich von 1972 bis 1983 deutlich verschlechtert hat, waren die Arbeitsamtsbezirke Dortmund, Saarbrücken, Duisburg, Oldenburg, Gelsenkirchen, Bochum, Bremen und Bremerhaven am stärksten betroffen (Tab. 3). Sie alle hatten bereits 1972 eine - wenn auch nur geringfügig - über dem Bundesdurchschnitt liegende Arbeitslosenquote. Am schlechtesten stellt sich die Situation für Dortmund dar, wo sich die Arbeitslosenquote 1983 gegenüber 1972 um 5,3 Prozentpunkte weiter vom Bundesdurchschnitt entfernt hat (Tab. 3).

Tabelle 3: Veränderung der Arbeitsmarktposition [1] großstädtischer Arbeitsamtsbezirke 1972 - 1983

Verschlechterung[2]		Verbesserung[3]	
Arbeitsamts-bezirk	Prozent-punkte	Arbeitsamts-bezirk	Prozent punkte
Dortmund	+ 5,3	Stuttgart	- 3,0
Saarbrücken	+ 4,9	München	- 2,4
Duisburg	+ 4,8	Frankfurt	- 2,2
Oldenburg	+ 4,4	Pforzheim	- 2,0
Gelsenkirchen	+ 4,0	Darmstadt	- 1,9
Bochum	+ 3,8	Bonn	- 1,9
Bremen	+ 3,5	Heilbronn	- 1,8
Bremerhaven	+ 3,5	Mannheim	- 1,5

1 Veränderung der Abweichungen der regionalen Arbeitslosenquoten vom Bundesdurchschnitt 1983 gegenüber 1972 um x Prozentpunkte nach oben (+) oder nach unten (-)

2 Arbeitsamtsbezirke, die bereits 1972 eine über dem Bundesdurchschnitt liegende Arbeitslosenquote hatten und deren Position sich weiter verbessert hat

3 Arbeitsamtsbezirke, die bereits 1972 eine unter dem Bundesdurchschnitt liegende Arbeitslosenquote hatten und deren Position sich weiter verschlechtert hat

Quelle: zusammengestellt nach Angaben der Bundesanstalt für Arbeit

An der Spitze der Regionen, die ihre Position verbessern konnten, lagen die Arbeitsamtsbezirke Stuttgart, München, Pforzheim, Frankfurt, Darmstadt, Bonn, Heilbronn und Mannheim. Sie alle hatten bereits 1972 eine unter dem Bundesdurchschnitt liegende Arbeitslosenquote.

Tabelle 4: Arbeitslosigkeit 1972 und 1983 (Abweichungen vom Bundesdurchschnitt)

Anzahl der Arbeitsamtsbezirke / Bezirke	1972		1983	
	Arbeitslosenquote			
	über	unter	über	unter
	Bundesdurchschnitt		Bundesdurchschnitt	
Schleswig-Holstein/Hamburg	6	2	7	1
Niedersachsen/Bremen	17	5	22	-
Nordrhein-Westfalen	18	15	32	1
Hessen	8	5	7	6
Rheinl.-Pfalz/Saarland	8	6	12	2
Baden-Württemberg	-	24	-	24
Nordbayern	6	7	11	2
Südbayern	10	4	5	9
Berlin (West)	1	-	1	-
Insgesamt	74	68	97	45

Quelle: Zusammengestellt nach Angaben der Bundesanstalt für Arbeit

1 Arbeitsamtbezirke, deren Arbeitslosenquote überoder unter dem Bundesdurchschnitt liegen

Abgesehen von Bonn lagen alle anderen großstädtischen Arbeitsamtsbezirke, die 1983 noch eine unterdurchschnittliche Arbeitslosigkeit aufwiesen, südlich der Main-Linie: im Rhein-Main-Dreieck (Frankfurt, Offenbach, Wiesbaden, Mainz, Darmstadt und Ludwigshafen), in Baden-Württemberg (Stuttgart, Pforzheim, Karlsruhe, Mannheim, Heidelberg und Heilbronn) sowie in Bayern (München und Würzburg). Die hierin zum Ausdruck kommende Nord-Süd-Verschiebung läßt sich auch noch in anderer Weise dokumentieren: Von den insgesamt 142 Arbeitsamtsbezirken des Bundesgebietes hatten 1972 immerhin 68 (48%) eine unterdurchschnittliche Arbeitslosenquote (Tab. 4). Elf Jahre später, im Jahre 1983, waren es nur 45 Arbeitsamtsbezirke (32%). Während von den Bezirken mit unterdurchschnittlicher Arbeitslosigkeit im Jahre 1972 "erst" zwei Drittel auf Regionen südlich der Main-Linie entfielen, waren es 1983 rund 90%. Der bereits in den 70er Jahren vorhandene Abstand zwischen Nord und Süd hat sich folglich Anfang der 80er Jahre weiter zugunsten des Südens vergrößert.

Das Bruttoinlandsprodukt - ein Indikator der wirtschaftlichen Leistungskraft - stagniert bzw. schrumpft. Die für kreisfreie Städte für die Jahre 1978 und 1980 vorliegenden Daten zeigen, daß schon vor der Zuspitzung der ökonomischen Krise zu Beginn der 80er Jahre in einer Reihe von Städten kein reales Wirtschaftswachstum mehr zu beobachten war.

Gemessen am Bruttoinlandsprodukt je Kopf der Wohnbevölkerung hat sich das wirtschaftliche Leistungsgefälle zwischen den Großstädten von 1970 bis 1980 insgesamt nicht mehr vergrößert. Der Variationskoeffizient - ein dimensionsloses Streuungsmaß - zeigt auf der Basis von 53 Städten (vgl. Tab. 5) für 1980 (V = 28,3) nur einen geringfügig höheren Wert als für 1970 (V = 27,6). Während das Gros der Städte enger zusammengerückt ist, haben sich einige leistungsstarke Städte aber weiter vom "Rest" entfernt (vgl. Tab. 5). Dies gilt vor allem für die Stadt Frankfurt a.M., die schon 1970 auf Platz 1 der Rangskala lag und den Abstand zum Bundesdurchschnitt nochmals erhöhen konnte. Aber auch neun weitere Städte, die 1970 mit einem um mehr als 50% über dem Bundesdurchschnitt liegenden Inlandsprodukt schon ein hohes Niveau erzielt hatten, konnten ihre Position weiter verbessern (Übersicht 1). Darunter befanden sich zwei Metropolen aus Nord- und Westdeutschland (Hamburg und Düsseldorf). Alle anderen "Gewinner" aus dieser Kategorie liegen im Süden der Bundesrepublik.

Auch die Daten über das BIP je Kopf der Wohnbevölkerung verdeutlichen das Süd-Nord-Gefälle unter den Städten. Unter 53 Großstädten lagen die 18 süddeutschen Städte 1980 sämtlich unter den ersten 30 (Tab. 5). Positionsverschlechterungen gegenüber 1970 gab es - allerdings von einem sehr hohen Niveau aus - nur in drei Fällen (Heilbronn, Nürnberg, Augsburg). Die anderen 17 Städte, die ihre 1970 erzielte Position nicht halten konnten, lagen sämtlich im "Norden" (Übersicht 1).

Tabelle 5: Das wirtschaftliche Leistungsgefälle zwischen den Großstädten der Bundesrepublik 1970 und 1980

Großstädte	Abweichungen des BIP je Kopf der Wohnbevölkerung vom Bundesdurchschnitt				Rang	
	1970		1980		1970 / 1980	
	DM	%	DM	%	1970	1980
Frankfurt	15.390	136,8	36.636	151,5	1	1
Ludwigshafen	12.660	111,7	27.610	114,2	2	3
Leverkusen	12.330	108,8	7.100	29,4	3	27
Düsseldorf	10.010	88,4	29.865	123,5	4	2
Stuttgart	9.490	83,8	23.799	98,4	5	4
Hannover	9.240	81,6	17.505	72,4	6	9
Mainz	8.930	78,8	19.619	81,1	7	7
Karlsruhe	8.270	73,0	22.612	93,5	8	5
Heilbronn	7.590	67,0	11.605	48,0	9	15
Hamburg	7.340	64,8	19.122	79,1	10	8
München	6.920	61,1	16.686	69,0	11	11
Mannheim	6.750	59,6	19.958	82,5	12	6
Augsburg	6.450	56,9	5.428	22,4	13	29
Nürnberg	6.400	56,5	9.280	38,4	14	24
Köln	5.980	52,8	11.789	48,7	15	14
Darmstadt	5.810	51,3	17.262	71,4	16	10
Duisburg	5.210	46,0	1.508	6,2	17	41
Bielefeld	4.520	39,9	3.042	12,6	18	37
Würzburg	4.470	39,5	9.700	40,1	19	22
Koblenz	4.400	38,8	13.857	57,3	20	12
Wiesbaden	4.220	37,3	9.966	41,2	21	21
Regensburg	4.080	36,0	10.056	41,6	22	19
Bremen	3.870	34,2	10.547	43,6	23	18
Bonn	3.840	33,9	5.011	20,7	24	30
Krefeld	3.660	32,3	4.962	20,5	25	31
Offenbach	3.530	31,2	10.684	44,2	26	17
Heidelberg	3.310	29,2	7.241	29,9	27	26
Freiburg	2.980	26,3	7.041	29,1	28	28
Kassel	2.890	25,5	12.235	50,6	29	13
Remscheid	2.880	25,4	2.582	10,7	30	39
Braunschweig	2.710	23,9	2.731	11,3	31	38
Trier	2.520	22,2	11.186	46,3	32	16
Aachen	2.480	21,9	30	0,1	33	43
Münster	2.130	18,8	4.359	18,0	34	33
Essen	2.110	18,6	10.009	41,4	35	20
Bochum	1.990	17,6	2.265	9,4	36	40
Dortmund	1.960	17,3	840	3,5	37	42
Wuppertal	1.360	12,0	- 239	- 1,0	38	44
Oldenburg	1.100	9,7	4.889	20,2	39	32
Osnabrück	1.030	9,1	8.668	35,8	40	25
Berlin	740	6,5	3.653	15,1	41	35
Gelsenkirchen	670	5,9	9.623	39,8	42	23
Hagen	470	4,2	3.577	14,8	43	36
Oberhausen	410	3,6	- 1.844	- 7,6	44	49
Solingen	320	2,8	- 2.669	-11,0	45	50
Lübeck	40	0,4	- 817	- 3,4	46	45
Mönchengladbach	- 200	- 1,8	- 1.055	- 4,4	47	47
Kiel	- 280	- 2,5	3.712	15,4	48	34
Bremerhaven	- 810	- 7,2	- 2.972	-12,3	49	51
Mülheim	-2.140	-18,9	- 872	- 3,6	50	46
Wilhelmshaven	-3.410	-30,1	- 1.729	- 7,2	51	48
Bottrop	-4.400	-38,8	- 8.302	-34,3	52	53
Herne	-5.920	-52,3	- 6.335	-26,2	53	52

Übersicht 1: Veränderung des wirtschaftlichen Leistungsgefälles[1] zwischen den Großstädten[2] 1970 - 1980

Niveau[1] 1970		Positions-Verbesserung[3]	Positions-Verschlechterung[3]
über Bundesdurchschnitt	≥50%	Frankfurt	Hannover
		Düsseldorf	Köln
		Ludwigshafen	Heilbronn
		Stuttgart	Nürnberg
		Karlsruhe	Leverkusen
		Mannheim	Augsburg
		Mainz	
		Hamburg	
		Darmstadt	
		München	
	25 < 50%	Koblenz	Bonn
		Kassel	Krefeld
		Offenbach	Bielefeld
		Bremen	Remscheid
		Regensburg	Duisburg
		Wiesbaden	
		Würzburg	
		Heidelberg	
		Freiburg	
	0 < 25%	Trier	Münster
		Essen	Braunschweig
		Gelsenkirchen	Bochum
		Osnabrück	Dortmund
		Oldenburg	Aachen
		Berlin	Wuppertal
		Hagen	Lübeck
			Oberhausen
			Solingen
unter Bundes-durch-schnitt		Kiel	Mönchengladbach
		Mülheim	Bremerhaven
		Wilhelmshaven	
		Herne	
		Bottrop	

1 Bruttoinlandsprodukt in DM je Kopf der Wohnbevölkerung (Abweichungen vom Bundesdurchschnitt)

2 Kreisfreie Großstädte 1970 und 1980

3 Reihenfolge der Städte nach der Höhe des BIP je Kopf der Wohnbevölkerung

Quelle: Zusammengestellt und berechnet nach Unterlagen der Statistischen Landesämter über das Bruttoinlandprodukt der kreisfreien Städte und Landkreise 1970 und 1980

Besonders gravierende Veränderungen "nach unten" gab es in der Stadt Leverkusen, die 1970 Rang 3 einnahm, 1980 dagegen auf Platz 27 landete. Eine ebenso deutliche Abwärtsbewegung war in Duisburg (vom 17. auf den 41. Rang) zu beobachten. Beide Städte haben eine einseitige Wirtschaftsstruktur (Chemie, Montanindustrie), die von den Konjunktureinbrüchen der 70er Jahre voll erfaßt wurde.

Die Städte im Ruhrgebiet waren nicht nur von dem allgemeinen Beschäftigungsrückgang im Verarbeitenden Gewerbe, sondern darüberhinaus noch von der Lage der Stahlindustrie besonders betroffen. Neben Duisburg, wo zwei Drittel aller Beschäftigten in der Eisenschaffenden Industrie tätig sind (SACHVERSTÄNDIGENRAT 1982:53), machen vor allem die Beispiele Dortmund und Leverkusen deutlich, wie sehr die ökonomische Basis einer Stadt von der wirtschaftlichen Entwicklung einer Branche (Chemie in Leverkusen) bzw. einer Firma (Hoesch in Dortmund) abhängt und wie schnell ein florierender und als wachstumsstark geltender Wirtschaftszweig (Chemische Industrie) durch die Veränderung ökonomischer Rahmenbedingungen (Ölpreisschübe 1973/74 und 1979/80) zu einer (vorübergehend?) schrumpfenden Branche werden kann.

Der wirtschaftliche "Abstieg" Leverkusens zeigt sich auch in der Entwicklung der Steuerkraft. In den 60er Jahren lag die Stadt stets an der Spitze der gewerbesteuerstarken Städte (HEUER 1975a:229). Gemessen an der Realsteuerkraft in DM je Einwohner nahm Leverkusen auch 1971 noch den ersten Platz unter den Großstädten ein. 1981 war die Stadt dagegen auf Rang 9 abgesunken (eigene Berechnungen nach Angaben des Statistischen Bundesamtes über die Realsteuerkraft kreisfreier Städte).

Insgesamt zeigt die Analyse des wirtschaftlichen Leistungsgefälles zwischen den Großstädten bei einer regionalen Betrachtung, daß sich "Wohlstandszuwächse" - gemessen an der Zunahme des BIP je Kopf der Wohnbevölkerung 1980 gegenüber 1970 - vor allem auf die Städte im Rhein-Main-Dreieck konzentrieren, während von "Wohlstandsverlusten" vor allem Städte des Ruhrgebietes betroffen sind (vgl. Karte 1).

Die veränderte ökonomische Situation zu Beginn der 80er Jahre drückt sich auch in der <u>Entwicklung der Haushaltswirtschaft von Städten und</u>

Karte 1: Veränderungen der Wirtschaftskraft[1] in den Großstädten 1970-1980

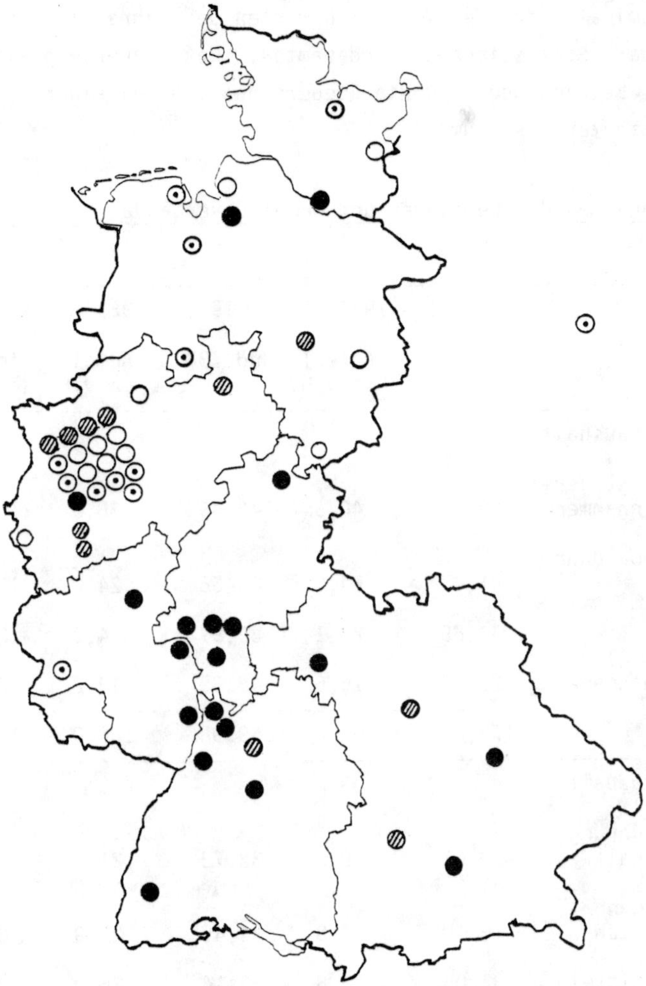

1 Bruttoinlandsprodukt in DM je Kopf der Wohnbevölkerung; Veränderung der Abweichungen gegenüber dem Bundesdurchschnitt:

● Städte mit hohem Niveau 1970 (Abweichung >25 %) und weiterer Verbesserung 1980

⊘ Städte mit hohem Niveau 1970 und einer Verschlechterung 1980

⊙ Städte mit niedrigem Niveau 1970 (Abweichung <25 %) und Verbesserung 1980

○ Städte mit niedrigem Niveau 1970 und Verschlechterung 1980

Gemeinden aus. So lag das Gewerbesteueraufkommen pro Kopf der Bevölkerung im Jahre 1981 in 40% der Groß- und Mittelstädte mit mehr als 50.000 Einwohnern nominal unter den Vergleichswerten des Jahres 1978 (ermittelt nach Angaben des Statistischen Bundesamtes, Realsteuervergleich). Bei einer realen Betrachtung sind die Steuereinnahmen bei einer noch größeren Zahl von Städten geschrumpft.

Tabelle 6: Einnahmen der Gemeinden und Gemeindeverbände

Einnahmeart	1971 - 1973 Mrd. DM	1971 - 1973 Anteil in v.H.	1981 - 1983 Mrd. DM	1981 - 1983 Anteil in v.H.	Zunahme in v.H.
1. Verwaltungshaushalt					
Steuern und steuerähnliche Einnahmen	69,86	40,3	142,46	38,5	103,9
Zahlungen von Bund und Land	41,47	24,0	88,56	24,0	113,6
Gebühren	34,89	20,1	89,97	24,3	157,9
Sonst. Einnahmen	27,02	15,6	48,99	13,2	81,3
Insgesamt	173,25	100,0	369,98	100,0	113,6
2. Vermögenshaushalt					
(Netto-)Zuführung v.Verw.haushalt	30,63	28,5	32,73	21,8	6,9
Inv.-Zahlungen v. Bund und Land	19,10	17,8	34,49	22,9	80,6
Kreditmarktmittel	32,07	29,8	39,14	26,0	22,0
Entnahmen aus Rücklagen	11,20	10,4	10,57	7,0	- 5,6
Veräußerungserlöse	5,43	5,0	14,26	9,5	162,6
Beiträge u. sonst. Einnahmen	9,11	8,5	19,22	12,8	111,0
Insgesamt	107,54	100,0	150,41	100,0	39,9

Quelle: Zusammengestellt und berechnet nach Angaben des Deutschen Städtetages (Gemeindefinanzberichte 1982 und 1984).

Insgesamt hat sich die Einnahmensituation der Kommunen zu Beginn der 80er Jahre grundlegend verschlechtert. Während das Einnahmenvolumen des Verwaltungshaushalts im Durchschnitt der Jahre 1981-1983 nominal etwa doppelt so hoch war wie in den Jahren 1971-1973, erreichte der Vermögenshaushalt mit einer nominalen Steigerungsrate von knapp 40% noch nicht einmal einen Ausgleich für die in 10 Jahren eingetretenen Preissteigerungen.

Die Struktur der kommunalen Einnahmen hat sich ebenso verändert wie die Struktur der kommunalen Ausgaben. So entfielen auf Steuereinnahmen im Durchschnitt der Jahre 1981 - 1983 nur noch 38,5% der Gesamteinnahmen des Verwaltungshaushalts gegenüber 40,3% zu Beginn der 70er Jahre (vgl. Tab. 6). Dabei verlief die Steuereinnahmenentwicklung bei den kreisfreien Städten wesentlich schlechter als bei der Gesamtheit aller Gemeinden (KARRENBERG & MÜNSTERMANN 1983:74), was den Deutschen Städtetag in seinem Gemeindefinanzbericht 1983 veranlaßte, von einem fortgesetzten Verfall der städtischen Steuereinnahmen zu sprechen (ibid.).

3. DIE URSACHEN DER VERÄNDERTEN ÖKONOMISCHEN BASIS IN DEN STÄDTEN

Die wirtschaftliche Entwicklung der Städte und Gemeinden wird maßgeblich bestimmt durch eine Reihe von Rahmenbedingungen, die von den Kommunen nur bedingt beeinflußt werden können. So sind wirtschaftliche Strukturprobleme, die ihre Ursache in gesamtwirtschaftlichen oder gar weltwirtschaftlichen Veränderungsprozessen haben, nicht auf der örtlichen Ebene zu lösen. Sie können allenfalls gemildert oder auch verschärft werden. Die gesamtwirtschaftlichen Rahmenbedingungen geben folglich die Entwicklungsrichtung für die Städte und Regionen weitgehend vor. Stagniert die wirtschaftliche Entwicklung der Gesamtwirtschaft, so schlägt dies auch auf die regionale und lokale Ebene durch. Insoweit liegen die Ursachen für die veränderte ökonomische Basis der Städte im wesentlichen in der Veränderung der institutionellen und gesamtwirtschaftlichen Rahmenbedingungen. Unterschiede im Grad der Betroffenheit zwischen den Städten basieren dabei auf unterschiedlichen regionalen und lokalen Standortqualitäten, unter denen die örtliche Wirtschaftsstruktur von besonderem Gewicht ist (vgl. Übers. 2).

Übersicht 2: Rahmenbedingungen der ökonomischen Entwicklung von Städten

1. Institutionelle Rahmenbedingungen
   - Gesetzgebungskompetenz bei Bund und Ländern
   - Gemeindefinanzsystem

2. Gesamtwirtschaftliche Rahmenbedingungen
   - Demographische Entwicklung
   - Technologische Entwicklung
   - Staatliche Wirtschafts- und Finanzpolitik
   - Internationale Arbeitsteilung
   - Verfügbarkeit und Kosten von Produktionsfaktoren (Beispiel Energieverteuerung)

3. Regionale/lokale Rahmenbedingungen
   - Geographische Lage
   - Wirtschaftsstruktur
   - Infrastruktur
   - Arbeitsmarkt
   - Öffentliche Ressourcen

Die wesentlichen Ursachen der in den letzten 10 Jahren eingetretenen ökonomischen Veränderungen sind somit zunächst in einer Veränderung der gesamtwirtschaftlichen Rahmenbedingungen zu suchen:

a) Die drastischen Ölpreiserhöhungen der Opec-Staaten von 1973/74 und 1979/80 haben in der Bundesrepublik jeweils eine kräftige Rezession und ein sprunghaftes Ansteigen der Arbeitslosigkeit ausgelöst (vgl. Tab. 7). Im Jahre 1974 lagen die Einfuhrpreise für eingeführtes Rohöl um 300 Prozent über denen vom Herbst 1973 (SACHVERSTÄNDIGENRAT 1974:15). Im Jahre 1979 wurden die Preise in mehreren Etappen nochmals stark angehoben, so daß 1980 ein Niveau erreicht wurde, das sechsmal so hoch war wie das Preisniveau von 1972 (SACHVERSTÄNDIGENRAT 1980:77).

Tabelle 7: Ölpreisschocks und ökonomische Krise

JAHR	ARBEITSLOSE[1]	
	in 1000	QUOTE
1970	148,8	0,7
1971	185,1	0,8
1972	246,4	1,1
1973	273,5	1,2 ← 1. Ölpreisschock
1974	582,5	2,6
1975	1074,2	4,7 Krise
1976	1060,3	4,6
1977	1030,0	4,5
1978	992,9	4,3
1979	876,1	3,8 ← 2. Ölpreisschock
1980	888,9	3,8
1981	1271,6	5,5
1982	1833,0	7,5 Krise
1983	2258,0	9,1

Quelle: Zusammengestellt nach Angaben der Bundesanstalt für Arbeit

1 Jahresdurchschnitt

b) Durch die Energieverteuerung haben sich die Rahmenbedingungen für viele Branchen deutlich verschlechtert. Traditionelle Wachstumsindustrien wie die Chemische Industrie, die Kunststoffindustrie und die Mineralölverarbeitung waren als ölabhängige Wirtschaftszweige besonders betroffen. Ihre Entwicklungsdynamik wurde deutlich gebremst, was sich nicht nur in einer verhaltenen Investitionstätigkeit ausdrückte, sondern auch die bisherige Beschäftigungsexpansion in diesen Bereichen beendete (GERSTENBERGER 1981:26). Die einstige Wachstumsbranche Mineralölverarbeitung ist sogar zu einer schrumpfenden Branche geworden (GERSTENBERGER et al. 1984:7), weil insbesondere die zweite "Ölkrise" zu dauerhaften Verbrauchseinschränkungen geführt hat (PROGNOS 1982:140).

c) Nach Auffassung des Ifo-Instituts für Wirtschaftsforschung ist in den aus den "Ölpreisschüben" resultierenden Nachfrage-, Preis- und Leistungsbilanzwirkungen ein wichtiger erklärender Faktor für die aufgetretenen Wachstums- und Beschäftigungsprobleme zu suchen (GERSTENBERGER et al. 1984:51). Von der globalen Verlangsamung des Wachstumstempos in den 70er Jahren und der wirtschaftlichen Stagnation zu Beginn der 80er Jahre war vor allem das Verarbeitende Gewerbe betroffen. Hier kam es zu einem erheblichen Beschäftigungsrückgang, der auch durch zusätzliche Arbeitsplätze im Dienstleistungsbereich nicht ausgeglichen werden konnte (GERSTENBERGER 1981:27).

d) Die Ölkrise von 1973/74 führte zu einer deutlichen Zurückhaltung in der Investitionstätigkeit der Wirtschaft. Die privaten Investitionen lagen im Zeitraum 1972-1978 deutlich unter dem Niveau früherer Jahre. Berechnungen des Sachverständigenrates zur Begutachtung der gesamtwirtschaftlichen Entwicklung zeigen, daß die jahresdurchschnittliche Veränderung der Anlageinvestitionen insbesondere im Verarbeitenden Gewerbe und im Baugewerbe im Zeitraum 1972-1978 ganz wesentlich hinter dem Vergleichszeitraum 1962-1972 zurückgeblieben ist (SACHVERSTÄNDIGENRAT 1980: 54). Besonders gering waren die Investitionsaktivitäten in den Grundstoffindustrien (Bergbau, Eisenschaffende Industrie) und in den infrastrukturnahen Wirtschaftsbereichen (Ifo-Institut 1981:55).

e) Die relative Verteuerung des Produktionsfaktors Arbeit gegenüber anderen Faktoren in den 70er Jahren veranlaßte die Unternehmen zu rentabilitätssichernden Maßnahmen. In den meisten Sektoren wurde die Substitution des Faktors Arbeit allerdings weniger über einen vermehrten Kapitaleinsatz, sondern über eine "Auslagerung von früher unternehmensintern erbrachten Leistungen an spezialisierte Dienstleistungsunternehmen" vollzogen, wovon insbesondere die übrigen Dienste profitierten (DIW 1984:63).

f) Der notwendige Strukturwandel in der Bundesrepublik ist nach herrschender Meinung in den 70er Jahren durch die Subventionspolitik von Bund und Ländern und eine zunehmende Subventionsmentalität vor allem bei den Großindustrien eher behindert als gefördert worden. "Mit welcher Intention die staatlichen Hilfen auch immer gegeben wurden, im Ergebnis haben sie den Charakter von Erhaltungssubventionen gehabt" (GERSTENBERGER et al. 1984:19). Der Prozeß des Beschäftigungsabbaus wurde dadurch zwar verzögert - auf Kosten eines permanent zunehmenden Subventionsvolumens

GERSTENBERGER 1981:32) -, aufzuhalten ist er damit aber nicht. Andererseits zeigt das Beispiel der Stahlindustrie, wie an sich rentable Kapazitäten angesichts einer höheren Subventionierung im europäischen Ausland unter Verdrängungsdruck geraten; und die betroffenen Kommunen stehen den arbeitsmarktpolitischen Konsequenzen einer solchen Verdrängungsstrategie gewissermaßen machtlos gegenüber.

g) Die Verschärfung der Arbeitsmarktsituation hat aber nicht nur ökonomische Ursachen. Die Arbeitsmarktprobleme sind vielmehr zu einem erheblichen Teil die Konsequenz eines starken Anstiegs der Erwerbspersonenzahl. Berechnungen des Bremer Ausschusses für Wirtschaftsforschung (BAW) zeigen z.B., daß nach der ersten Erdölkrise 1974/75 rund 750.000 Arbeitsplätze verlorengingen, denen aber "nur" eine Zunahme der Arbeitslosenzahl um 500.000 gegenüberstand, weil das Erwerbsfähigenpotential zur gleichen Zeit deutlich zurückging (BREMER AUSSCHUSS 1983). Im Gefolge des zweiten Ölpreisschocks wurden innerhalb von zwei Jahren (1980-1982) fast 650.000 Arbeitsplätze abgebaut. Die Zahl der Arbeitslosen aber stieg um fast 1 Mio., weil die Zahl der Erwerbsfähigen zur gleichen Zeit deutlich zugenommen hatte (ibid.). Während der BAW die Zunahme der Arbeitslosigkeit im Bundesdurchschnitt überwiegend auf die demographische Komponente zurückführt, kommt er für das Land Bremen zu einem abweichenden Ergebnis. Hier nämlich stieg die Arbeitslosigkeit überdurchschnittlich an, während die Zahl der Erwerbsfähigen deutlich hinter der bundesdurchschnittlichen Entwicklung zurückblieb (ibid.). Wäre dies nicht so gewesen, hätte mit einem weit stärkeren Anstieg der Arbeitslosigkeit gerechnet werden müssen.

Das Bremer Beispiel zeigt, daß neben den gesamtwirtschaftlichen Entwicklungsdeterminanten vor allem zwei Faktoren die ökonomische Entwicklung auf der lokalen Ebene bestimmen: die demographische Komponente, die den Umfang der Arbeitsplatznachfrage bestimmt, und die ökonomisch-strukturelle Komponente, von der das Angebot an Arbeitsplätzen abhängt. In den städtischen Krisengebieten Nord- und Westdeutschlands ist es vor allem der hohe Anteil wachstumsschwacher Branchen, der den überproportionalen Anstieg der Arbeitslosigkeit verursacht hat. Ein "Risikofaktor" ist dabei das Verarbeitende Gewerbe, das stärker als andere Wirtschaftszweige auf den Export angewiesen ist und das auch sonst erfahrungsgemäß empfindlicher auf Veränderungen des wirtschaftlichen Klimas reagiert (SACHVER-

STÄNDIGENRAT 1982:45). Kritische Sektoren, deren Produktionsvolumen seit Mitte der 70er Jahre schrumpft oder stagniert, sind dabei vor allem das Leder-, Textil- und Bekleidungsgewerbe, die Eisenschaffende Industrie, der Stahlbau, die Mineralölverarbeitung, Eisen- und Stahlgießerei, der Schiffbau und die Holzverarbeitung (DIW 1984:88). Städte, deren Wirtschaftsstruktur innerhalb des Verarbeitenden Gewerbes von Betrieben dieser Branchen geprägt ist, haben in den letzten Jahren besonders starke Arbeitsplatzverluste und - über die Gewerbesteuer - auch Einbußen ihrer ökonomischen Basis hinnehmen müssen. Die Städte Dortmund und Duisburg, die unter den großen Städten einen besonders hohen Anteil an Schrumpfungsbranchen aufweisen (POHL 1982:42ff), sind vielzitierte Beispiele.

Versuche der Städte und Gemeinden, den Arbeitsplatzverlusten durch eine forcierte Ansiedlungspolitik zu begegnen, waren in den 70er Jahren immer weniger erfolgreich, weil das Industrieansiedlungspotential seit 1970 kontinuierlich zurückgegangen ist. Im Zeitraum 1980/81 suchten insgesamt 381 Industriebetriebe mit rund 25.000 Beschäftigten neue Standorte (Neuerrichtungen und Verlagerungen). 10 Jahre vorher - 1970/71 - waren es noch mehr als dreimal soviele Betriebe und Beschäftigte gewesen (HEUER i.Vorb.:Tab. 7). Die Hoffnung vieler Städte und Gemeinden, ihre Arbeitsmarkt- und Strukturprobleme mit den traditionellen Mitteln der kommunalen Wirtschaftsförderung zu lösen, sind weitgehend im "stürmischen Wetter" der Weltwirtschaft zerstoben.

Nicht nur Veränderungen der ökonomischen, sondern auch der institutionellen Rahmenbedingungen haben sich auf die ökonomische Basis der Städte negativ ausgewirkt. So beklagt der Deutsche Städtetag die "permanenten Gewerbesteuereingriffe durch den Bundesgesetzgeber", die ursächlich für den "Verfall der städtischen Steuern" gewesen seien (KARRENBERG & MÜNSTERMANN 1984:89). So habe beispielsweise das Steuerentlastungsgesetz 1984 nebst Begleitgesetzen zum Bundeshaushalt "unmittelbare gemeindliche Steuermindereinnahmen von rund 550 Mio. DM im Entstehungsjahr zur Folge" (ibid.:87).

Durch die verschiedenen Steuerrechtsänderungen der letzten Jahre (KARRENBERG & MÜNSTERMANN 1983:76)ist die Gewerbesteuer zunehmend zur Großbetriebssteuer geworden. Damit ist die Abhängigkeit der Städte von den ortsansässigen Großbetrieben weiter gestiegen (KARRENBERG & MÜNSTERMANN

1984:84). Besonders nachteilig wirkten sich die steuerlichen Entlastungsmaßnahmen der Bundesregierung - wie z.B. die Kürzung der Hinzurechnungen von Dauerschulden und Dauerschuldzinsen zum Gewerbeertrag - auf die strukturschwachen Städte aus. Dort sind nämlich - so der Duisburger Oberstadtdirektor Krämer - "die am stärksten verschuldeten Unternehmen, die von dieser Befreiung profitieren, ansässig. So hat Duisburg beispielsweise durch diese Maßnahmen eine jährliche Einbuße von 26 Millionen hinnehmen müssen" (zit. nach: ROBERS 1983:772).

4. DIE FOLGEN DER VERÄNDERTEN ÖKONOMISCHEN BASIS

Die veränderte ökonomische Basis hat sich unmittelbar in einer Verschlechterung der Finanzlage von Städten und Gemeinden niedergeschlagen. Im Jahre 1980 hatten die kommunalen Ausgaben noch eine Zuwachsrate von 12% erreicht. Sie lagen damit nur wenig unter "den extremen Steigerungsraten in der ersten Hälfte der 70er Jahre" (DEUTSCHE BUNDESBANK 1981: 23). Als Folge der kräftigen Ausgabensteigerungen und rückläufigen Einnahmeentwicklung erzielten die Gemeinden im Jahre 1981 ein Haushaltsdefizit von mehr als 10 Mrd. DM (DEUTSCHE BUNDESBANK 1983:26). Die eingeleiteten Konsolidierungsbemühungen brachten mit einer Rückführung der Defizite auf 7,5 Mrd. in 1982 und 1,2 Mrd. in 1983 zwar rasch zählbare Ergebnisse, waren aber mit einer Reihe von Leistungseinschränkungen und anderen negativen Konsequenzen verbunden:

a) Die sogenannte "freie Spitze", d.h. der Überschuß des Verwaltungshaushalts nach Abzug der Tilgungen, ist bis 1982 erheblich zusammengeschmolzen. Während sie 1980 noch bei 11 Mrd. DM lag, betrug sie 1982 lediglich 3 Mrd. (vgl. DEUTSCHE BUNDESBANK 1983:30). Damit standen nicht nur weniger eigene Mittel für Investitionsvorhaben zur Verfügung, sondern auch der Spielraum für Kreditaufnahmen ist gesunken. Die Netto-Zuführung vom Verwaltungs- zum Vermögenshaushalt der Gemeinden war im Durchschnitt der Jahre 1981-1983 nominal um ganze 7% höher als im Vergleichzeitraum 1971-1973 (vgl. Tab. 6). Ihr Anteil an den Gesamteinnahmen des Vermögenshaushalts lag mit 21,8% deutlich unter dem 10 Jahre früher erzielten Niveau von 28,5%. Die freie Finanzierungsspitze erreichte im Zeitraum 1981-1983 mit 8,6 Mrd. DM lediglich 40% des zu Beginn der 70er Jahre erzielten Niveaus (berechnet nach den Angaben in den Tabellen 6 und 8).

b) Unmittelbare Auswirkungen hatte die veränderte Finanzlage bei den Investitionen, die bekanntlich am ehesten zu beeinflussen sind. Der Anteil der Sachinvestitionen am gesamten Haushaltsvolumen der Gemeinden lag 1981-1983 nur noch bei 21,3%, verglichen mit einem Anteil von 31,3% 10 Jahre vorher (berechnet aus Tab. 8). Der Investitionsrückgang war besonders hoch in den Städten und Gemeinden Nordrhein-Westfalens, am niedrigsten in Bayern (KARRENBERG & MÜNSTERMANN 1984:106f) - womit wiederum das Süd-Nord-Gefälle tendenziell sichtbar wird. Während die Kommunen insgesamt im Jahre 1983 einen Rückgang der Sachinvestitionen gegenüber 1980 um -23,8% aufwiesen, lagen einzelne Städte mit mehr als -50% deutlich darüber. Beispiele sind die Städte Herne, Schweinfurt, Mainz, Wilhelmshaven, Passau, Wuppertal, Bochum, Kiel, Oldenburg und Bonn (ibid.:108). Selbst so leistungsstarke Städte wie Stuttgart und Ludwigshafen haben ihre Investitionen in dieser Zeit überdurchschnittlich stark zurückgenommen (ibid.:108).

c) Der Handlungsspielraum der Kommunen ist zu Beginn der 80er Jahre deutlich niedriger als 10 Jahre vorher. Ein Indikator ist nicht nur die Struktur der Ausgaben, die sich zu Lasten der Investitionen verschoben hat, sondern auch die wachsende Abhängigkeit von Bund/Länder-Zuweisungen. So lag der Anteil der Investitionszuweisungen von Bund und Ländern an den Gesamteinnahmen der Vermögenshaushalte im Zeitraum 1981 - 1983 mit 22,9% um 5 Prozentpunkte über den Anteilswerten zu Beginn der 70er Jahre (vgl. Tab. 6).

d) Den rückläufigen Einnahmen aus Steuern und Zuweisungen stehen in den kommunalen Haushalten kräftige Gebührenanhebungen gegenüber (vgl. Tab. 6), so daß die Kostendeckungsgrade in den meisten Bereichen deutlich gestiegen sind (ibid.:99). Auf der Ausgabenseite fielen den Konsolidierungsbemühungen vor allem die sogenannten freiwilligen Leistungen der Kommunen zum Opfer.

e) Als besonders problematisch muß die Kürzung des laufenden Sachaufwandes zur Unterhaltung von Grundstücken, Gebäuden und sonstigen Infrastruktureinrichtungen angesehen werden. Nach einer Umfrage bei DST-Mitgliedsstädten vom Herbst 1982 sind solche Kürzungen eine weitverbreitete Sparmaßnahme gewesen (ibid.:101). Wenn erforderliche Erhaltungsaufwendungen unterbleiben, kann dies leicht zu einem irreparablen Substanzverfall führen, der entweder hohe Ersatzinvestitionen nach sich zieht oder zur Schließung vorhandener Einrichtungen und damit zu einer "Ausdünnung" des Infrastrukturangebotes beiträgt. Die Einschränkung des kommunalen Leistungsangebotes aber trifft vor allem die sozial schwachen Bevölkerungsgruppen.

f) Neben dem laufenden Sachaufwand fiel auch der Anteil der Personalausgaben in den Verwaltungshaushalten der Städte und Gemeinden zu Beginn der 80er Jahre niedriger aus als 10 Jahre früher (vgl. Tab. 8). Die Städte haben ihre Personalbestände seit 1981 reduziert (ibid.:100). Auch wenn dies vorwiegend im Rahmen der normalen Fluktuation geschah, wird durch Stellenstreichungen in der öffentlichen Verwaltung zusätzlich der städtische Arbeitsmarkt belastet.

g) Der Anstieg der Arbeitslosenzahlen, vor allem aber die zunehmend längere Arbeitslosigkeit und die anschließende "Aussteuerung" der Betroffenen aus der Abeitslosenversicherung belastet die kommunalen Haushalte über steigende Sozialhilfeausgaben. Verglichen mit der Situation zu Beginn der 70er Jahre hat sich der Anteil der Aufwendungen für Sozialleistungen in den Städten und Gemeinden bis zum Zeitraum 1981-1983 von 13,4 auf 16,2% erhöht (vgl. Tab. 8). 17,6 Mrd. DM mußten 1983 von den Gemeinden insgesamt aufgewendet werden. (Vgl. HANDELSBLATT v. 31.8.1984: "Sozialhilfe: Von einer Umkehr des Trends kann noch lange keine Rede sein".) Der Löwenanteil davon entfiel zwar auf Sozialhilfeausgaben in Einrichtungen (z.B. Altenheime), doch weist die Sozialhilfe im engeren Sinne, die sogenannte Hilfe zum Lebensunterhalt, seit 1980 überdurchschnittlich hohe Zuwachsraten auf (ibid.). Nach einer Umfrage des Deutschen Städtetages waren die Städte von dieser Entwicklung besonders betroffen. Hier lag die Zuwachsrate von 1981 bis 1982 bei durchschnittlich 21%, in einzelnen Fällen deutlich darüber (KARRENBERG & MÜNSTERMANN 1984:102). Die Städte und Gemeinden müssen als das "letzte Glied im sozialen Auffangnetz" also zunehmend die finanziellen Folgen der Arbeitslosigkeit tragen.

h) Obwohl keine kommunale Aufgabe, werden erstmals Fragen einer kommunalen Arbeitsmarktpolitik auf der lokalen Ebene erörtert. Dabei steht vor allem die Sorge um die hohe Jugendarbeitslosigkeit im Zentrum kommunalpolitischer Bemühungen.

i) Angesichts der verschlechterten ökonomischen Basis haben Fragen der Wirtschafts- und Gewerbeförderung im Rahmen des kommunalpolitischen Aufgabenfeldes in den letzten Jahren stark an Bedeutung gewonnen. Dies drückt sich u.a. darin aus, daß trotz genereller Stellenstreichungen die Personalkapazität der für Gewerbeförderung zuständigen Stellen in zahlreichen Städten seit Anfang der 80er Jahre aufgestockt worden ist. Dabei steht die Hoffnung Pate, über eine verstärkte "Betreuung" des ortsansässigen Gewerbes den weiteren Verlust von Arbeitsplätzen aufhalten zu können.

Tabelle 8: Ausgaben der Gemeinden (GV)

	1971 - 1973		1981 - 1983		
Ausgabenart	Mrd. DM	Anteil in v.H.	Mrd. DM	Anteil in v.H.	Zunahme in v.H.
1. Verwaltungshaushalt					
Personalausgaben	62,48	43,8	140,61	41,7	125,0
Lfd. Sachaufwand	41,57	29,1	86,22	25,6	107,4
Soziale Leistungen	19,07	13,4	54,73	16,2	187,0
Zinsen	10,41	7,3	24,83	7,4	138,5
Sonst. Ausgaben	9,08	6,4	30,85	9,1	239,8
Insgesamt	142,61	100,0	337,24	100,0	136,5
2. Vermögenshaushalt					
Sachinvestitionen	77,47	73,6	105,57	66,4	36,3
Tilgung am Kreditmarkt	9,18	8,7	24,21	15,2	163,7
Zuführung an Rücklagen	11,54	11,0	8,36	5,3	-27,6
Sonst. Ausgaben	7,00	6,7	20,77	13,1	196,7
Insgesamt	105,19	100,0	158,91	100,0	51,1

Quelle: Zusammengestellt und berechnet nach Angaben des Deutschen Städtetages (Gemeindefinanzberichte 1982 und 1984)

5. PERSPEKTIVEN DER ENTWICKLUNG BIS 1990

Eine wesentliche Verbesserung der ökonomischen Basis ist in den nächsten 5 - 10 Jahren nicht zu erwarten. Dies gilt vor allem für den Arbeitsmarkt. So hat sich die Arbeitslosigkeit im Jahre 1984 auf hohem Niveau "stabilisiert", und eine entscheidende Verbesserung ist nicht in Sicht. Vielmehr ist bis zum Ende der 80er Jahre mit einem weiteren Anstieg der Arbeitslosigkeit zu rechnen. Maßgeblichen Anteil daran hat die demographische Komponente. So wird das inländische Erwerbspersonenpotential bis zum Ende der 80er Jahre weiter zunehmen und um 1990 sein Maximum erreichen.

Während die Nachfrage nach Arbeitsplätzen noch relativ gut zu prognostizieren ist, sind Vorhersagen über die Entwicklung des Arbeitsplatzangebotes offenbar schwieriger denn je. Denn die Entwicklung der 70er Jahre zeigt, wie schnell durch Veränderung ökonomischer Rahmenbedingungen aus einer wachsenden eine schrumpfende Branche werden kann. Dennoch wird man wohl davon ausgehen können, daß Städte mit einem überproportional hohen Anteil traditioneller Problembranchen wie Kohle, Stahl, Textil, Schiffbau usw. wie schon bisher mit höheren Arbeitsplatzverlusten auch in der Zukunft rechnen müssen. Denn über Jahrzehnte gewachsene Gewerbestrukturen verändern sich nicht kurzfristig, und die eigenen gewerbepolitischen Handlungsmöglichkeiten der Kommunen zur Verbesserung der örtlichen Rahmenbedingungen sind begrenzt.

Ausgeprägte Wachstumsbranchen sind - mit Ausnahme der elektronischen Datenverarbeitung - inzwischen nicht mehr erkennbar. Dennoch erwartet die Prognos AG, Basel, bis 1990 insgesamt eine leichte Zunahme der Arbeitsplatzzahlen, wobei vor allem Zuwächse im Bereich der privaten und öffentlichen Dienstleistungen, bei Elektrotechnik und Maschinenbau erwartet werden (PROGNOS 1982).

Nach den Projektionen des Instituts für Arbeitsmarkt- und Berufsforschung, die von unterschiedlichen Annahmen über die Entwicklung des Ausländeranteils und des Wirtschaftswachstums ausgehen, wird die Arbeitslosigkeit (registrierte Arbeitslose und stille Reserve) im Jahre 1990 einen Wert zwischen 1,2 und 4,2 Mio Personen erreichen (BUNDESANSTALT FÜR ARBEIT 1982). Einen hohen Wahrscheinlichkeitsgrad hat derzeit die Kombination der Annahme eines konstanten Ausländerpotentials und einer gesamtwirtschaftlichen Wachstumsrate von 2 bis 2,5%. Bei diesen Annahmen würden 1990 rund 3,4 Mio. erwerbsfähige Personen keine Beschäftigung haben.

Nach herrschender Meinung sind die privaten Investitionen die Schlüsselgröße für einen Abbau der Arbeitslosigkeit. Hoffnungen knüpfen sich an die vergleichsweise geringe Investitionstätigkeit in den 70er Jahren, die möglicherweise zu einem "Investitionsstau" geführt hat. Impulse werden erwartet durch den zunehmenden Wettbewerbsdruck aus dem Ausland, durch den Zwang zur Rationalisierung und zur Erneuerung des inzwischen veralteteten Anlagenbestandes, vor allem aber aus der verstärkten Anwendung der Schlüsseltechnologie "Mikroelektronik".

Die Entwicklung der Arbeitsplatzzahlen wird in zunehmendem Maße von der Anwendung neuer Technologien bestimmt. Das Bundesforschungsministerium z.B. rechnet damit, daß in den nächsten 10 bis 15 Jahren etwa 10 Mio. Arbeitsplätze, d.h. 40% aller Erwerbstätigen, von der Informationstechnik im weitesten Sinne - Mikroelektronik, Textverarbeitung, Telekommunikation, Computertechnik - erfaßt werden (RÜRUP & CREMER 1982:12).

Im Hinblick auf die von den neuen Informationstechniken ausgehenden Beschäftigungseffekte herrscht allerdings eher Skepsis (vgl. hierzu auch den Beitrag von HENCKEL & NOPPER im vorliegenden Band). Positive Beschäftigungseffekte der neuen Informationstechnik sind bisher kaum erzielt worden. Dies mag u.a. auch daran liegen, daß produkt- und verfahrenstechnische Veränderungen nicht vorgenommen werden können, weil die der neuen Technik adäquaten Arbeitskräfte nicht zur Verfügung stehen (RÜRUP & CREMER 1982:10f).

Von der Einführung der neuen Informationstechnologie werden wohl zunächst diejenigen Branchen am intensivsten berührt, die landläufig zu den Wachstumsbranchen gezählt werden: Maschinenbau, Elektrotechnische Industrie, Straßenfahrzeugbau, feinmechanische und optische sowie Uhrenindustrie, Büromaschinen- und Datenverarbeitung, Druckerei- und Vervielfältigungsindustrie, Kreditinstitute und Versicherungsunternehmen (ibid.: 9). Positive Beschäftigungseffekte sind am ehesten in den Branchen zu erwarten, die nicht nur die Informationstechniken anwenden (z.B. Straßenfahrzeugbau und Druckindustrie), sondern auch als Hersteller informationstechnischer Produkte in Erscheinung treten (z.B. Datenverarbeitung, Elektrotechnik, Maschinenbau) (ibid.:10).

Insgesamt deuten die heute absehbaren Strukturveränderungen darauf hin, daß für die nächsten Jahre mit einer Verschärfung der sozialen und regionalen Disparitäten gerechnet werden muß. Von den neuen Technologien scheint zunächst vorrangig der Süden der Bundesrepublik zu profitieren. Die Gründe dafür liegen nicht nur in dem seit langem positiven Image des süddeutschen Raumes, sondern auch in den Sogeffekten der dort bereits ansässigen High-Tech-Industrie ("Munichon-Valley"-Effekt).

Obwohl die neuen Kommunikationstechnologien eine Dezentralisierung von Standorten erlauben, scheint ihre großräumige Wirkung für die nächsten Jahre eher auf Konzentration (in den Verdichtungsräumen) angelegt zu sein. Diese Tendenz wird durch die vorgesehenen Infrastrukturinvestitionen der Bundespost (Breitbandverkabelung) noch verstärkt. Hier werden neue Standortqualitäten geschaffen, die den angeschlossenen Städten einen Wettbewerbsvorteil verschaffen.

Das Beispiel der Breitbandverkabelung macht deutlich, daß durch Infrastrukturinvestitionen die regionalen Standortqualitäten verändert werden und daß die eigenen Anstrengungen der Kommunen zur Verbesserung der örtlichen Infrastrukturausstattung leicht durch die auf Bundes- und Landesebene getroffenen Entscheidungen obsolet werden können. Für das Problem der Nord-Süd-Verschiebung und des interregionalen Wohlstandsgefälles bedeutet dies, daß den zunehmenden regionalen Disparitäten nur durch eine zwischen Bund und Ländern abgestimmte Struktur-, Industrie- und Technologiepolitik entgegengewirkt werden kann. Die inzwischen zahlreichen Versuche auf der regionalen und örtlichen Ebene, die Wirtschaftsstruktur und damit die ökonomische Basis der Städte durch Installierung und Förderung von Gründer- und Technologiezentren zu verbessern, sind von ihrer Zielsetzung her zu begrüßen. Als Instrument zur Nivellierung interregionaler Disparitäten sind sie aber um so weniger geeignet, je mehr der traditionelle Bürgermeisterwettbewerb der Kommunen seine Fortsetzung auf der Landesebene findet (Wettbewerb der Ministerpräsidenten). Wenn man sieht, daß auch hier der politisch und finanziell potente Süden (namentlich Baden-Württemberg) mit entsprechenden Landesinitiativen bereits die "Nase vorn" hat, wird man wohl auf absehbare Zeit mit einer weiteren Verschärfung des Süd-Nord-Gefälles rechnen müssen.

Jürgen Friedrichs

Ökonomischer Strukturwandel und Disparitäten von Qualifikationen der Arbeitskräfte

1. PROBLEM

Die Großstädte in den hochindustrialisierten Ländern wandeln sich von Zentren der Güterproduktion zu Zentren der Informationsverarbeitung. Dieser tiefgreifende Wandel der ökonomischen Basis der Städte führt zu beträchtlichen Konflikten und zu sozialpolitischen Debatten über geeignete Maßnahmen, bis hin zu der grundsätzlichen Frage, wie die Arbeit neu verteilt werden könne.

Dieser Wandel hat die Großstädte - je nach der Struktur ihrer Arbeitsplätze - in unterschiedlichem Maße getroffen. Beispiele hierfür sind die Städte in der Rhein-Ruhr-Region, im Saarland und die Stadtstaaten Bremen und Hamburg, in denen der Verlust an Arbeitsplätzen im sekundären Sektor in den vergangenen 10 Jahren sehr hoch gewesen ist. In Frankreich ist dies z.B. in der Industrieregion Nord-Pas-de-Calais erkennbar. Ähnlich ist es in den USA, vor allem in den Städten im Nordosten. Dort wie in Europa besteht ein "Frostbelt-Sunbelt" bzw. ein Nord-Süd-Gefälle.

Zusätzlich zu dem sektoralen Wandel verändern sich aber auch innerhalb der einzelnen Branchen die Qualifikationsanforderungen der Arbeitsplätze. Die Städte verlieren die ehemals so wichtigen Arbeitsplätzen im sekundären Sektor und können weder die bestehende, geschweige denn eine steigende Zahl von Arbeitskräften mit geringer Qualifikation, mit angemessenen Arbeitsplätzen versorgen.

Zudem haben viele Großstädte seit ca. 1960 zugleich den größten Zuwachs an ethnischen Minoritäten erfahren. Schulbildung und berufliche Ausbildung dieser Gruppen sind jedoch den neuen, mehr Qualifikation erfordernden Berufen nicht angemessen, die zum Teil die klassischen Berufe im sekundären Sektor ersetzt haben.

Die grundlegende Annahme des Aufsatzes ist daher, daß es zu einer steigenden Disparität zwischen dem Qualifikationsangebot der städtischen Bevölkerung einerseits und der Qualifikationsnachfrage der angebotenen Arbeitsplätze andererseits in den Großstädten kommt. Diese Disparität ist - neben einer globalen Umschichtung der Arbeitsplätze und den geburtenstarken Jahrgängen - einer der wichtigsten Gründe für die hohe Arbeitslosenrate in den Großstädten der USA und der Bundesrepublik.

Die nachfolgende Analyse richtet sich darauf, den sektoralen Wandel und diese Disparität für ausgewählte Großstädte in der BRD zu beschreiben, sowie einige Ursachen und Folgen zu erörtern. Auf das viel umfassendere Problem der Auswirkungen neuer Technologien auf die Qualifikationsanforderungen (vgl. u.a. DOSTAL 1983) kann nicht eingegangen werden. - Zum Vergleich werden Entwicklungen in den USA herangezogen (vgl. dazu die ausführliche Darstellung in KASARDA & FRIEDRICHS 1985). Teile des Textes gehen auf FRIEDRICHS & KASARDA (1984) zurück.

2. THEORETISCHER BEZUGSRAHMEN

Disparität kann hier definiert werden als Nichtübereinstimmung der Verteilung der Qualifikationen der Arbeitskräfte im Vergleich zu den Qualifikationen, die für die vorhandenen Arbeitsplätze erforderlich sind. Eine ähnliche Definition für den treffenderen englischen Ausdruck "mismatch" gibt CHESHIRE (1979:34): "differences in the absolute excess of unemployment over vacancies between different groups". Zwei Prozesse der Entwicklung von Disparitäten lassen sich unterscheiden: ein nationaler und ein regionaler oder städtischer.

Der nationale Prozeß bezieht sich auf die globalen Veränderungen in der Beschäftigtenstruktur in einem Land, so die Verschiebungen der Beschäftigtenanteile vom primären in den sekundären und schließlich in den tertiären Sektor (vgl. CLARK 1940, FOURASTIE 1949). Nach FOURASTIE (1954: 135f.) lassen sich drei Phasen der wirtschaftlichen Entwicklung unterscheiden: eine primäre Zivilisation, in der der Anteil der im primären Sektor Beschäftigten rd. 80% ausmacht, sodann eine Übergangsphase, gekennzeichnet durch sinkende Anteile im primären, steigende im tertiären und zunächst steigende, dann fallende Anteile im sekundären Sektor;

schließlich eine "tertiäre Zivilisation", in der auf den tertiären Sektor 80% der Beschäftigten entfallen, auf den sekundären ca. 15% und den primären nur noch ca. 5%.

Wenngleich dieses Modell nicht ohne Kritik geblieben ist (vgl. u.a. HÜBL & SCHEPERS 1983, KLEBER 1983), so beschreibt es doch recht gut die Entwicklungen in der BRD (FELS, SCHATZ & WOLTER 1971) und in mehreren europäischen Ländern und deren Hauptstädten, wie eine neuere Studie zeigen konnte (FRIEDRICHS, DANGSCHAT, KIEHL & SCHUBERT 1983, FRIEDRICHS & KIEHL 1985). Auch beruht ein Teil der Diskussionen über die "post-industrielle Gesellschaft" auf diesem Modell, es geht nun zumeist um Verfeinerungen der Entwicklungen im tertiären Sektor (z.B. ABLER 1977, BELL 1968, 1973, LA PORTE & ABRAMS 1976). Wenngleich das Modell eine zutreffende Beschreibung der historischen Veränderungen in den drei Sektoren darstellt, so ist die ihm unterliegende Theorie in zwei hier bedeutsamen Punkten unzureichend: der Arbeitslosigkeit und der Veränderungen innerhalb des tertiären Sektors.

Fourastié erörtert zwar das Problem der Arbeitslosigkeit und auch die mit den Verschiebungen in den Sektoren auftretenden ökonomischen Krisen, er unterstellt jedoch marktwirtschaftliche Bedingungen, daher würden die Arbeitslosen von einem Sektor zum folgenden "wandern", und sich so an die veränderten ökonomischen Verhältnisse anpassen. Er unterschätzt dabei die Schwierigkeiten dieses Adaptionsprozesses, so Hungersnöte und Verelendung eines Teils der Bevölkerung, aber auch die Notwendigkeit der Umschulung von Arbeitskräften. Er unterschätzt ebenfalls die Bedeutung der Massenauswanderung aus Europa, die erheblich dazu beigetragen haben dürfte, den Überschuß an Arbeitskräften zu verringern.

Ebenso, und dies ist ein bekannter Einwand, hat Fourastié nicht die technologischen Innovationen vorhergesehen, die zu erheblichen Veränderungen im tertiären Sektor geführt haben, sowohl was die Qualifikation der Arbeitskräfte als auch die hohe Arbeitslosenquote betrifft, die alle fortgeschrittenen Industrieländer gegenwärtig aufweisen (vgl. FELS & SCHMIDT 1981:14,195). Seine Analyse liefert daher wenig Hypothesen für die gegenwärtig so wichtige Frage, ob die hohe Arbeitslosigkeit in den westlichen Ländern ein relativ dauerhaftes strukturelles Phänomen ist oder nur eine kurzfristige unvollständige Anpassung kennzeichnet, die langfristig durch veränderte Qualifikationen der Arbeitskräfte und durch neue Arbeitsplätze in einzelnen Wirtschaftsabteilungen des tertiären Sektors oder eine Verkürzung der Arbeitszeit überwunden werden kann.

Die strukturellen Verschiebungen zwischen den drei Sektoren - und zwar in allen Richtungen - sind auch gegenwärtig zu beobachten, wie FELS & SCHMIDT (1981) für die BRD 1976-77 belegt haben. Besondere Aufmerksamkeit verdienen die Veränderungen innerhalb des tertiären Sektors, wo gleichzeitig Arbeitskräfte hoher Qualifikation und solche sehr geringer (z.B. Hotel- und Gaststättengewerbe) nachgefragt werden.

Insgesamt sind zwischen 1970 und 1980 beträchtliche Umschichtungen der Erwerbstätigen in den Sektoren eingetreten: das Verarbeitende Gewerbe verlor 1.439.000 Erwerbstätige (-12%), die Wirtschaftsabteilung "Handel und Verkehr" 95.000 (-2%), hingegen nahm die Zahl der Erwerbstätigen in den "Sonstigen Dienstleistungen" um 1.429.000 (+21%) zu (STAT. JB. BR DEUTSCHLAND 1982:94). Die strukturellen Veränderungen dauern an und beeinflussen das erforderliche Qualifikationsniveau. So ist das Qualifikationsniveau der Arbeiter und Angestellten gestiegen, zieht man die Leistungsgruppen heran: In der Verarbeitenden Industrie waren 1960 von den männlichen Beschäftigten 46% in den Leistungsgruppen I und II, 1982 waren es 55%, bei den männlichen Angestellten stieg der Anteil von 26% auf 44%. Im Wirtschaftszweig "Handel, Kredit und Versicherungen" stieg der Anteil bei den männlichen Angestellten von 21% auf 32% (MEIER 1983). Von der steigenden Arbeitslosigkeit, einer der Folgen dieser Umschichtungen, sind vier Gruppen besonders betroffen: Frauen, Behinderte, ältere Arbeitnehmer und wenig Qualifizierte (FELS & SCHMIDT 1981:13,21; SOZIALBERICHT 1978:11, SOZIALBERICHT 1980:12).

Das Ausmaß dieser Veränderungen in der Beschäftigtenstruktur und die Unterschiede zwischen den zwölf größten Städten (Stand 1.1.1980) zeigen die Tabellen 1 und 2. So weisen die Städte Duisburg, Dortmund und Essen besonders hohe Beschäftigtenanteile im Verarbeitenden Gewerbe auf, das zwischen 1980 und 1983 insgesamt 7,9% der Beschäftigten verlor. Ein Vergleich der Daten beider Tabellen gibt auch Hinweise auf das unterschiedliche Ausmaß der "Anfälligkeit" der zwölf Großstädte für den strukturellen Wandel.

Tabelle 1: Sozialversicherungspflichtig Beschäftigte, nach Wirtschaftsabteilungen, Städte mit mindestens 500.000 Einwohnern, 1970, 1980, 1983

	Primärer S.			Sekund. S.			Tertiärer Sektor																	
	Landwirtschaft			Bergb.,Verarb.			Handel			Verkehr			Versg., Kredit			Dienstleistg.			Org. o. Erwch.			Gebietskörp.		
Stadt	1970	1980	1983	1970	1980	1983	1970	1980	1983	1970	1980	1983	1970	1980	1983	1970	1980	1983	1970	1980	1983	1970	1980	1983
Berlin	0,3	0,6	0,6	43,4	37,9	35,8	15,3	14,1	13,3	6,1	5,4	5,6	2,2	2,9	3,1	12,8	27,0	27,9	2,8	2,7	3,5	17,1	9,5	10,3
Hamburg	0,3	0,5	0,5	35,4	30,6	29,5	20,6	19,7	19,1	12,8	13,2	12,9	4,8	6,8	7,1	13,3	22,2	23,3	2,1	1,7	1,9	10,6	5,4	5,8
München	0,2	0,6	0,6	47,0	41,5	39,2	14,3	15,4	15,5	6,4	5,6	5,6	5,0	6,6	6,7	13,7	22,6	24,1	2,2	2,6	2,8	11,2	5,0	5,5
Köln	0,1	0,3	0,3	41,5	39,0	37,1	18,1	16,7	16,3	8,3	6,7	6,8	6,2	8,2	8,6	12,8	21,0	22,9	3,3	2,5	2,7	9,8	5,6	5,3
Essen	0,4	0,5	0,5	49,2	42,9	40,8	19,4	17,9	17,8	5,5	5,5	5,5	2,6	3,5	3,6	11,5	23,1	24,8	3,2	2,7	3,0	8,3	3,9	4,0
Frankfurt	0,3	0,4	0,4	42,1	37,2	35,1	17,6	17,4	17,0	9,7	9,6	9,9	6,1	8,6	9,2	13,8	18,8	20,0	3,1	2,7	2,9	7,2	5,3	5,4
Dortmund	0,3	0,4	0,5	52,3	51,6	49,2	17,5	15,9	15,7	6,5	4,8	5,0	3,1	4,0	4,5	9,9	17,6	18,8	2,1	1,6	1,8	8,4	4,2	4,4
Düsseldorf	0,1	0,3	0,3	42,8	39,3	37,7	19,1	19,3	19,0	6,4	5,9	6,2	5,2	6,7	6,9	13,4	19,3	20,5	3,2	2,3	2,4	9,7	6,8	6,9
Stuttgart	0,4	0,4	0,4	54,3	50,8	49,3	14,2	13,8	13,5	5,7	4,2	4,2	4,3	6,1	6,4	10,0	15,2	16,0	1,9	3,0	3,5	9,2	6,4	6,7
Duisburg	0,2	0,4	0,3	56,3	59,8	58,5	14,4	12,1	11,7	9,6	8,7	8,6	1,6	2,0	2,2	9,0	12,7	13,8	2,4	1,2	1,4	6,5	3,0	3,3
Hannover	0,2	0,5	0,5	46,3	41,2	38,8	16,3	16,5	15,9	8,1	7,0	7,2	4,0	5,7	6,1	11,0	19,8	21.4	2,7	2,3	2,6	11,4	7,0	7,5
Bremen	0,2	0,4	0,5	42,7	39,1	37,2	17,1	28,1	18,1	14,3	12,8	12,4	2,9	4,0	4,4	10,4	18,6	19,9	1,7	1,6	2,0	10,7	5,4	5,6
BRD	0,4	1,1	1,1	52,7	51,6	49,5	15,3	13,9	13,8	6,0	4,8	4,8	2,7	3,6	3,9	10,0	16,9	18,3	2,4	1,7	1,9	10,5	6,4	6,7

Die Daten beziehen sich auf den 30.6.

Quellen: Eigene Berechnungen nach Daten in: Amtliche Nachrichten der Bundesanstalt für Arbeit, 8/1979:50; 5/1984:778

Tabelle 2: Prozentuale Veränderung der sozialversicherungspflichtig Beschäftigten, nach Wirtschaftsabteilungen, Städte mit mindestens 500.000 Einwohnern, 1970-1980, 1980-1983

	Primärer S.		Sekund. S.		Tertiärer Sektor											
	Landwirtsch.		Bergb.,Verarb.		Handel		Verkehr		Versg.,Kred.		Dienstleist.		Org.o.Erwch.		Gebietskörp.	
Stadt	70-80	80-83	70-80	80-83	70-80	80-83	70-80	80-83	70-80	80-83	70-80	80-83	70-80	80-83	70-80	80-83
Berlin	40,9	1,6	-32,2	-9,2	-29,6	-9,6	-31,6	-1,6	-2,5	3,8	61,6	-0,7	-24,3	21,6	-57,6	4,0
Hamburg	11,0	-17,7	-31,8	-25,6	-24,5	-7,9	-17,9	-7,8	11,6	-0,6	31,3	-0,4	-38,3	7,9	-59,8	2,0
München	169,4	4,6	-17,9	-7,2	0,0	-1,5	-18,4	-2,3	23,3	0,0	53,6	4,5	9,1	6,6	-58,5	8,2
Köln	134,3	19,9	-17,3	-8,8	-19,0	-6,0	-28,4	-2,7	16,1	0,6	44,3	4,4	-32,6	2,9	-49,1	-9,3
Essen	-3,2	1,3	-31,9	-11,5	-27,9	-7,5	-21,9	-7,1	3,9	-2,1	57,1	-0,1	-32,7	4,5	-62,8	-5,3
Frankfurt	11,0	9,5	-22,0	-10,5	-12,9	-7,5	-12,8	-2,8	23,4	0,9	20,4	0,6	-23,4	0,7	-35,3	-3,1
Dortmund	22,3	16,8	-19,1	-11,5	-25,5	-8,2	-39,6	-4,0	5,7	5,9	46,2	-0,9	-38,7	8,2	-59,1	-3,2
Düsseldorf	83,6	10,3	-17,3	-6,6	-9,3	-4,0	-17,0	1,6	15,7	0,5	29,7	3,8	-36,2	1,0	-36,6	-1,2
Stuttgart	-21,1	1,2	-26,5	-5,1	-23,6	-4,5	-42,7	-3,3	11,6	1,6	18,7	3,5	24,0	11,8	-44,7	2,1
Duisburg	82,6	-31,3	14,6	-13,6	-9,6	-14,1	-2,6	-12,5	34,9	-1,5	52,0	-3,8	-44,9	5,3	-49,6	-3,1
Hannover	68,6	1,5	-30,0	-11,2	4,5	-9,6	-32,3	-3,2	13,0	0,9	41,8	2,1	-32,7	7,8	-51,7	0,0
Bremen	114,3	-2,5	-26,4	-11,3	-15,1	-6,7	-28,4	-9,6	10,4	1,5	42,2	-0,4	-25,1	17,0	-59,7	-2,6
BRD	129,5	2,2	-15,9	-7,9	-21,9	-4,8	-31,9	-5,1	15,6	3,3	44,4	4,1	-39,0	7,6	-47,6	1,0

Die Daten beziehen sich auf den 30.6.
Quellen: Eigene Berechnungen nach Daten in: Amtliche Nachrichten der Bundesanstalt für Arbeit, 8/1979:50; 5/1984:778

Noch ausgeprägter ist diese Entwicklung in den USA. Dort verringerte sich die Zahl der Arbeitsplätze im sekundären Sektor zunehmend in den Städten während der letzten beiden Dekaden. In den Kernstädten nahm die Konzentration der Schwarzen, die Anteile von Personen niedriger Schulbildung und von Familien mit allein-erziehenden Müttern zu (MULLER 1980: 42f.; PETERSON & MULLER 1980:84). Von den als "arm" definierten Personen lebten in metropolitanen Gebieten drei Fünftel in der Kernstadt und nur zwei Fünftel in den Suburbs (BARABBA 1980:12,14,29; BERRY & DAHMANN 1980 insbes.:38). Es kam zu einer offenkundig dysfunktionalen Zunahme des Bevölkerungsanteils mit geringeren Qualifikationen in den Städten der USA (vgl. zur neueren Entwicklung: KASARDA 1983a, 1983b).

Gleichzeitig hat sich zwischen 1970 und 1977 die Zahl der Arbeitsplätze in den nicht-metropolitanen Gebieten stärker als in den metropolitanen Gebieten zugenommen. Die Suburbanisierung der Bevölkerung, der Industrie und auch des tertiären Sektors hat im Zeitraum von 1970-1975 weiter zugenommen (MULLER 1980:45). Von den 1.000 größten Firmen der FORTUNE-Liste hatten 1975 rd. ein Drittel ihr Hauptquartier in den Suburbs (BIRDSALL 1980:203). Städte mit raschem Bevölkerungsverlust wiesen auch unterdurchschnittliche Wachstumsraten auf (PETERSON & MULLER 1980:75). Diese räumliche Verschiebung des Wachstums gilt auch auf regionaler Ebene: Zwischen 1970 und 1977 haben der Westen und der Süden einen beträchtlichen Zuwachs an Arbeitsplätzen in der Güterproduktion und den Dienstleistungen (CLARK 1980:116, 123; vgl. BERRY & DAHMANN 1980, GREENWOOD 1980: 125ff).

3. AUSLÄNDISCHE ARBEITNEHMER

Als die westdeutsche Konjunktur in den frühen siebziger Jahren abflaute und sich erste Anzeichen einer Rezession zeigten, wurde die Zuwanderung von Gastarbeitern durch den sogenannten "Gastarbeiter-Stopp" gebremst (BARTHEL 1981). Ungeachtet dessen nahm die Zahl der Ausländer in der Bundesrepublik (einschließlich West-Berlin) kontinuierlich von 2,6 Mio. im Jahre 1973 auf 4.5 Mio. im Jahre 1983 zu. Ende 1983 waren 34,2% der Ausländer Türken, und die ausländische Bevölkerung machte 7,4% der Gesamtbevölkerung der BRD aus.

Wichtiger noch, ebenso wie in den USA konzentrierte sich der Hauptteil der Ausländer in den Großstädten. Der durchschnittliche Anteil von Ausländern in den dichtbesiedelten Regionen betrug im Jahre 1982 9,7% im Vergleich zu eher ländlichen Regionen mit nur 4,0% (BfLR 1982:1002ff). Tab. 3 belegt diese Konzentration. Demnach lebten 28,6% der Ausländer in den zwölf größten Städten, auf diese entfallen aber nur 16,9% der Gesamtbevölkerung.

Tabelle 3: Bundesanteil und Anteil von Ausländern in Großstädten, 1970-1982

	1970		1975		1980		1982	
Aggregat	(a)	(b)	(a)	(b)	(a)	(b)	(a)	(b)
Städte 500.000+	44,5	7,7	26,2	9,8	28,6	12,1	28,1	12,7
Städte 100.000+	65,1	6,3	44,3	8,3	47,7	10,2	46,9	10,7
BRD		4,9		6,6		7,2		7,4

Die Daten beziehen sich jeweils auf den 31.12.
(a) Anteil der Ausländer in der BRD in den Städten dieser Gruppe.
(b) Anteil der Ausländer an der Gesamtbevölkerung der Städte.

Quellen: Statistisches Jahrbuch Deutscher Gemeinden, Jg. 59 (1972): 40; Jg. 63 (1976): 104; Jg. 68 (1981): 84; Statistisches Jahrbuch für die Bundesrepublik Deutschland 1983: 31, 68. Daten für 1982 und für Berlin 1970: persönl. Information durch Stat. Landesämter.

Beträchtlicher noch war die Zunahme der Ausländer in den Großstädten, wie Tab. 4 zeigt: So erhöhte sich zwischen 1970 und 1983 der Anteil der Ausländer in Frankfurt von 13,3% auf 21,8%, in Duisburg von 6,2% auf 13,9%. In den Städten Berlin, Köln, Dortmund, Duisburg und Bremen hat sich in diesem Zeitraum die Zahl der Ausländer verdoppelt. (Vgl. den Beitrag von ESSER.) Die zunehmende Konzentration der Ausländer erfolgte gerade in jener Zeit, in der die Großstädte der BRD Verluste an Arbeitsplätzen mit niedriger Qualifikation und eine steigende Arbeitslosigkeit unter den Ausländern aufwiesen.

Der kombinierte Effekt von wirtschaftlichem Strukturwandel und veränderten Qualifikationsanforderungen innerhalb der Wirtschaftsabteilungen und -gruppen hat insbesondere die ausländischen Arbeitnehmer getroffen. Für sie sind die Disparitäten größer als für die deutschen Arbeitnehmer.

Tabelle 4: Ausländer in Städten mit mindestens 500.000 Einwohnern, 1970-1983, in Prozent

Stadt	1970	1975	1980	1983
Berlin	3,5	8,7	10,7	12,5
Hamburg	5,4	6,8	9,0	9,8
München	14,0	15,1	16,4	16,3
Köln	9,1	11,1	13,6	14,4
Essen	3,8	4,4	5,5	5,6
Frankfurt	13,3	16,8	20,2	21,8
Dortmund	3,7	6,6	8,5	9,4
Düsseldorf	9,2	10,8	12,3	12,8
Stuttgart	13,1	15,5	17,7	17,4
Duisburg	6,2	9,6	12,2	13,9
Hannover	6,1	8,0	9,8	9,4
Bremen	3,8	4,9	6,4	6,9
BRD	4,9	6,6	7,2	7,4

Quellen: Stat, Jahrb. Deutscher Gemeinden, Jg. 59 (1972), 63 (1976), 68 (1981); Hamburg in Zahlen 7/1984; persönl. Information durch das Statistische Amt des Landes NRW

Dies zeigt sich zunächst an der Verteilung der deutschen und ausländischen Beschäftigten über die Wirtschaftsabteilungen (Tab. 5). An der ungleichen Verteilung hat sich auch in den zwei Jahren nichts geändert: Der Index der Dissimilarität betrug 20.8 im Jahre 1980 und 19.2 im Jahre 1983. Zieht man die Daten aus Tab. 2 heran, so wird erkennbar, daß die Ausländer in eben jenen Wirtschaftsabteilungen einen hohen Anteil haben, die besonders stark von dem Strukturwandel betroffen sind: Bergbau, Verarbeitendes Gewerbe, Baugewerbe. Hingegen sind zwar mehr Ausländer in dem wachsenden Bereich der Dienstleistungen und Versicherungen/Kredit tätig, aber ihr Anteil an den Beschäftigten in diesen Wirtschaftsabteilungen ist gesunken.

Auf den ersten Blick besteht ein deutlicher Unterschied zwischen den USA und der Bundesrepublik hinsichtlich der ausländischen Arbeitskräfte darin, daß es sich in den USA um Immigranten, in der Bundesrepublik hingegen um rotierende Arbeitskräfte handelt. Die ökonomischen Ziele und die politischen Verträge waren ja gerade darauf gerichtet, ausländische Arbeitskräfte nur für eine begrenzte Zeit zu rekrutieren, danach sollten die Gastarbeiter das Land wieder verlassen.

Tabelle 5: Deutsche und ausländische Arbeitnehmer, nach Wirtschaftsabteilung, 1980 und 1983

Wirtschafts-abteilung	1980 Summe	1980 Deutsche %	1980 Ausländer %	1980 Ausländer Anteil*	1983 Summe	1983 Deutsche %	1983 Ausländer %	1983 Ausländer Anteil*
Landwirtschaft	220.457	1,1	0,9	8,5	225.325	1,1	1,0	7,3
Bergbau	478.078	2,3	1,7	7,3	479.719	2,4	2,1	7,4
Verarb. Gewerbe	8.647.248	39,5	57,6	13,8	7.917.358	37,9	54,6	11,8
Baugewerbe	1.696.015	7,8	10,5	12,9	1.569.288	7,6	10,1	11,0
Bergb.,V. G.,Baug.	10.821.341	49,6	69,8	13,0	9.960.817	47,9	65,8	11,8
Handel	2.911.576	14,7	6,5	4,6	2.770.783	14,4	6,7	4,1
Verkehr	997.883	4,9	3,7	7,7	971.808	4,9	3,8	6,8
Versg.,Banken	762.116	4,0	0,7	2,0	787.243	4,2	0,7	1,6
Dienstleistg.	3.539.572	17,1	15,2	8,9	3.684.330	18,4	17,4	8,1
Org. o. Erwerbsch.	357.372	1,8	0,7	4,2	384.366	2,0	0,8	3,8
Gebietskörpersch.	1.343.547	6,8	2,5	3,8	1.356.301	7,1	2,8	3,5
Summe	20.953.864	100,0	100,0	9,9	20.146.521	100,0	100,0	8,5

Die Daten beziehen sich auf den 30.6.
Personen ohne Angabe der Wirtschaftsabteilung wurden dem "Verarbeitenden Gewerbe " zugerechnet.
* Anteil an den Beschäftigten der jeweiligen Wirtschaftsabteilung.

Quellen: Amtliche Nachrichten der Bundesanstalt für Arbeit, Jahreszahlen, 1981: 21; 1983:12,20,22

Die Rationalität der Maßnahmen war jedoch nur von den ökonomischen Bedingungen in der Bundesrepublik geleitet, nicht von den menschlichen Problemen der ausländischen Arbeitskräfte. Speziell für die türkischen Arbeitnehmer gilt, daß für sie die Bundesrepublik selbst unter den Bedingungen einer Rezession wesentlich attraktiver ist als die ökonomischen (und politischen) Bedingungen in ihrem Heimatland. Die Vorstellung, ausländische Arbeitnehmer seien "rotierende Gäste" ist längst nicht mehr gerechtfertigt. Eher lassen sie sich als Immigranten bezeichnen. Ein Indiz hierfür ist auch die Tatsache, daß 1981 58% aller Ausländer länger als acht Jahre in der Bundesrepublik lebten (STAT. JB. BR DEUTSCHLAND 1982:66).

Während die Bundesregierungen Verfechter des Rotationspinzips (gewesen) sind, blieb und bleibt es den Kommunen überlassen, soziale Maßnahmen für die Gastarbeiter zu entwickeln und durchzuführen, die faktisch das Ziel der Assimilation haben. Diese Programme haben einen begrenzten Erfolg, nimmt man zum Beispiel die vergleichsweise geringe Zahl von Anträgen auf Einbürgerung als Indikator. Ein wichtiger Grund hierfür ist, daß viele ausländische Familien unentschieden sind, ob sie in ihr Heimatland zurückkehren oder in der Bundesrepublik bleiben sollen. Wir können daher die gegenwärtige Situation mit dem Ausdruck "doppelte Ambivalenz" kennzeichnen: eine widersprüchliche Ausländerpolitik (Bund gegenüber Kommunen) und unentschiedene ausländische Familien. (Diese Ausführungen beziehen sich vor allem auf die türkische Minorität.)

Hieran dürften auch die Maßnahmen zur Rückkehrhilfe und zur Auszahlung des Arbeitnehmeranteils der Rentenbeiträge wenig gändert haben. Nach Auskunft des Bundesministeriums des Inneren (Oktober 1984) wurden bis zum 30.9.1984 (Ende des Rückkehrhilfe-Programms) rd. 13.600 Anträge auf Rückkehrhilfe und 114.00 Anträge auf Auszahlung der Rentenbeiträge bewilligt. Die Schnittmenge der Antragsteller sowie deren Familienangehörige berücksichtigend, schätzt das Ministerium die Zahl der Rückkehrenden auf rd. 300.000. Selbst wenn sich diese Rückkehrenden überproportional auf Städte mit einem hohen Verlust an Arbeitsplätzen im sekundären Sektor verteilten, so kann doch diese Zahl angesichts der insgesamt 4,9 Mio. Ausländer nicht ins Gewicht fallen, - also nur einen geringen beschäftigungspolitischen Effekt haben.

4. DISPARITÄTEN

Für die Bundesrepublik gilt noch immer, daß eine wesentliche Voraussetzung für den beruflichen Aufstieg das "Abitur" ist. (Wenn man nicht sogar davon ausgehen kann, daß parallel zur zunehmenden Zahl der Hochschulabsolventen auch bereits ein akademischer Grad erforderlich ist.) Diese Voraussetzung wird um so bedeutsamer, je stärker Arbeitsplätze für höhere Angestellte insgesamt die sinkende Zahl von Arbeitsplätzen für Arbeiter ersetzen. Darüberhinaus läßt sich eine Folge für die steigende Zahl der Gastarbeiter absehen: Da nur wenige von ihnen ein Abitur haben bzw. erwerben, dürften sie in zunehmende Schwierigkeiten geraten, einen Arbeitsplatz zu finden oder sozial aufzusteigen. OSMAY (1981) gibt sogar Hinweise darauf, daß die Schulbildung und die berufliche Qualifikation der Gastarbeiter, die nach 1970 in die Bundesrepublik gekommen sind, niedriger sei als die der Gastarbeiter, die in den sechziger Jahren kamen.

Tabelle 6: Arbeitslose und arbeitslose Ausländer, nach Bundesland, 1980, 1982, 1983, in Prozent

	1980		1982		1983	
Land	Insg.	Ausl.	Insg.	Ausl.	Insg.	Ausl.
Schleswig-Holstein	4,2		9,1	17,5	10,5	20,1
Hamburg	3,4		7,4	13,9	10,2	18,8
Niedersachsen	4,7		9,5	16,6	11,3	20,2
Bremen	5,3		10,1	18,7	13,1	22,0
Nordrhein-Westfalen	4,6	6,7	8,6	14,5	10,6	17,3
Hessen	2,8	3,7	6,2	9,8	7,6	12,1
Rheinland-Pfalz	3,8		7,1	12,7	8,5	14,9
Saarland	6,5		9,7	10,5	11,8	13,7
Baden-Württemberg	2,3	3,3	4,8	8,0	5,9	10,3
Bayern	3,5	3,8	6,9	10,8	8,1	13,5
Berlin	4,3	5,7	8,7	14,1	10,4	15,8
BRD	3,8	5,0	7,5	11,9	9,1	14,7

Quellen: Amtliche Nachrichten der Bundesanstalt für Arbeit, Arbeitsstatistik, Jahreszahlen 1983:39, 56

Von dem wirtschaftlichen Strukturwandel sind die einzelnen Bundesländer in unterschiedlichem Maße betroffen, wie sich den Daten in Tab. 6 entnehmen läßt. Zwar sind die Quoten überall gestiegen, doch ist das Ausmaß der Arbeitslosigkeit in Bayern und Baden-Württemberg sehr viel geringer als z.B. in Hamburg oder dem Saarland. In allen Ländern ist die Arbeitslosenquote der Ausländer höher als die der Deutschen, in drei Ländern sogar doppelt so hoch. Das unterschiedliche Ausmaß hängt zweifellos mit dem Rückgang der Arbeitsplätze in jenen Wirtschaftsabteilungen zusammen, in denen die Ausländer stärker vertreten sind.

Die ungleiche Entwicklung wird noch besser erkennbar, wenn man wieder die zwölf Großstädte untersucht (Tab. 7). Erneut werden der starke Anstieg der Arbeitslosenquoten und die starken regionalen Unterschiede deutlich, z.B. Dortmund, Düseldorf, Hamburg gegenüber München und Stuttgart. Im Jahre 1983 schwanken die Quoten von 5,7% (Stuttgart) bis 15,0 in Dortmund. Da für die ausländischen Arbeitnehmer die Arbeitslosenquoten für Städte nicht berechnet werden können, sind die Anteile der Ausländer an den Arbeitslosen insgesamt aufgeführt. Vergleicht man sie mit den Beschäftigtenanteilen, so besteht eine sehr hohe Arbeitslosigkeit der Ausländer. Dies gilt insbesondere für Städte mit ohnehin hohen Arbeitslosenquoten wie Hamburg und Bremen.

Diese Daten belegen zum einen die Effekte des wirtschaftlichen Strukturwandels auf die Großstädte. Zum anderen gehen die hohen Arbeitslosenquoten aber auch auf die zunehmende Disparität zurück, also die Unterschiede zwischen nachgefragten und angebotenen Qualifikationen.

Am Beispiel der Stadt Hamburg sei die Disparität eingehender untersucht; die entsprechenden Daten sind in Tab. 8 aufgeführt. Auch hier sind die bereits erörterten Veränderungen ablesbar: eine sinkende Zahl der Beschäftigten insgesamt, eine sinkende Zahl von Beschäftigten in fast allen Wirtschaftsabteilungen, ausgenommen die Dienstleistungen, die Organisationen ohne Erwerbscharakter und die Gebietskörperschaften/Sozialversicherungen. Auch in Hamburg besteht eine ungleiche Verteilung der deutschen und ausländischen Beschäftigten über die Wirtschaftsabteilungen von 21.1 im Jahre 1978 und 20.5 im Jahre 1983 (Index der Dissimilarität).

Tabelle 7: Arbeitslosenquote, Anteil ausländischer Arbeitnehmer an den Arbeitslosen und an den Beschäftigten, Städte mit mindestens 500.000 Einwohnern, 1975, 1980, 1983

Stadt	Jahr	Arbeitslosenquote insg.	% Arbeitslose ausländ. Arbeitnehmer an den Arbeitslosen insg.	% Ausländ. Arbeitnehmer an den Beschäftigten insg.
Berlin	1975	3,3	*	11,6
	1980	4,3	16,0	12,7
	1983	9,6	18,5	12,2
Hamburg	1975	3,4	*	8,1
	1980	3,3	14,6	8,5
	1983	10,0	18,5	7,8
München	1975	3,1	*	15,8
	1980	2,4	15,1	15,6
	1983	5,8	22,9	14,5
Köln	1975	5,3	*	12,8
	1980	6,0	33,5	12,1
	1983	12,3	23,8	11,6
Essen	1975	4,8	*	6,6
	1980	5,6	7,8	6,0
	1983	12,3	9,0	5,3
Frankfurt	1975	3,2	*	16,7
	1980	3,0	21,6	15,8
	1983	6,2	24,0	14,2
Dortmund	1975	5,0	*	7,7
	1980	6,1	21,6	15,8
	1983	15,0	12,7	6,9
Düsseldorf	1975	3,7	*	12,4
	1980	4,1	17,8	11,4
	1983	10,7	19,9	10,4
Stuttgart	1975	2,4	*	19,6
	1980	2,0	30,7	19,1
	1983	5,7	31,4	17,0
Duisburg	1975	4,8	*	11,1
	1980	6,6	22,8	10,5
	1983	14,7	17,6	9,8
Hannover	1975	4,7	*	8,5
	1980	4,4	14,4	8,6
	1983	11,2	15,5	7,5
Bremen	1975	4,1	*	6,7
	1980	5,2	13,6	6,1
	1983	12,6	12,6	5,3

* Keine Daten verfügbar.

Quellen: Eigene Berechnungen nach Daten in: Amtliche Nachrichten der Bundesanstalt für Arbeit, 8/1976: 836; 12/1980:1716; 8/1981: 972; 6/1984: 934; Arbeitsstatistik, Jahreszahlen 1981,1983

Tabelle 8: Sozialversicherungspflichtig Beschäftigte nach Wirtschaftsabteilungen und Ausbildung*, Hamburg, 1978-1983

Wirtschafts-abteilung	Beschäftg. insg. 1978	1983	Verändg. 1978-83	Ausländ. Besch. 1978	1983	Verändg. 1978-83	Ausbildung 1978 niedrig	hoch	Ausbildung 1983 niedrig	hoch	Verändg. 78-83 niedr.	hoch
Land-, Forstw.	0,5	0,5	-6,2	0,8	0,7	-13,2	31,8	0,6	30,4	2,0	-10,1	58,5
Energie, Bergbau	1,3	1,4	0,4	0,3	0,3	14,6	25,4	3,5	23,4	5,8	-7,6	28,3
Verarb. Gewerbe	23,3	22,1	-8,7	36,1	33,7	-12,5	29,0	2,8	27,2	5,0	-14,5	25,7
Baugewerbe	6,2	6,2	-4,2	6,3	5,6	-16,6	16,3	1,0	17,8	1,5	4,9	19,9
Handel	20,1	19,1	-8,7	10,9	11,7	0	22,3	3,2	20,3	5,4	-16,9	10,2
Verkehr, Nachr.	13,6	12,8	-10,0	18,5	15,5	-21,9	21,9	1,6	22,6	3,1	-7,1	11,2
Kredit, Versichg.	6,9	7,1	-0,8	1,9	1,8	-11,7	18,1	6,1	16,5	11,5	-9,8	23,1
Dienstleistg.	21,2	23,2	5,3	23,1	27,4	11,2	21,1	8,4	20,4	11,4	1,8	18,8
Org. o. Erwerbsch.	1,7	1,9	8,6	0,8	1,1	24,4	25,0	9,1	24,8	12,5	7,5	32,3
Gebietskörpersch.	5,2	5,8	8,2	1,3	2,1	54,0	23,7	3,7	24,5	6,0	12,0	34,3
Insgesamt	100,0	100,0	-3,8	100,0	99,9	-6,4	23,1	5,4	22,1	6,8	-7,8	19,7
Summe	761.253	732.368	-	61.364	57.430	-	175.750	41.349	162.041	49.554	-	-
Deutsche	699.889	674.938	-3,6	-	-	-	21,9	5,5	20,7	6,9	-8,7	20,6
Ausländer	61.364	57.430	-6,4	61.364	57.430	-	37,2	4,7	39,0	5,4	-1,9	8,0

Die Daten beziehen sich jeweils auf den 30.9.

* Einschl. Beschäftigte ohne Angabe der Ausbildung; "Niedrig"= Volksschule oder Mittl. Reife ohne abgeschl. Berufsausbildung; "Hoch"= Abitur und/oder Hochschulausbildung.

Quellen: Eigene Berechnungen nach Daten in: FH Hamburg, Statistisches Landesamt, Statistische Berichte, Reihe A, 29.2.1980, S. 16, 22; unveröff. Daten für 1983

Um die Qualifikationsanforderungen zu berechnen, wurde für jede Wirtschaftsabteilung der Anteil der Beschäftigten mit niedriger und der mit hoher Ausbildung berechnet; die mittlere Gruppe , u.a. Volksschule/Mittlere Reife mit abgeschlossener Berufsausbildung, Fachschule, wird nicht einbezogen. (Sie bildet den Restanteil von 100%.) Nach diesem Kriterium erforderten nur wenige Wirtschaftsabteilungen 1978 - gemessen an dem Durchschnitt von 5,4% - eine hohe Ausbildung: Versicherungen/Kredit, Dienstleistungen und Organisationen ohne Erwerbscharakter. Dagegen haben andere Wirtschaftsabteilungen geringe Qualifikationsanforderungen, bei ihnen liegt sowohl ein hoher Anteil mit niedrigeren als auch ein geringer Anteil mit hoher Ausbildung vor; dies gilt vor allem für die Landwirtschaft und das Verarbeitende Gewerbe.

Ferner zeigt sich in den fünf Jahren, daß der Anteil der Beschäftigten mit niedriger Ausbildung um durchschnittlich 7,8% abgenommen, die jener mit hoher Ausbildung gleichzeitig erheblich (19,7%) zugenommen hat. Demnach sind - in Übereinstimmung mit der Disparitäts-Hypothese - insbesondere Arbeitsplätze mit niedrigen Qualifikationen weggefallen und solche hoher Qualifikation geblieben oder hinzugekommen. Allerdings sind dies Aussagen auf dem hoch aggregierten Niveau von Wirtschaftsabteilungen, weshalb Verschiebungen zwischen wie innerhalb der einzelnen Wirtschaftsgruppen nicht berücksichtigt werden.

Von den gestiegenen Qualifikationsanforderungen sind die ausländischen Arbeitnehmer besonders betroffen, da ihre schulischen und beruflichen Qualifikationen unter denen der Deutschen liegen. Daher ist es nicht erstaunlich, die ausländischen Beschäftigten vor allem in Berufen mit niedrigen Qualifikationsanforderungen zu finden. Vor allem aber ist ihr Rückgang bei den Beschäftigten mit niedrigen Qualifikationen geringer als der der Deutschen (-1,9% vs. -8,75) <u>und</u> die Zunahme bei den Beschäftigten mit hoher Qualifikation geringer (8,0% vs. 20,6%). Bei diesen Analysen ist zu berücksichtigen, daß sich der Anteil der ausländischen Beschäftigten im betrachteten Zeitraum praktisch nicht verändert hat, er betrug 8,1% im Jahre 1978 und 7,8% im Jahre 1983.

5. FOLGEN DER DISPARITÄT

Die wichtigste Folge der Disparität dürfte eine hohe lokale Arbeitslosigkeit sein; deren Ausmaß wurde bereits dargestellt. "Given the relationship between aggregate unemployment and vacancies (...) and the fact that there are particular groups who disproportionateley experience unemployment, we should expect "mismatch" to be greater where (or when) unemployment was higher. Since vacancies may be expected to behave like the mirror image of unemployment for individual groups we must expect increased "mismatch" where aggregate unemployment is high" (CHESHIRE 1979:34). Es ist jedoch nicht nur eine Korrelation zu vermuten, sondern ein Effekt der Disparität auf die Arbeitslosigkeit (und nicht umgekehrt).

Außerdem ist zu vermuten, daß in Städten mit hoher Disparität auch die "stille Reserve" höher ist. Hierunter werden jene Personen im arbeitsfähigen Alter verstanden, die weder erwerbstätig, noch arbeitslos, noch in Ausbildung sind. Die Bundesanstalt für Arbeitsmarkt- und Berufsforschung bezeichnet und berechnet als "stille Reserve" die Differenz von potentieller und effektiver Erwerbsbeteiligung (vgl. MERTENS & KLAUDER 1980).

Steigende Arbeitslosigkeit und eine zunehmende "stille Reserve" dürften zu einer erhöhten Nachfrage der jeweiligen Kommune nach staatlicher Unterstützung für lokale Industrien führen, sei es, um deren Wachstum zu fördern, sei es, deren Niedergang zu verhindern. In den USA werden derartige Subventionen als Anreiz für Betriebe und Industrieansiedlungen in ökonomisch benachteiligte Gebiete gefordert, z.B. gezielte Maßnahmen der Steuerstundung, Urban Development Action Grants. Zusätzlich zu dieser Form der Intervention gibt es in der Bundesrepublik Subventionen für wichtige Industriezweige einer Stadt, um den Verlust von Arbeitsplätzen zu verhindern, so z.B. für Werften oder die Stahlindustrie.

Derartige räumlich gezielte Unterstützungen der Industrie und der Haushalte haben beide kurzfristig positive Auswirkungen, indem sie neue Arbeitsplätze schaffen und die durch Arbeitslosigkeit entstandene soziale Not mildern. Dennoch bezweifeln Sozialwissenschaftler, und zwar ungeachtet ihrer politischen Ausrichtung, in zunehmendem Maße, daß solche Programme geeignet seien, den globalen Trend der Verminderung von Arbeitsplätzen im sekundären Sektor vermindern zu können. FELS & SCHMIDT (1981:

17) sprechen davon, "daß sektorspezifische Eingriffe in der Mehrzahl dazu führen, verkrustete Strukturen zu konservieren statt sie aufzubrechen". Ähnlich argumentiert die President s Commission for Urban America in the Eighties (HICKS 1982). Darüber hinaus ist zu prüfen, inwieweit einige dieser Programme langfristig dazu beitragen, die Disparitäten in den Städten mit sinkender Zahl von Arbeitsplätzen im sekundären Sektor sogar zu vergrößern, indem sie bewirken, Personen durch die Form der Wohlfahrts-Subsistenz zu halten oder gar weitere anzuziehen.

Diese Überlegungen werden durch die Studie von METCALF & RICHARDSON (1976) gestützt. Sie untersuchten die Verteilung der Arbeitslosigkeit über die Bezirke von London und fanden eine positive Korrelation der Arbeitslosenquote mit dem Anteil der ungelernten Arbeiter. Der Zusammenhang selbst kann weitgehend durch die Verteilung von preiswertem Wohnraum erklärt werden, was CHESHIRE (1979:35) u.a. zu folgenden Annahmen führt: "Cheap housing at high densities attracts low-income families who experience disproportionate unemployment. In the long run this may, via the political process, be reinforced by the provision of low-income local authority housing, although the evidence on this is not clear cut". Diese Ergebnisse und Hypothesen dürften jedoch nur unter der Bedingung gelten, daß keine Strategie "jobs to the people" , sondern eine "people to the jobs" verfolgt wird oder verfolgt werden kann.

Die Folge einer steigenden Zahl von Sozialhilfeempfängern belegt Tab. 9, wieder am Beispiel der zwölf Großstädte. Nicht nur ist die Zahl der Sozialhilfeempfänger in allen Städten um insgesamt 23,9% gestiegen, - in den Städten Frankfurt und Hannover hat sich die Zahl sogar verdoppelt.

Worauf ist die Anziehungskraft innerstädtischer Gebiete mit sinkender Zahl von Arbeitsplätzen auf Personen geringerer Qualifikation zurückzuführen bzw. läßt diese weiterhin in dem innerstädtischen Gebiet wohnen?

Im Falle der USA lassen sich Antworten auf diese Fragen zum Teil in der gegenwärtigen staatlichen Politik finden, die als Reaktion auf die Krise in den Städten entwickelt wurde. Die Maßnahmen beruhten auf dem fraglos sinnvollen Prinzip, Bundesmittel räumlich differenziert zu verteilen, um städtischen Gebieten mit den größten ökonomischen Problemen den Hauptteil der Mittel für den öffentlichen Wohnungsbau und andere Wohlfahrtsmaßnahmen zuzuweisen (BERRY & SILVERMAN 1980:4f, HARVEY 1973, SCHWARTZ 1980, U.S. DEPARTMENT OF HOUSING AND URBAN DEVELOPMENT 1978, 1980). Solche raumbezogenen Wohlfahrtsprogramme haben vermutlich die unbeabsichtigte Folge, die benachteiligten Personen in schlecht ausgestatteten Wohngebieten zu binden, dadurch sowohl ihre räumliche als auch ihre soziale Mobilität einzuschränken. Diese Hypothese findet sich, wenngleich nicht getestet, auch bei HICKS (1982), MORRISON (1973) und NORTON (1979, 1983.)

Tabelle 9: Sozialhilfeempfänger pro 1.000 Einw. in Städten mit mindestens 500.000 Einwohnern, 1972, 1976 und 1980

Stadt	1972	1976	1980
Berlin	53	66,3	79,1
Hamburg	40	51,1	57,9
München	23	30,3	28,4
Köln	32	37,1	36,2
Essen	40	55,0	52,2
Frankfurt	30	41,3	58,3
Dortmund	38	48,3	51,1
Düsseldorf	33	41,9	49,4
Stuttgart	28	32,6	40,3
Duisburg	41	50,2	53,0
Hannover	31	41,3	76,5
Bremen*	46	63,4	57,0
Insgesamt	36	40,6	44,6

* 1972 und 1976: einschl. Bremerhaven.
Quellen: Stat. Jahrb. Dt. Gemeinden, Jg. 61 (1974):268; Jg. 65 (1978):280; Jg. 69 (1982):256

Das Ergebnis ist eine zunehmende Zahl von potentiell produktiven Stadtbewohnern der Minoritäten, die sich sozial und räumlich dauerhaft isoliert in innerstädtischen Verfallsgebieten befinden, wo sie, in Ermangelung von Beschäftigungsmöglichkeiten, durch eine Kombination von Wohlfahrtsprogrammen und ihrer eigenen informellen Ökonomie ihr Auskommen finden (LOWRY 1980, STERNLIEB & HUGHES 1980, WILSON 1982, 1983). (Vgl. hierzu die Studien über Arbeitslosigkeit in innerstädtischen Gebieten in Großbritannien in EVANS & EVERSLEY 1980 oder METCALF & RICHARDSON 1976, sowie für die BRD von GUDE et al. 1981.)

6. FOLGERUNGEN

Die - noch auf aggregierter Ebene der Wirtschaftsabteilungen - gegebenen Daten belegen den Wandel der Beschäftigtenstruktur und die vermutete Disparität. Ebenso weisen die Entwicklungen eher auf eine verschärfte Arbeitslosigkit und Disparität hin; speziell davon betroffen sind die ausländischen Arbeitnehmer.

Ein besonderes Problem stellen die Veränderungen im tertiären Sektor, vor allem der Wirtschaftsabteilung "Dienstleistungen" dar. Obgleich durch die Analyse nicht geprüft, ist aufgrund der nordamerikanischen Entwicklung zu vermuten, daß sich in den hierunter zusammengefaßten einzelnen Wirtschaftsgruppen eine Polarisierung abzeichnet: Ein kleiner Teil der Arbeitnehmer wird Arbeitsplätze mit höherer Qualifikation einnehmen, z.B. in der Computerindustrie, ein größerer hingegen solche niedrigerer Qualifikationsanforderung, z.B. im Gaststättengewerbe, mit Tätigkeiten, die in den USA als "flipping hamburgers" bezeichnet werden. Die Frage, ob eine Höherqualifikation, Dequalifikation, Polarisierung oder Nivellierung eintreten werde (DOSTAL & LAHNER 1980), kann aufgrund der hier vorgenommenen Analyse eher mit "Polarisierung" beantwortet werden. Damit wird auch die Annahme von LUTZ (1976:310) gestützt, mit einem steigenden Anteil an Höherqualifizierten vergrößere sich die Arbeitsteilung von körperlicher und geistiger Arbeit.

Es ist gegenwärtig nicht abzusehen, ob solche Arbeitsplätze niedriger Qualifikation die Disparitäten verringern werden. Ungeachtet solcher Entwicklungen ist aufgrund der vorangegangenen Analyse die geringe Mobilität von Arbeitslosen und speziell Angehörigen der Minorität, den sich räumlich dekonzentrierenden Arbeitsplätzen mit niedrigen Qualifikationsanforderungen zu folgen, einer der wichtigsten Gründe für die zunehmende Disparität und überdurchschnittliche Arbeitslosigkeit in den Städten. Wie PETERSON & MULLER (1980:87) ausführen: "The crucial test of the ability of migration to clear labor markets would be its ability to break the relationship between job growth and unemployment, even for the low-skilled segment of the labor force".

Wie sich nochmals am Beispiel der Stadt Hamburg zeigen läßt, hat sich die Zahl der fortziehenden Ausländer erhöht, die der Deutschen hingegen vermindert, ihr Anteil sinkt von 78,5 im Jahre 1980 auf 69,3% im Jahre 1983 (Tab. 10). Jedoch ist der Wanderungssaldo für die Deutschen seit 1962 negativ, derjenige der Ausländer jedoch - ausgenommen die Jahre 1967, 1976 und 1977 - positiv. Abwanderung dürfte daher das Problem eher für deutsche als für ausländische Arbeitnehmer lösen.

Tabelle 10: <u>Fortzüge über die Landesgrenze von Deutschen und Ausländern, Hamburg, 1975, 1980-1983</u>

Jahr	Insgesamt	Deutsche	Ausländer
1975	70.069	52.074	17.995
1980	64.298	50.502	13.796
1981	63.119	47.331	15.788
1982	55.226	39.480	15.746
1983	54.685	37.878	16.807

<u>Quellen</u>: Eigene Berechnungen nach Daten in: Statistisches Jahrbuch der FH Hamburg 1981:296; Statistisches Taschenbuch der FH Hamburg 1983:51; Statistisches Landesamt der FH Hamburg, Daten und Informationen 1984

Einer erhöhten Mobilität stehen jedoch nicht nur die öffentlichen Sozialleistungen entgegen. Sie haben ohne Zweifel mildernde Effekte für die betroffenen Arbeitnehmer. Aber eine Nebenfolge ist die geringe Mobilität der arbeitslosen Arbeitnehmer. Vermutlich ebenso wichtig sind zahlreiche persönliche, ökonomische und strukturelle Hindernisse, die einer kurzfristigen Abwanderung von Arbeitslosen aus niedergehenden oder sich wandelnden lokalen Arbeitsmärkten entgegenstehen. Hierzu gehören u.a. schlechte Informationen über die Arbeitsplätze in anderen Städten, Diskriminierung, lokale soziale Bindungen , sowie ein niedrig angesetzter Grenznutzen der Migration im Vergleich zum Gehalt(szuwachs) am neuen Ort (vgl. MORRISON 1973, PETERSON & MULLER 1980:85, REID 1980). Ein wichtiges Hindernis dürfte in der BRD der Mangel an Wohnungen gerade auf jenem Teilmarkt sein, auf dem die genannten Gruppen Wohnungen nachfragen. Daher können räumlich spezifische Defizite und entsprechend steigende lokale Arbeitslosigkeit auch bei gleichzeitiger Zunahme der Arbeitsplätze auf nationaler Ebene auftreten.

Um die oben genannten Hindernisse einer erhöhten Mobilität zu verringern, dürften - neben Maßnahmen zur Behebung der strukturellen Arbeitslosigkeit - umfangreiche Programme erforderlich sein, um die Mobilität zu erhöhen.

Eine räumlich ausgeglichenere Verteilung der Arbeitslosigkeit (z.B. von durchschnittlich 10%) könnte eine zunehmende ökonomische Rezession vermeiden helfen, wie wir sie in einigen Städten beobachten. Dem liegt die Überlegung zugrunde, daß von einem zu ermittelnden Schwellenwert der städtischen Arbeitslosenquote (z.B. 20%) ab die sozialen Kosten und die sozialen Probleme, die mit hoher Arbeitslosigkeit verbunden sind, Firmen davon abhalten könnten, in diese Städte zu ziehen bzw. vorhandene Arbeitsplätze auszubauen. (Vgl. BIRCH 1980 zum Problem der Ansiedlung neuer Betriebe, um Arbeitsplätze in Städten zu schaffen.) Bei einer nationalen Betrachtung wäre es demzufolge so, daß eine Gemeinde mit einer Arbeitslosenquote von nur 10% bessere Chancen hätte, sich ökonomisch zu erholen und ihre Arbeitslosenquote zu verringern als eine Gemeinde mit einer Quote von 20%.

Es bleibt weiteren Studien vorbehalten, die Hypothesen des Beitrages eingehender zu testen.

Jürgen Bähr und Paul Gans

Bevölkerungsveränderungen und Migrationsmuster in den Großstädten der Bundesrepublik Deutschland seit 1970

1. EINFÜHRUNG, ZIELE UND DATENBASIS DER UNTERSUCHUNG*)

In den Jahren um 1970 zeichnete sich in der Bevölkerungsentwicklung der Bundesrepublik ein Wendepunkt ab. Die schon Ende der 60er Jahre stark abnehmenden Geburtenzahlen bei der deutschen Bevölkerung führten dazu, daß 1971 erstmals die Sterberate die Geburtenziffer überstieg und seitdem ein ständiger Rückgang der deutschen Einwohner zu beobachten ist. Die natürliche Wachstumsrate der deutschen Bevölkerung fiel von 0,4 Promille im Jahre 1970 auf -4,1 Promille im Jahre 1975 und blieb auch in der folgenden Zeit trotz eines leichten Geburtenanstiegs negativ (1982: -2,8 Promille). Dadurch ging die Zahl der Deutschen, die sich zwischen 1961 und 1970 - seit 1962 vor allem durch Geburtenüberschüsse - noch um knapp 4% von 55,5 Mio. auf 57,7 Mio. erhöht hatte, im anschließenden Zeitraum bis 1982 um 1,2% auf 57 Mio. zurück.

Diese Abnahme wurde durch den enormen Zustrom ausländischer Arbeitnehmer und ihrer Familienangehörigen mehr als ausgeglichen: Ihre für 1982 vorliegende Zahl von 4,67 Mio. übertrifft jene des Jahres 1970 (2,98 Mio.) um 56,7%, so daß sich die Bevölkerung der Bundesrepublik ohne eine nationenspezifische Differenzierung zwischen 1970 und 1982 noch um 1,6% erhöhte.

Von diesen Veränderungen - Verringerung der deutschen Bevölkerung bei erheblicher Zunahme der Ausländer - sind die Großstädte in besonders starkem Maße betroffen: In ihnen verminderte sich im betrachteten Zeitraum

* Sofern nicht anders vermerkt, sind die im folgenden angeführten Zahlenangaben dem Statistischen Jahrbuch für die Bundesrepublik (für einzelne Bundesländer und die Bundesrepublik als Ganzes) und dem Statistischen Jahrbuch deutscher Gemeinden (für die Großstädte) entnommen.

trotz umfangreicher Eingemeindungen die Zahl der deutschen Einwohner um 5,1%, während die Zahl der Ausländer um 62,4% zunahm. Diese differierende Entwicklung drückt sich in deutlichen Unterschieden des Ausländeranteils der Wohnbevölkerung aus: Zwischen 1970 und 1982 erhöhte er sich in den Großstädten von 6,3% auf 11,3% wesentlich schneller als in der Bundesrepublik insgesamt von 4,9% auf 7,6%.

Ziel des folgenden Beitrages ist es, den zeitlichen Verlauf sowie die regionalen Unterschiede der Bevölkerungsveränderungen in den Großstädten - differenziert nach deutschen und ausländischen Einwohnern - in Abhängigkeit von Wanderungsbewegungen und natürlichem Bevölkerungswachstum aufzuzeigen. Ein Schwerpunkt wird dabei auf eine Betrachtung der räumlichen Migrationsmuster gelegt, die am Beispiel ausgewählter Städte unter raumzeitlichen Aspekten analysiert werden.

Als Datenbasis dienen die in den "Statistischen Jahrbüchern deutscher Gemeinden" (ab 1972) zur Verfügung gestellten Informationen, die für die Detailanalyse einzelner Städte durch Angaben der entsprechenden Statistischen Ämter ergänzt werden. In die Untersuchung einbezogen sind die 66 Großstädte der Bundesrepublik im Jahre 1982. Aus arbeitsökonomischen Gründen wurde darauf verzichtet, jede Stadt, die zu irgendeinem Zeitpunkt nach 1970 mindestens 100.000 Bewohner hatte, zu berücksichtigen.

Leider enthalten die statistischen Unterlagen einige Mängel, die es erschweren, eine durchgängige Zeitreihenanalyse vorzunehmen. So werden seit 1974 in der Tabelle "Stand und Entwicklung der deutschen und ausländischen Bevölkerung" nicht mehr alle Gemeinden, sondern nur noch die kreisfreien Städte aufgeführt. Durch diese Umstellung ist die Vergleichbarkeit zwischen einzelnen Jahren eingeschränkt, da für kreisangehörige Städte, wie Recklinghausen oder Göttingen, Daten fehlen. Das grundlegende Problem der zeitlichen Analyse liegt jedoch in den zum Teil umfangreichen Eingemeindungen der Städte, wie z.B. im Falle von Bielefeld, Münster oder Braunschweig, deren Gemeindegebiete sich mehr als verdoppelten. Zur Beschreibung der Bevölkerungsentwicklung können daher weder absolute Zahlen noch die relativen Zu- bzw. Abnahmen herangezogen werden, und auch der Vergleich der Dichte ist wegen unterschiedlicher Stichtage für Fläche und Einwohnerzahlen in den Jahrbüchern nicht durchführbar. Aus diesem Grunde wurden aus der Wanderungsbilanz und dem natürlichen

Wachstum Veränderungsraten mit Bezug auf den Einwohnerstand am Jahresende berechnet. Die dafür benötigten Angaben zu den Bevölkerungsbewegungen beziehen sich auf das jeweilige aktuelle Gemeindegebiet, so daß sprunghafte Änderungen durch Eingemeindungen weitestgehend ausgeschlossen sind.

Für eine Längsschnittanalyse der Einwohnerentwicklung in den Großstädten stehen somit die folgenden Kennziffern (jeweils getrennt nach Deutschen und Ausländern sowie für verschiedene Gemeindegrößenklassen) zur Verfügung:

1) relative Bevölkerungszu- bzw. -abnahme,
2) rohe Raten der natürlichen Bevölkerungsbewegung (Geburten- und Sterbeziffern sowie natürliche Wachstumsraten),
3) Zu- und Abwanderungsraten und die sich daraus ergebenden Nettowanderungsraten.

2. KOMPONENTEN DER BEVÖLKERUNGSVERÄNDERUNGEN IM ZEITRAUM VON 1970 BIS 1982

2.1 Entwicklung der Gesamtbevölkerung

Alle bundesdeutschen Großstädte zusammengenommen haben letztmalig im Jahre 1970 einen Bevölkerungszuwachs zu verzeichnen (Abb. 1). Seitdem sind die Raten immer negativ geblieben. Die niedrigsten Werte wurden Mitte der 70er Jahre erreicht.

Dieses Bild wird in erster Linie durch die Entwicklung der deutschen Bevölkerung bestimmt, die im gesamten Beobachtungszeitraum durch Verluste gekennzeichnet ist. Erst in den letzten Jahren schwächte sich dieser Trend leicht ab: 1982 war die Abnahmerate nur noch ungefähr halb so hoch wie 1973, dem Jahr mit dem bislang niedrigsten Wert.

Im Gegensatz dazu läßt sich der Kurvenverlauf bei den Ausländern in vier deutlich ausgeprägte Phasen untergliedern (vgl. dazu auch BUCHER u.a. 1983:1154ff):

1. Die Zeit bis zum Anwerbestop von Gastarbeitern Ende 1973 mit einer hohen Zunahme der ausländischen Bevölkerung,
2. die wirtschaftliche Krise Mitte der 70er Jahre, mit der ein Rückgang der Ausländer einherging,
3. die Jahre zwischen 1977 und 1980, in denen sich die Zahl der in der Bundesrepublik lebenden Ausländer abermals deutlich erhöhte, sowie
4. der Beginn der 80er Jahre mit einer erneuten Trendumkehr, die 1982 erstmals seit 1976 wieder zu einer negativen Rate führte.

In abgeschwächter Form spiegeln sich diese vier Abschnitte auch in dem für die Gesamtbevölkerung gezeichneten Diagramm wider und erklären sowohl die extrem niedrigen Werte der Jahre um 1975 als auch die nahezu ausgeglichene Bilanz des Jahres 1980.

Eine Differenzierung nach Gemeindegrößenklassen (Abb. 1) ergibt kein wesentlich anderes Bild. Der Kurvenverlauf stimmt in allen Kategorien weitgehend überein, lediglich hinsichtlich ihrer Höhe schwanken die einzelnen Werte ein wenig. Es wird erkennbar, daß die relativen Bevölkerungsverluste in den größeren Städten (über 500.000 E) besonders ausgeprägt sind. Dieses Ergebnis kommt durch eine überdurchschnittlich hohe Abnahme der deutschen Bewohner zustande, die auch durch höhere Gewinne bei den Ausländern nicht voll ausgeglichen werden konnte.

Zum Verständnis der aufgezeigten Bevölkerungsentwicklung ist es notwendig, die beiden sie bestimmenden Komponenten getrennt zu analysieren. Aus einem Vergleich von Abb. 2 C und D läßt sich ableiten, daß der Bevölkerungsrückgang der Großstädte in erster Linie aus einer negativen natürlichen Bevölkerungsentwicklung resultiert. Die Wanderungsverluste sind durchweg beträchtlich geringer, zeitweilig (1979-81) konnten sogar leichte Gewinne erzielt werden.

2.2 Natürliches Bevölkerungswachstum

Die Bilanz aus Geburten- und Sterbeziffern wäre noch ungünstiger ausgefallen, wenn sie nicht durch hohe Geburtenüberschüsse bei den Ausländern abgeschwächt worden wäre. Bei der deutschen Bevölkerung geht die Geburtenrate zu Beginn der 70er Jahre rasch zurück, bleibt zwischen 1973 und

Abbildung 1: Rate der Bevölkerungsveränderung nach Größenklassen der Großstädte im Zeitraum von 1970 bis 1982

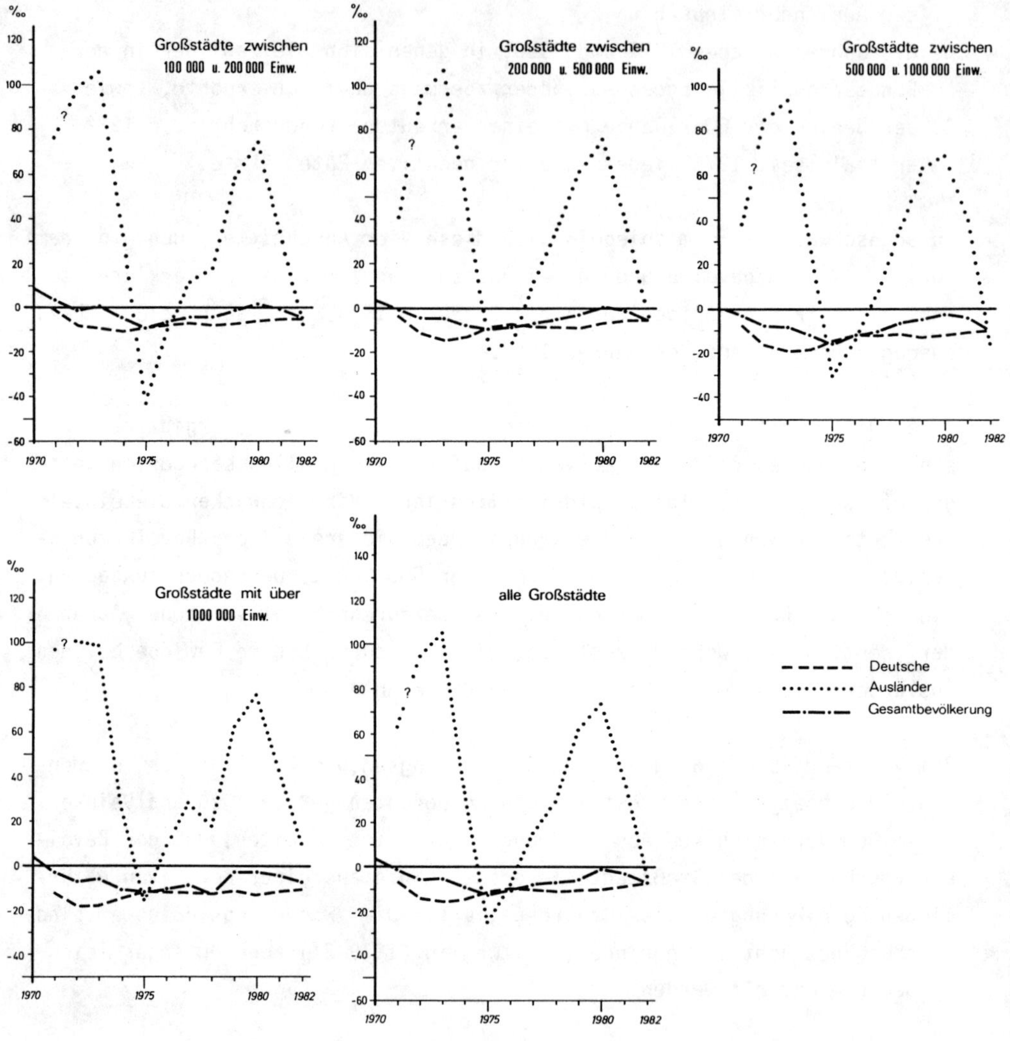

1979 ungefähr konstant und nimmt erst seit 1980 wieder leicht zu. Da diese jüngste Erhöhung mit einem ebenfalls leichten Anstieg der Sterberate einhergeht, errechnet sich seit Mitte der 70er Jahre eine nur geringfügig schwankende Bilanz mit Werten zwischen -6 und -7 Promille pro Jahr (Abb. 2 A und C).

Extrem gegensätzliche Verhältnisse gelten für die ausländische Bevölkerung. Die außerordentlich niedrige Sterberate führt hier zusammen mit einer hohen, wenn auch seit 1974 schnell und kontinuierlich abnehmenden Geburtenrate zu hohen Geburtenüberschüssen, die zeitweilig 20 Promille im Jahr übersteigen und selbst 1982 noch 14 Promille erreichen. Dadurch fällt die Bilanz der natürlichen Bevölkerungsbewegungen für die Gesamtbevölkerung im Beobachtungszeitraum niemals unter -5 Promille und steigt in den letzten drei Jahren sogar auf Werte über -4 Promille (Abb. 2 A und C).

Die rohen Raten der natürlichen Bevölkerungsentwicklung haben den Nachteil, daß sie in starkem Maße von Strukturkomponenten bestimmt werden. Dabei spielt vor allem die Alterszusammensetzung eine entscheidende Rolle. Dieser Sachverhalt wird besonders deutlich, wenn man die für Ausländer errechneten Werte betrachtet. Dadurch, daß von ihnen nur sehr wenig ältere Menschen in der Bundesrepublik leben, reduziert sich naturgemäß die Zahl der Sterbefälle erheblich, während sich umgekehrt ein größerer Anteil von Frauen im gebärfähigen Alter auf die Zahl der geborenen Kinder positiv auswirkt.

Zieht man daher ergänzend einige strukturunabhängige Kennziffern der natürlichen Bevölkerungsbewegungen heran, so relativieren sich einige der genannten Befunde, ohne daß sich daraus ein vollständiger Trend ablesen ließe.

Ein Vergleich zwischen der deutschen und ausländischen Bevölkerung - allerdings für die Bundesrepublik insgesamt - erbringt hinsichtlich des Sterblichkeitsniveaus keine bedeutenden Unterschiede. Die von HUSSMANNS u.a. (1983:321) vorgenommene Berechnung altersspezifischer Sterbeziffern nach Staatsangehörigkeit für die Periode 1979-81 ergibt, daß zwar ausländische Kinder (abgesehen von den 5-10jährigen Mädchen) ein höheres Sterberisiko als Deutsche gleichen Alters und Geschlechts haben, in höherem

Abbildung 2: Komponenten der Bevölkerungsveränderung für die Großstädte der Bundesrepublik im Zeitraum von 1970 bis 1982
A) Geburten- und Sterberaten B) Zu- und Abwanderungsraten
C) Raten des natürlichen Bevölkerungswachstums D) Raten der Wanderungsbilanz

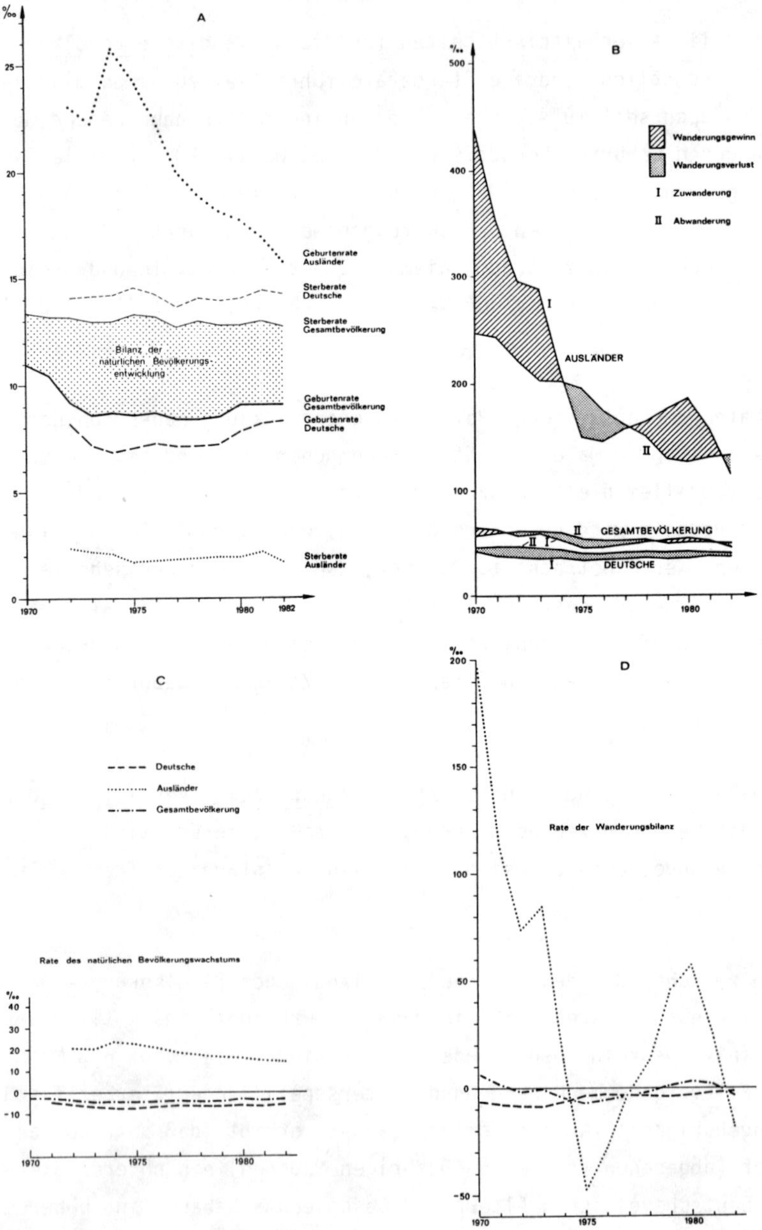

Alter jedoch eine Umkehrung eintritt und sowohl bei Männern als auch bei Frauen Ausländer eine niedrigere Sterblichkeit aufweisen als gleichaltrige Deutsche. Inwieweit sich dabei die bei den Gastarbeitern vor ihrem Aufenthalt in der Bundesrepublik vorgenommene Überprüfung ihres Gesundheitszustandes oder auch eine verstärkte Rückwanderung schwererkrankter erwachsener Ausländer auswirkt, läßt sich nicht mit Sicherheit sagen. Aus den genannten Zahlenangaben kann man schließen, daß die extrem niedrige Sterberate bei der ausländischen Bevölkerung vorwiegend altersstrukturbedingt ist.

Wesentlich größere Abweichungen zwischen Deutschen und Ausländern treten bei einer Betrachtung der Fruchtbarkeit auf. Als Beleg dafür kann die Gegenüberstellung der Totalen Fertilitätsrate (TFR) herangezogen werden. Diese zusammengefaßte Geburtenziffer gibt an, wieviele Kinder 1.000 Frauen eines fiktiven Geburtenjahrgangs im Laufe ihrer reproduktiven Periode zur Welt bringen würden, wenn sie den für einen bestimmten Zeitpunkt maßgeblichen Fruchtbarkeitsverhältnissen unterworfen wären und dabei von der Sterblichkeit abgesehen wird (BÄHR 1983:189). Je nach Höhe der Sterblichkeit wird das Erhaltungsniveau einer Generation bei Raten zwischen 2.100 und 2.500 erreicht (Bundesrepublik ca. 2.200).

Während die TFR für die deutsche Bevölkerung schon Ende der 60er Jahre unter diesen Grenzwert fiel, 1979 mit 1.301 ihr bisheriges Minimum erreichte und 1981 bei 1.359 lag, werden für die Ausländer erheblich höhere Werte registriert, die das Erhaltungsniveau nach wie vor knapp überschreiten. Allerdings ist im zeitlichen Verlauf eine ausgeprägte Angleichungstendenz an die Verhältnise der deutschen Bevölkerung zu erkennen, die in der raschen Abnahme der TFR (parallel zum Rückgang der Geburtenraten in Abb. 2 A) zum Ausdruck kommt. So betrug die TFR bei den Ausländern 1975 noch 2.643, 1981 dagegen nur noch 2.278. Bei einzelnen Nationalitätengruppen wird bereits der Schwellenwert von 2.200 unterschritten, lediglich die Rate für die türkische Bevölkerung liegt mit 3.485 beträchtlich darüber (HUSSMANNS u.a. 1983:343).

Ein exakter Vergleich zwischen den Sterblichkeits- und Fruchtbarkeitsverhältnissen in den Großstädten und in anderen Gebietskategorien bzw. der Bundesrepublik insgesamt ist aufgrund fehlender Daten nicht möglich. Aus Untersuchungen zu regionalen Mortalitäts- bzw. Fertilitätsunterschieden können aber einige Hinweise abgeleitet werden.

Nach GATZWEILER & STIENS (1982) bestehen in der Bundesrepublik zwar beträchtliche regionale Unterschiede in der Sterblichkeit, diese lassen sich jedoch nicht eindeutig mit Stadt-Land-Gegensätzen in Zusammenhang bringen. Damit unterscheiden sich die heutigen Verhältnisse erheblich von denjenigen während der Frühzeit der Industrialisierung, als die Sterblichkeit in den Städten aufgrund unzureichender Wohn- und Arbeitsbedingungen wesentlich höher als auf dem Lande war. In der Gegenwart weisen zum einen die altindustrialisierten Verdichtungsregionen (Ruhrgebiet, Saarland) sowie Berlin eine überdurchschnittliche Mortalität auf, zum anderen aber auch Regionen mit einer sehr geringen Siedlungsdichte, insbesondere die ostbayrischen Grenzgebiete. Dagegen gibt es eine Reihe von Großstädten, wie z.B. München, in denen die Sterblichkeit vergleichsweise gering ist. Entsprechend schwierig gestaltet sich deshalb eine Erklärung der beobachteten Gegensätze, und es reicht ganz offensichtlich nicht aus, als Verursachungsfaktor einer überhöhten Mortalität allein die Umweltbelastungen anzuführen (vgl. dazu im einzelnen GATZWEILER & STIENS 1982).

Wesentlich klarere Aussagen lassen sich - jedenfalls was die Situation in den Großstädten angeht - aus einer regionalen Differenzierung der Fruchtbarkeitsverhältnisse mit Hilfe der Nettoreproduktionsrate (NRR) gewinnen.

Bei der Ermittlung dieser Kennziffer wird ein fiktiver Geburtenjahrgang von 1.000 weiblichen Neugeborenen gedanklich den Fertilitätsverhältnissen eines bestimmten Zeitpunkts unterworfen und gleichzeitig das Sterblichkeitsrisiko zu eben diesem Zeitpunkt berücksichtigt (BÄHR 1983:193). Dabei bedeutet NRR $>$ 1 (bzw. 1.000) eine wachsende, NRR = 1 eine gleichbleibende und NRR $<$ 1 eine schrumpfende Bevölkerung, jedoch nicht im Sinne einer Bevölkerungsprognose, da man nicht davon ausgehen kann, daß die zur Berechnung der NRR herangezogenen altersspezifischen Fruchtbarkeitsraten langfristig konstant bleiben.

Das räumliche Muster der NRR (für die deutsche Bevölkerung) im Jahre 1979 belegt erhebliche Unterschiede zwischen städtisch und ländlich geprägten Räumen. Die NRR erreicht in Kreisen Ostbayerns, Schwabens und des Weser-Ems-Gebietes ihre höchsten Ausprägungen und liegt sogar vereinzelt über dem langfristigen Erhaltungsniveau. Dagegen sind für alle Ballungsräume und somit auch für die Großstädte besonders niedrige Raten kennzeichnend. Seit 1974 gibt es keine kreisfreie Stadt mehr, in der der Schwellenwert von 1,0 überschritten wird. Im Jahre 1976 betrug die NRR der deutschen Großstadtbevölkerung im ungewogenen Durchschnitt nur 0,54, sie lag damit um 30% unter der Rate für die Landkreise und um 24% unter dem (ungewogenen) Bundesdurchschnitt (SCHWARZ 1983:13).

Im zeitlichen Verlauf ist in allen Gebietskategorien eine mehr oder weniger kontinuierliche Abnahme zu verzeichnen. Diese erfolgt jedoch in den ländlichen Räumen besonders schnell, so daß die absoluten Abweichungen vom Mittelwert abgenommen haben. So sank die NRR in den kreisfreien Städten von 0,83 im Jahre 1970 (ungewogener Mittelwert: 1,05) auf 0,55 im Jahre 1979 (Mittelwert: 0,69), d.h. um 0,28; in den Landkreisen jedoch von 1,13 auf 0,74, d.h. um 0,39 (SCHWARZ 1983:12). Ob sich daraus längerfristig eine Konvergenz auf niedrigem Niveau ergeben wird (SINZ 1981: 777), ist umstritten, denn die relativen Unterschiede haben sich nicht wesentlich verändert und sind zeitweilig sogar größer geworden. So lag 1961 die Geburtenhäufigkeit in den kreisfreien Städten um 22,4%, 1970 um 26,6% und 1979 um 25,7% unter der Geburtenhäufigkeit in den Landkreisen (SCHWARZ 1983:13). Aus dem fortbestehenden Stadt-Land-Gefälle geht hervor, daß der jüngere Geburtenrückgang in der Bundesrepublik nicht nur als das Ergebnis eines von den Städten ausgehenden räumlichen Diffusionsprozesses verstanden werden kann (vgl. dazu ausführlicher BÄHR 1983: 236ff).

2.3 Wanderungen

Drücken sich in der negativen Gesamtentwicklung der Bevölkerung vorwiegend die abnehmenden Geburtenzahlen bei den Deutschen aus, so sind die Schwankungen im Kurvenverlauf eindeutig auf Wanderungsbewegungen zurückzuführen. Dabei errechnen sich sowohl für den Beginn der 70er Jahre als auch für die Zeit um 1980 positive Wanderungsbilanzen, die das Geburtendefizit ganz bzw. zum größten Teil ausgleichen können. In der dazwischenliegenden Phase (1972-78) wird auch der Saldo aus Zu- und Fortzügen negativ, so daß sich die Bevölkerungsverluste der Großstädte verstärken.

Eine nach Deutschen und Ausländern differenzierende Betrachtung der Wanderungen läßt erkennen, daß sich zwei gegensätzliche Trends überlagern: Wanderungsverlusten in jedem Jahr des Untersuchungszeitraums bei den Deutschen steht eine mehrfache Umkehrung der Bilanz bei den Ausländern mit einem Überwiegen der Wanderungsgewinne gegenüber (Abb. 2 D).

Ebenfalls deutlich in Erscheinung tritt in Abb. 2 B die sehr viel höhere Mobilität der ausländischen Bewohner, d.h. die Salden resultieren hier aus der Differenzierung von gleichermaßen hohen Zuzugs- und Wegzugsraten. Im Vergleich zum Beginn der 70er Jahre ist allerdings ein Mobilitätsrückgang unverkennbar, selbst wenn die Raten auch heute noch diejenigen der deutschen Bevölkerung um etwa das Dreifache übertreffen.

Analysiert man den Verlauf der einzelnen Kurven etwas genauer und beginnt dabei zunächst mit der <u>deutschen Bevölkerung</u>, so läßt sich feststellen, daß Anfang der 70er Jahre besonders viele Menschen die Großstädte vorwiegend in Richtung des näheren Umlandes verlassen haben (vgl. dazu auch Abschnitt 4 und Abb.4). Da eine entsprechende Zuwanderung als Ausgleich fehlte, ergaben sich daraus steigende Wanderungsverluste. Diese trugen bis 1973 sogar stärker als das Geburtendefizit zur Verminderung der deutschen Großstadtbevölkerung bei (vgl. Abb. 2 C und D). Infolge der wirtschaftlichen Rezession schwächte sich die Abwanderungstendenz vorübergehend etwas ab, ohne allerdings anschließend wieder ähnlich hohe Werte wie zu Beginn des Jahrzehnts zu erreichen. Ob man die zuletzt veröffentlichten Angaben, die zumindest auf einen leichten Rückgang der Fortzüge hindeuten, schon als Trendumkehr bewerten kann, muß die weitere Entwicklung zeigen. Hingegen läßt sich mit den errechneten Zahlenwerten eindeutig belegen, daß die Wanderungsverluste gegenwärtig bei weitem nicht mehr die Bedeutung für die Abnahme der deutschen Bevölkerung in den Großstädten haben wie zu Beginn der 70er Jahre: 1982 steht einer Nettowanderungsrate von -1,6 Promille (1972: -8,4 Promille) eine negative Rate des natürlichen Wachstums von -6,1 Promile (1972: -5,9 Promille) gegenüber (Abb. 2 C und D).

Das Zusammenspiel von Zu- und Abwanderung bei der <u>ausländischen Bevölkerung</u> dokumentiert, daß die bei der Betrachtung der Bevölkerungsentwicklung beschriebenen Phasen auf Veränderungen im Wanderungsverhalten zurückzuführen sind. Bis zum Ende der Gastarbeiteranwerbung (23.11.1973) wurden maximale Wanderungsgewinne verzeichnet. Allerdings war damals auch die Fluktuation der Arbeitskräfte ganz erheblich, so daß die Abwanderungsraten ebenfalls Höchstwerte erreichten (Abb. 2 B). Der Anwerbestopp führte dann vorübergehend zu einem beträchtlichen Rückgang der Zuzüge von Ausländern. Bei weitgehend kontinuierlich abnehmenden Fortzugsraten ergaben sich dadurch in den Jahren 1975-77 negative Wanderungsbilanzen. Der anschließend einsetzende Nachzug von Familienangehörigen, der durch gesetzliche Bestimmungen, wie höhere Kindergeldbeträge für die in der Bundesrepublik lebenden Gastarbeiterkinder seit dem 1.1.1975 und eine erleichterte Arbeitsaufnahme für Familienangehörige seit dem 1.4.1979, noch begünstigt wurde (vgl. dazu MERTINS 1983), ließ die Zuwanderungsraten wieder ansteigen und erklärt die ab 1978 erneut positiven Salden (Abb. 2 D).

Die Entwicklung der letzten Jahre wird durch verschiedene Maßnahmen zur Steuerung der Ausländermigrationen bestimmt. Einerseits trägt die Erschwernis der Zuwanderung (z.B. Begrenzung des Familiennachzugs auf Kinder unter 16 Jahren) zum deutlichen Kurvenknick bei den Zuzugsraten nach 1980 bei, andererseits nehmen seit 1981 erstmals im Beobachtungszeitraum die Fortzugsraten durch eine vermehrte Rückwanderung in die Heimatländer zu, so daß die Wanderungsbilanz 1982 erneut negativ wird. Dieser Trend wirkt sich auch auf die Entwicklung der gesamten Bevölkerung aus. Trotz leicht rückläufiger Verluste bei den Deutschen hat sich die Einwohnerzahl der Großstädte 1982 wieder stärker reduziert als in den Jahren zuvor (Abb. 1).

Eine Aufschlüsselung der Werte nach Gemeindegrößenklassen ergibt keine grundsätzlich anderen Befunde, sieht man von einem überdurchschnittlich starken Zustrom der Ausländer in die Millionenstädte zu Beginn der 70er Jahre einmal ab. Das Merkmal "Stadtgröße" erweist sich somit als wenig geeignet, um Unterschiede zwischen einzelnen Städten zu erklären. Das gilt nicht nur für den Wanderungsverlauf, sondern auch für die Entwicklung der Gesamtbevölkerung. Im folgenden Abschnitt wird versucht, mit Hilfe einer Typisierung der Städte zu weiterführenden Aussagen zu gelangen.

3. TYPISIERUNG DER GROSSTÄDTE NACH DEN KOMPONENTEN IHRER BEVÖLKERUNGS-ENTWICKLUNG ZWISCHEN 1972 UND 1982

Zur Typisierung der Großstädte hinsichtlich ihrer Bevölkerungsentwicklung werden diejenigen vier Merkmale herangezogen, die auch bei der Längsschnittanalyse Verwendung fanden:

1) das natürliche Wachstum der deutschen Bevölkerung,
2) das natürliche Wachstum der ausländischen Bevölkerung,
3) die Wanderungsbilanz der deutschen Bevölkerung,
4) die Wanderungsbilanz der ausländischen Bevölkerung.

Diese Vorgehensweise soll der Tatsache Rechnung tragen, daß sich eine ähnliche Veränderung der Gesamtbevölkerung aus ganz unterschiedlichen Verknüpfungen der sie bestimmenden Komponenten ergeben kann.

Alle Berechnungen beziehen sich auf den Zeitraum von 1972-82, da erst seit 1972 eine Differenzierung der statistischen Angaben nach Deutschen und Ausländern erfolgt. Für die kreisangehörigen Städte Neuss, Göttingen, Recklinghausen, Siegen, Witten, Hildesheim und Bergisch-Gladbach fehlen die Werte für die Jahre 1975-1979, so daß die Vergleichbarkeit mit anderen Städten eingeschränkt ist. Sie ist für Paderborn nicht gegeben, da in diesem Fall lediglich Angaben für die beiden letzten Jahre vorliegen.

In einem ersten Arbeitsschritt werden die einzelnen Variablen getrennt betrachtet, um anschließend mit Hilfe einer Clusteranalyse zu einer Typisierung der Städte zusammengeführt zu werden. Bei der Interpretation der räumlichen Muster (vgl. Abb. 3ff) ist zu bedenken, daß alle Erklärungsansätze in hypothetischem Sinne zu verstehen sind. Gesicherte Aussagen lassen sich gegenwärtig kaum gewinnen, da Strukturdaten zur Bevölkerung der einzelnen Städte weitgehend fehlen (vgl. Beitag GATZWEILER).

3.1 Die Entwicklung der deutschen Bevölkerung in regionaler Differenzierung

Die Unterschiede zwischen den einzelnen Städten treten bei einer Analyse

Abbildung 3: Wanderungsbilanz der deutschen Bevölkerung in den Großstädten der Bundesrepublik (1972-1982 in Promille)

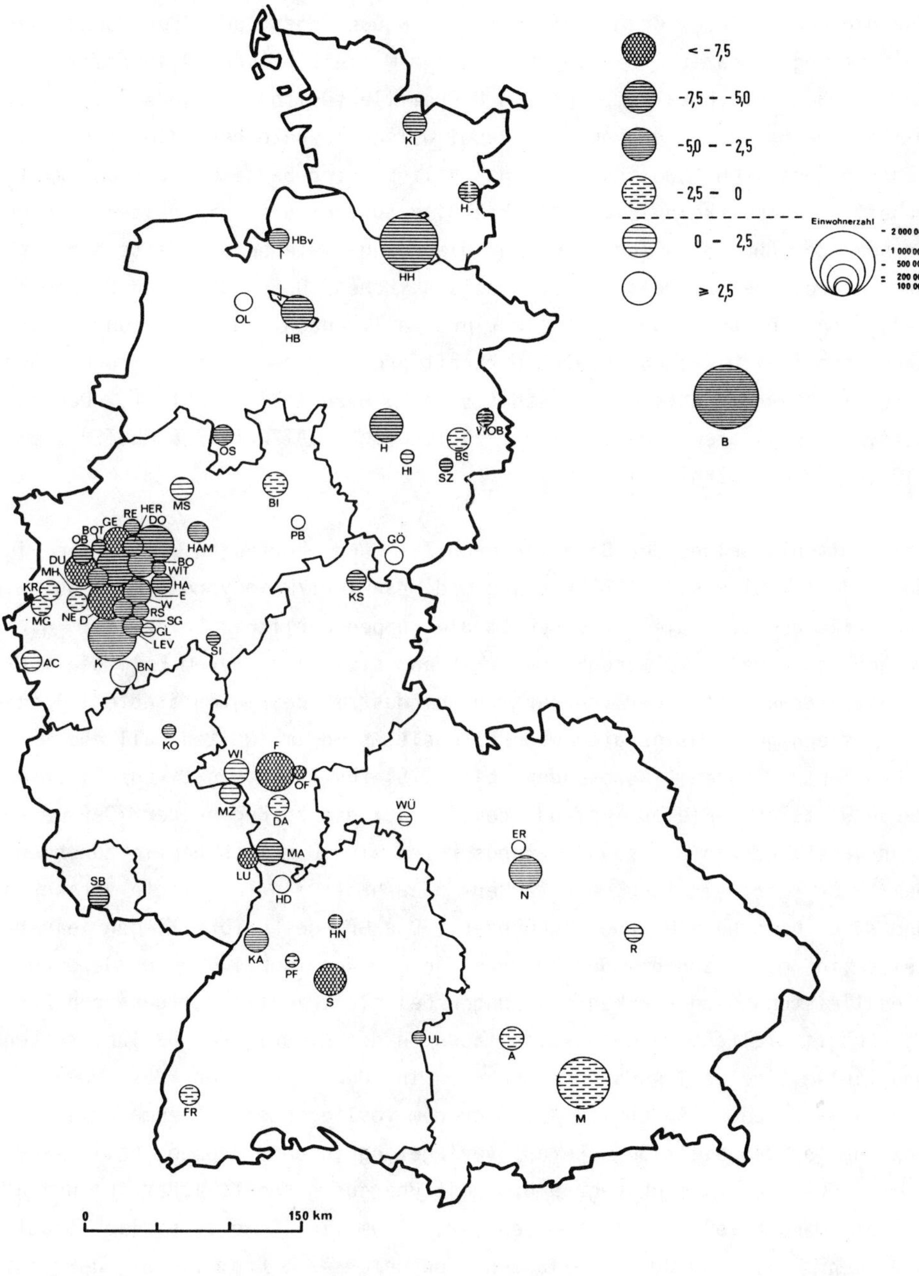

der Wanderungsbilanzen mit einer Variabilität der Werte von 120,5% sehr viel deutlicher in Erscheinung als beim natürlichen Wachstum mit 43,3%.

Für die Mehrzahl der Großstädte ist die Wanderungsbilanz der deutschen Bevölkerung negativ (52 von 66). Einem Mittelwert von -3,4 Promille je Jahr stehen jedoch Extreme von -13,0 Promille (Duisburg) und +6,0 Promille (Heidelberg) gegenüber. Dabei weisen insbesondere die Städte mit höheren negativen Abweichungen hinsichtlich ihrer Bevölkerungs- und Wirtschaftsstruktur kein einheitliches Bild auf; denn in die beiden unteren Gruppen der Abb. 3 fallen nicht nur die Kerngebiete beider deutscher Montanreviere (neben Duisburg auch Gelsenkirchen, Oberhausen und Saarbrükken), sondern auch Städte mit einer prosperierenden Industrie und überdurchschnittlich hohen Realsteuerkraft pro Einwohner als Ausdruck einer gewerblich ausgerichteten Wirtschaftskraft, wozu z.B. Frankfurt, Düsseldorf, Ludwigshafen und Stuttgart zählen (vgl. GATZWEILER & MEUTER 1983: 1101, Städte in Zahlen 1983:50).

Eine Aufschlüsselung der Bilanzen nach Zu- und Fortzügen, wie sie in Abb. 4 exemplarisch für Duisburg und Frankfurt/Main vorgenommen wurde, läßt erkennen, daß die in beiden Städtegruppen ähnlichen Salden auf ganz verschiedene Weise zustandekommen. Während sich in ersterem Fall die mangelnde Attraktivität der von der Montanindustrie geprägten Städte in extrem niedrigen Zuzugsraten widerspiegelt, sind im zweiten Fall eher die hohen Fortzugsraten (insbesondere bis 1975) für die negativen Bilanzen verantwortlich. Dieser Befund deutet auf den zu Beginn der 70er Jahre sich verstärkenden Suburbanisierungsprozeß hin. Damals haben in zunehmendem Maße gerade einkommensstärkere Haushalte die Kernstädte verlassen und sind ins nähere Umland abgewandert. Die Gründe dafür liegen einerseits in einer zunehmenden Verdrängung der Wohnfunktion durch Gewerbe-, Dienstleistungs- und Verkehrsnutzungen bei gleichzeitig nur geringen Ausweichmöglichkeiten, andererseits auch in den niedrigeren Baulandpreisen und vielseitigeren Grundstücksangeboten in den Gemeinden des Umlandes (vgl. dazu auch Abschnitt 4). Nach dem vorliegenden Zahlenmaterial ist anzunehmen, daß diese Bevölkerungsverlagerung in den großen Ballungsgebieten besonders früh begann bzw. mit überdurchschnittlicher Intensität ablief. Denn abgesehen von München (-2,3 Promille), weisen alle Städte mit mehr als 500.000 E Bilanzen von unter -2,5 Promille pro Jahr auf (vgl. dazu auch Abb. 1).

Nur 14 Städte erreichen zwischen 1972 und 1982 positive Wanderungssalden. Ihre wirtschaftliche Basis wird weitgehend durch den tertiären Sektor bestimmt (vgl. BLOTEVOGEL & HOMMEL 1980:158); ganz überwiegend handelt es sich dabei um Verwaltungs- und/oder Universitätsstädte. Hinsichtlich der Realsteuerkraft nehmen die Städte dieser Gruppe mit Ausnahme von Mainz nur mittlere oder sogar untere Rangplätze ein. Für ihre herausragende Bedeutung als Wanderungsziel dürfte nicht zuletzt ihr besonders großes und breit gefächertes Ausbildungsplatzangebot maßgeblich sein. Die Zahl der Zuzüge ist hier so hoch, daß selbst eine erhebliche Abwanderung in das Umland mehr als ausgeglichen wird, wie die für Bonn und Heidelberg gezeichneten Diagramme in Abbildung 4 belegen.

Die positiven Bilanzen dieser Gruppe verstärken sich teilweise noch dadurch, daß einzelne Städte im Suburbanisierungsbereich größerer Ballungsräume liegen und daher einen Teil der von dort abwandernden Haushalte auf sich ziehen können. Das dürfte vor allem für Bergisch-Gladbach, abgeschwächt aber auch für Heidelberg, Erlangen und Hildesheim zutreffen.

Inwieweit sich großräumige Wanderungsbewegungen auf das Verteilungsmuster der Abb. 3 auswirken, läßt sich ohne eine genaue Kenntnis der einzelnen Wanderungsströme nicht sagen. Auffällig ist jedoch die Tatsache, daß der Anteil von Städten mit positiven oder nur leicht negativen Salden im süddeutschen Raum größer als in Nord- und Westdeutschland ist. Damit wird weitgehend das Nord-Süd-Gefälle nachgezeichnet, das sich bei einer Berechnung der Wanderungsbilanzen auf der Basis von Bundesländern ergibt; denn zwischen 1970 und 1982 lagen nur für Hessen, Baden-Württemberg und Bayern positive Veränderungen bei den deutschen Bewohnern vor, während Rheinland-Pfalz, die norddeutschen Länder und insbesondere Nordrhein-Westfalen durch Verluste gekennzeichnet sind.

Die Wanderungssalden zwischen den Bundesländern weisen ebenso wie die entsprechend gerichteten Arbeitslosenquoten darauf hin, daß die wirtschaftlichen Problemgebiete der Bundesrepublik vorwiegend im nord- und westdeutschen Raum liegen. Dieser Gegensatz zwischen Nord und Süd hat sich in den letzten Jahren zunehmend verstärkt, so daß sich die relativen Positionen der von der wirtschaftlichen Krise besonders betroffenen Regionen weiter verschlechterten (BUCHER u.a. 1983:1173; vgl. Beiträge

Abbildung 4: Zu- und Fortzugsraten der deutschen Bevölkerung für ausgewählte Großstädte im Zeitraum von 1972 bis 1982

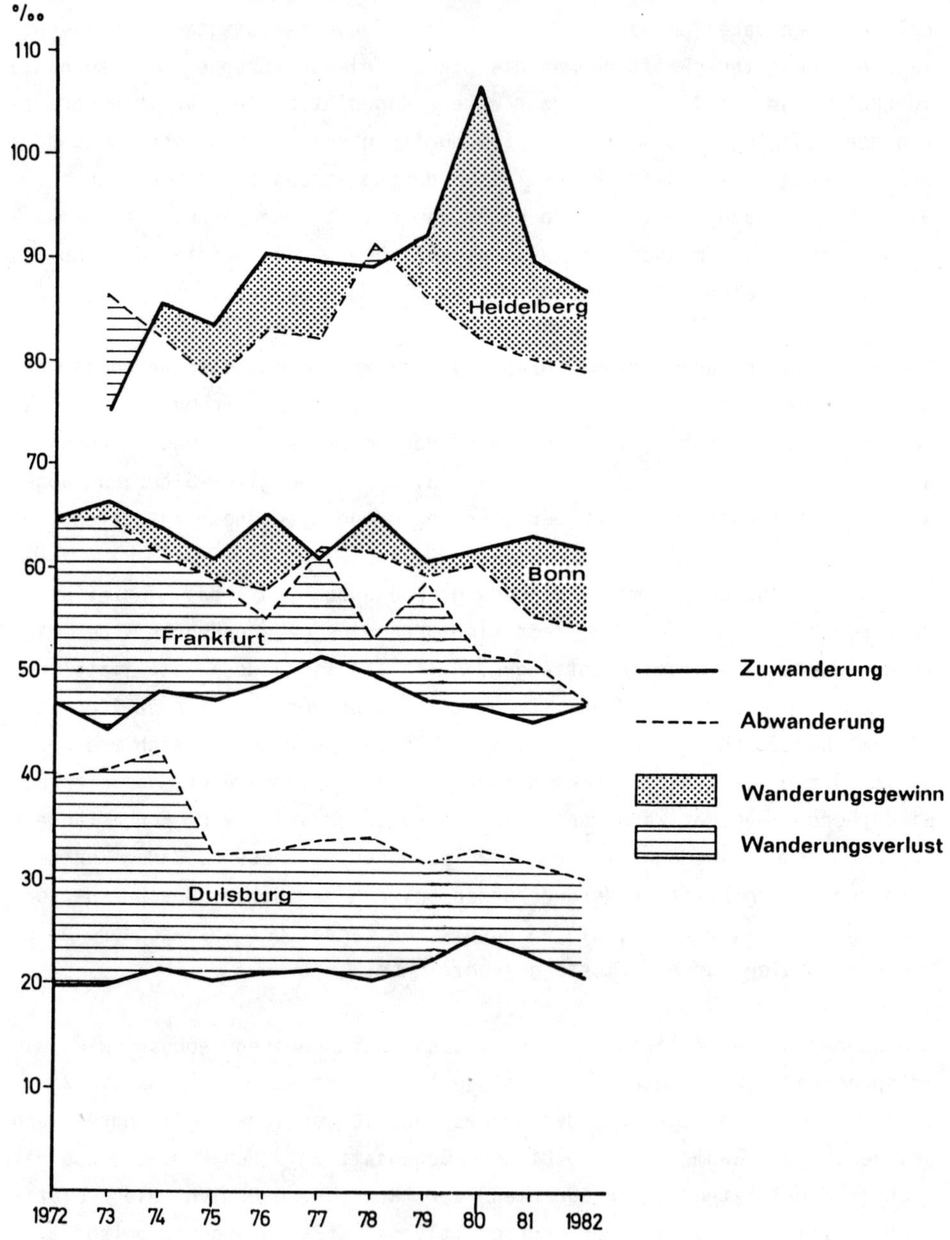

Abbildung 5: Komponenten der Bevölkerungsveränderung für Deutsche und Ausländer in den Großstädten der Bundesrepublik (1972-1982)

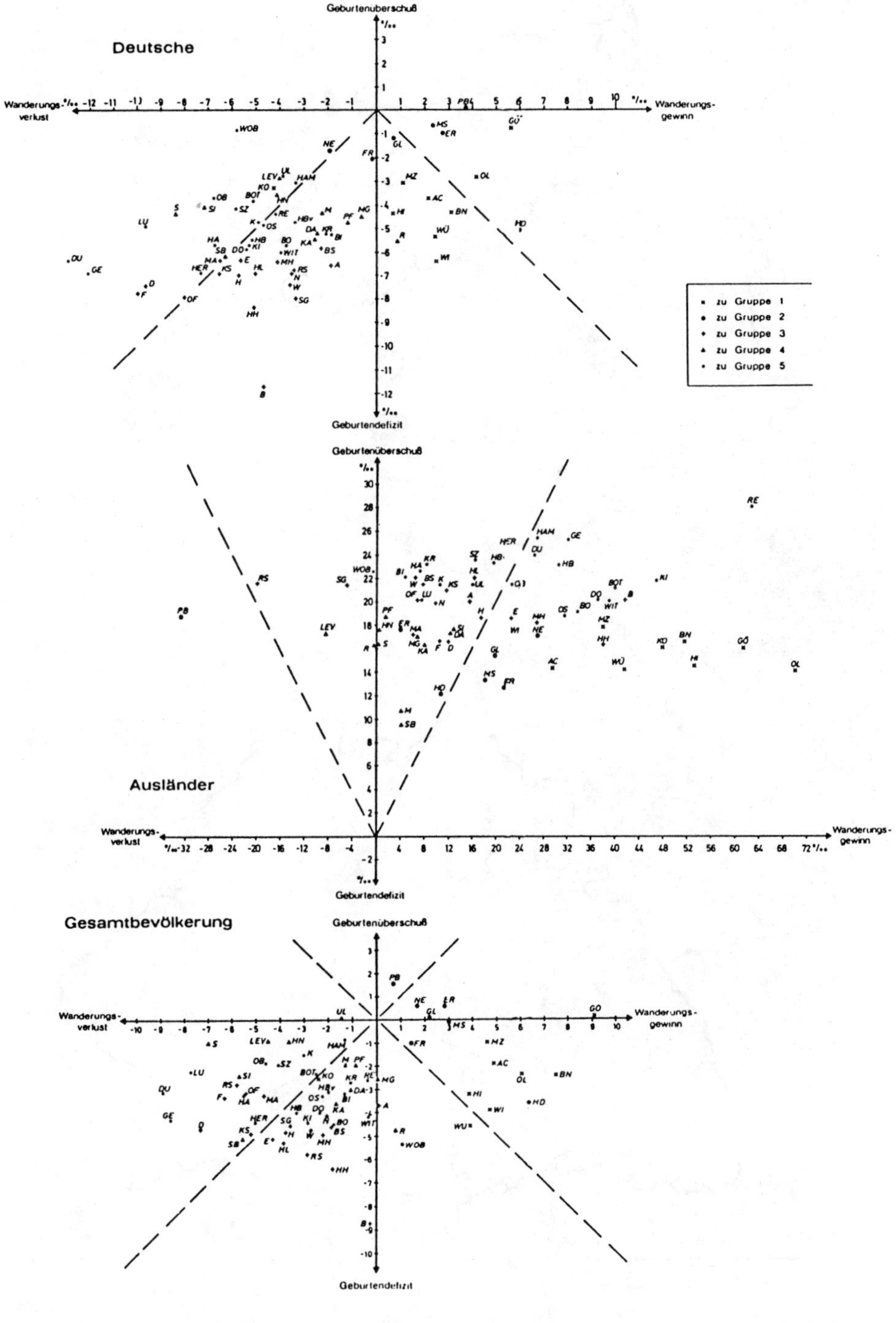

Abbildung 6: Natürliches Wachstum der deutschen Bevölkerung in den Großstädten der Bundesrepublik (1970-1982 in Promille)

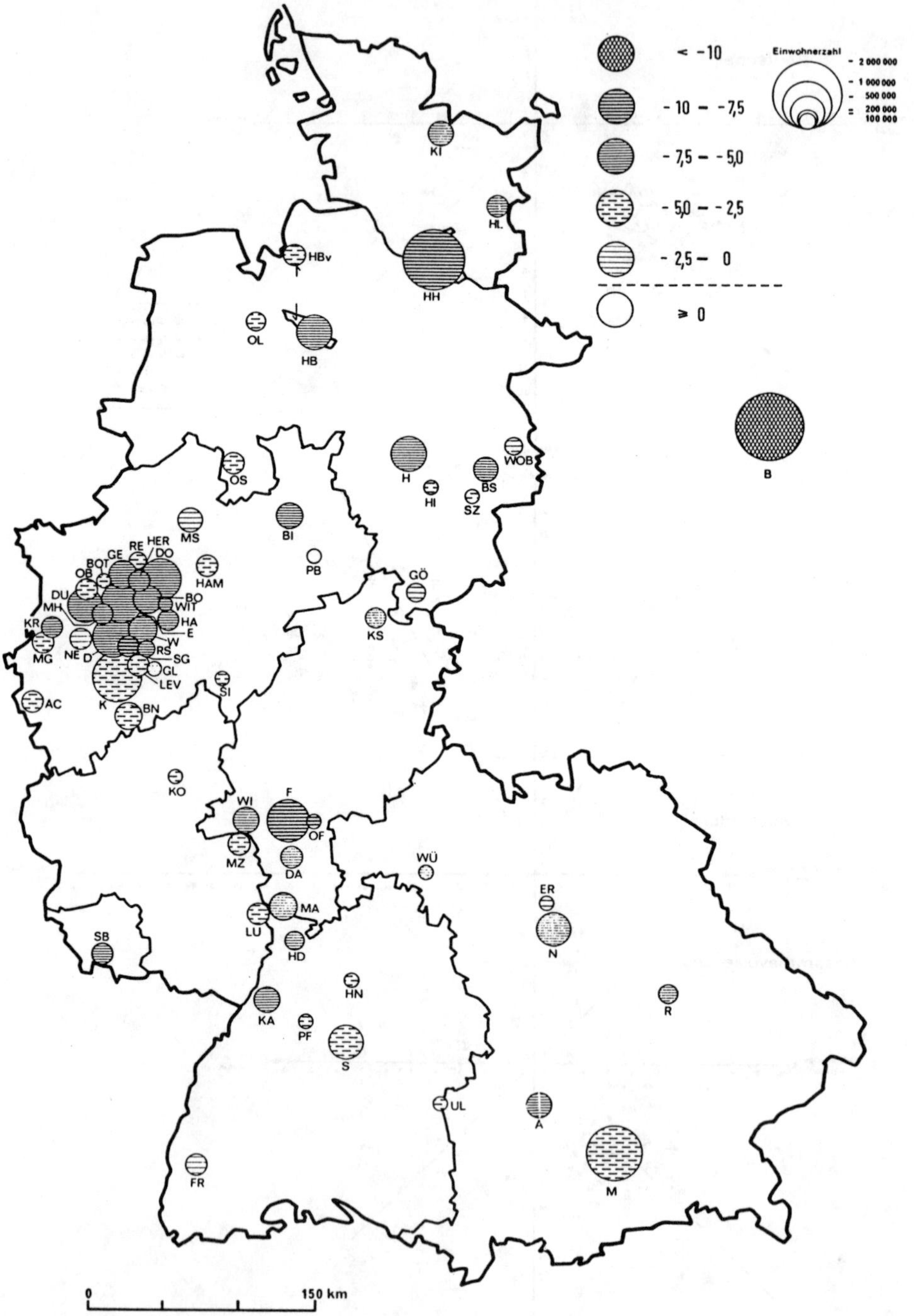

FRIEDRICHS und HEUER & RAUCH).

Stärker noch als durch negative Wanderungsbilanzen wird der Rückgang der deutschen Bewohner durch Geburtendefizite verursacht (im Mittel -5,0 Promille je Jahr im Vergleich zu -3,4 Promille). Nur in Städten mit extrem hohen Wanderungsverlusten kehrt sich das Gewicht der beiden Faktoren um (Abb. 5). Die oben schon erwähnte vergleichsweise geringe Streuung der natürlichen Wachstumsraten zeigt sich auch darin, daß fast die Hälfte der Großstädte in Abb. 6 in die Klasse zwischen -5,0 Promille bis unter -7,5 Promille eingeordnet werden. Der niedrigste Wert wird für Berlin (-11,75 Promille) registriert, gefolgt von Hamburg mit -8,35 Promille. Positive Raten kommen bis auf den vorsichtig zu interpretierenden Wert für Paderborn (0,11 Promille) überhaupt nicht vor; am geringsten sind die relativen Verluste noch in Münster (-0,71 Promille), Göttingen (-0,84 Promille), Wolfsburg (-0,89 Promille) und Erlangen (-0,94 Promille).

Eine Erklärung der beobachteten Unterschiede fällt nicht ganz leicht, da sich in den rohen Wachstumsraten Struktur- und Verhaltenskomponenten überlagern. Zieht man daher ergänzend die Nettoreproduktionsrate im Jahre 1976 heran (SCHWARZ 1983:17), so verschiebt sich das Bild erheblich (vgl. dazu auch Abschnitt 2). Die Werte von Berlin (0,57) und Hamburg (0,53) entsprechen jetzt ungefähr dem (ungewogenen) Mittel aller Großstädte (0,54), während beispielsweise Münster (0,44) neben Heidelberg (0,33), München (0,38), Regensburg (0,39), Würzburg (0,42) und Mainz (0,44) in die Gruppe mit extrem niedrigen Nettoreproduktionsraten fällt. Daß sich diese besonders ungünstige Situation nicht in überdurchschnittlichen Geburtendefiziten bemerkbar macht, ist auf die starke Zuwanderung jüngerer Personen zurückzuführen. Bezeichnenderweise besitzen alle Städte der zuletzt genannten Gruppe - mit Ausnahme von München - positive Wanderungsbilanzen (vgl. Abb. 3 und 5). Die in Richtung niedriger Geburtenzahlen wirkende Verhaltenskomponente wird somit durch den Altersstrukturfaktor teilweise wieder aufgehoben. Hat diese Zuwanderung jüngerer Haushalte, wie im Falle von Berlin und Hamburg, eine geringe Bedeutung, können sich selbst bei mittleren Nettoreproduktionsraten sehr hohe Geburtendefizite einstellen.

Nur in wenigen Fällen reichen die Wanderungsüberschüsse aus, um die zu-

Abbildung 7: Veränderung der deutschen Bevölkerung in den Großstädten der Bundesrepublik (1970-1982 in Promille)

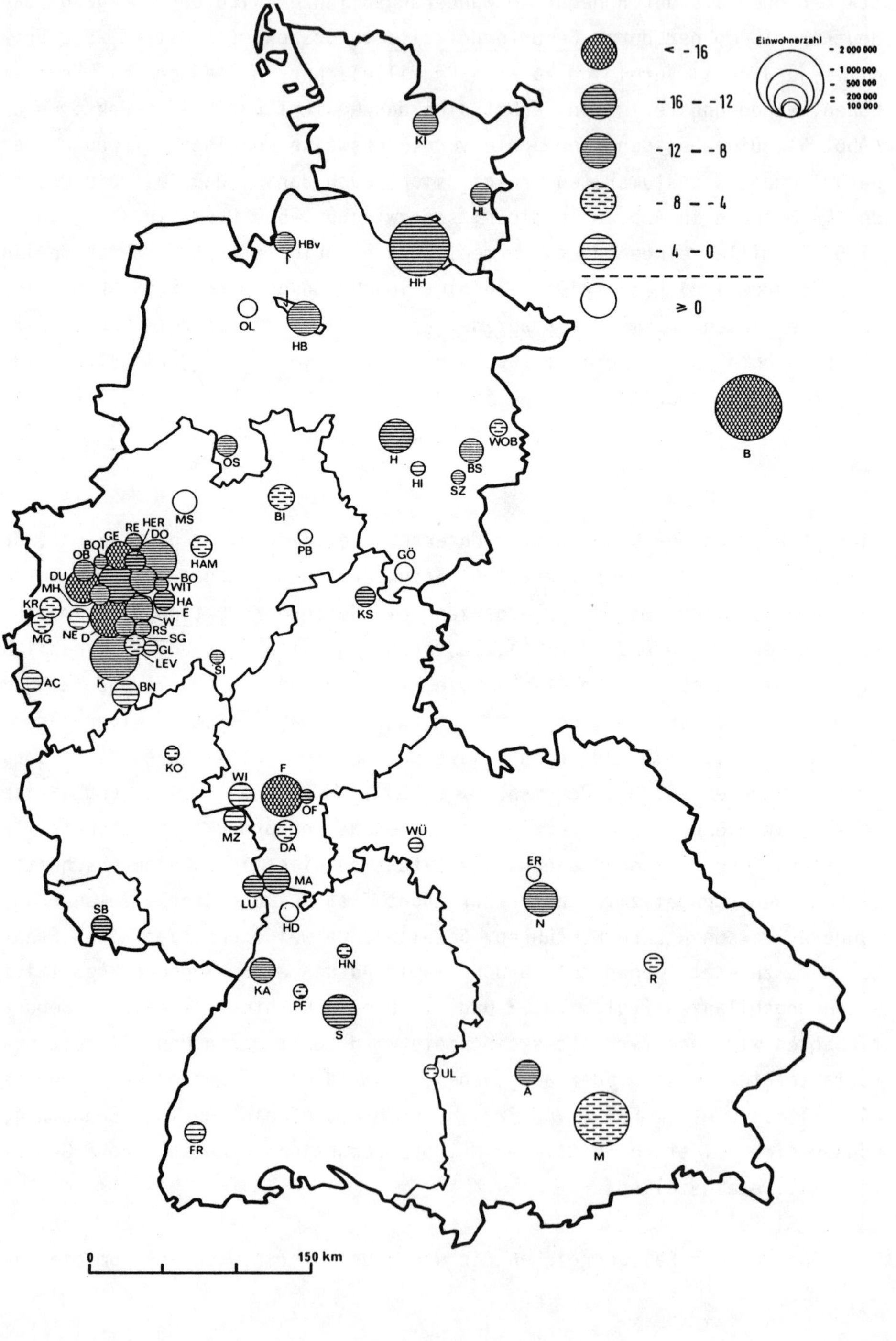

rückgegangenen Geburtenzahlen auszugleichen und zu einer positiven Veränderungsrate der deutschen Bevölkerung zu führen (Abb. 7). Im Untersuchungszeitraum trifft das neben Paderborn (mit einer positiven Rate des natürlichen Wachstums) nur für Münster, Erlangen, Oldenburg, Göttingen und Heidelberg zu, während beispielsweise in Bonn, Aachen und Wiesbaden die Zahl der deutschen Bewohner trotz Wanderungsgewinnen abnimmt. Bedingt durch die Zunahme bei den Ausländern wächst die Gesamtbevölkerung allerdings auch in diesen Fällen (Abb. 5).

Unter den Städten mit einem besonders starken Rückgang der deutschen Einwohner (und auch der Bevölkerung insgesamt) finden sich sowohl Beispiele, in denen das Geburtendefizit den größten Einfluß hat (Berlin, Hamburg), als auch solche, in denen die negativen Wanderungsbilanzen ausschlaggebend sind (Duisburg, Gelsenkirchen, Düsseldorf, Frankfurt, Stuttgart und Mannheim). In den wirtschaftsschwachen Montanstädten sind die relativen Wanderungsverluste doppelt so hoch wie die Sterbeüberschüsse, während sich in Berlin und Hamburg das Verhältnis der beiden Komponenten zueinander ungefähr umkehrt (Abb. 5; vgl. Beitrag HEUER & RAUCH).

3.2 Räumliche Unterschiede von Veränderungen der ausländischen Bevölkerung und der Ausländeranteile

Im Falle der ausländischen Bevölkerung bereitet eine Erklärung der räumlichen Unterschiede weniger große Schwierigkeiten. Das gilt sowohl für das natürliche Wachstum als auch die Wanderungsbilanz und die Bevölkerungsveränderung insgesamt (Abb. 9, 10 und 12). In allen drei Abbildungen fällt ein Ansteigen der Werte von Süden nach Norden auf (vgl. Beitrag ESSER). Hinter dieser allgemeinen Regelhaftigkeit treten lokale Besonderheiten weitgehend zurück.

In diesem Raummuster kommt zum Ausdruck, daß die Beschäftigung und damit auch die Zuwanderung der Ausländer in Form eines räumlichen Diffusionsprozesses abgelaufen sind, der durch das Zusammenwirken von Nachbarschaftseffekten, einer hierarchisch gestaffelten Ausbreitung entsprechend der zentralörtlichen Struktur und der ökonomischen Entwicklung in den einzelnen Teilräumen der Bundesrepublik gesteuert wurde (GIESE 1978, NIPPER 1983).

Abbildung 8: Ausländeranteil der Wohnbevölkerung in den Großstädten der Bundesrepublik 1970 (in Prozent)

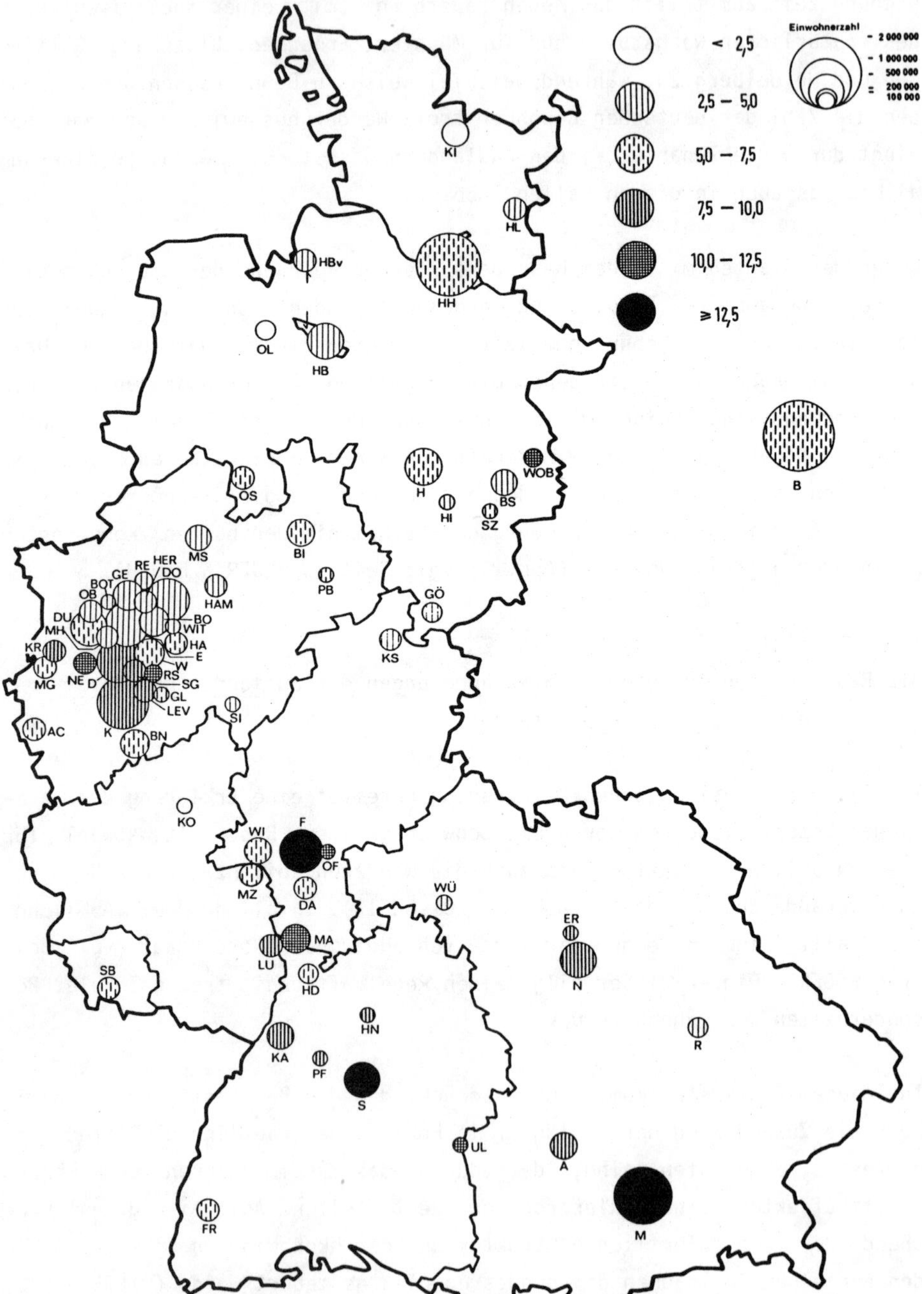

Zur Charakterisierung der Ausgangssituation ist in Abb. 8 der Ausländeranteil im Jahre 1970 dargestellt. Einen Prozentwert von mehr als 12,5% weisen nur die großen süddeutschen Ballungsräume München, Stuttgart und Frankfurt/Main auf. Ebenfalls noch recht hohe Anteile sind entlang der Rheinachse mit Köln, Düsseldorf, Wuppertal, Solingen und Remscheid zu erkennen. In Norddeutschland bildet nur die VW-Stadt Wolfsburg eine "Insel der Gastarbeiterbeschäftigung" (11,3%); dagegen wird selbst in Hamburg und Hannover die 5%-Schwelle nur knapp überschritten.

In der Wanderungsbilanz des Jahrzehnts zwischen 1972 und 1982 spiegelt sich in erster Linie das Fortschreiten der Diffusion nach Norden gemäß dem hierarchischen Prinzip wider (Abb. 9). Ihr Übergreifen von den alten Ausgangspunkten auf kleinere Zentren ist weniger gut zu erkennen, weil alle Städte unter 100.000 E außerhalb der Betrachtung bleiben. Durch den Ende 1973 erlassenen Anwerbestopp und den in der Folgezeit verstärkt einsetzenden Nachzug von Familienangehörigen (vgl. Abb. 2) hat sich das Verteilungsbild in den letzten Jahren nur noch geringfügig verändert (BUCHER u.a. 1983:1158):

Im Mittel beträgt die relative Wanderungsbilanz zwischen 1972 und 1982 19,5 Promille bei einer Streuung von 97,9%. Dabei konzentrieren sich die Städte mit überdurchschnittlichen Wanderungsgewinnen fast ausschließlich auf den Raum nördlich der Mittelgebirgsschwelle einschließlich des Ruhrgebietes mit Extremwerten von über 40 Promille z.B. in Berlin, Kiel, Oldenburg und Hildesheim. Im Süden verzeichnen nur jene Großstädte hohe positive Salden, die durch eine tertiäre Wirtschaftsstruktur geprägt sind und 1970 vergleichsweise geringe Ausländeranteile aufweisen (Mainz, Würzburg, Koblenz, Freiburg, Wiesbaden). Teilweise können dadurch die Wanderungsverluste bei den Deutschen wieder ausgeglichen werden (Abb. 5).

Anders als bei der deutschen Bevölkerung ergibt sich eine weitgehende Koinzidenz von Städten mit hohen Wanderungsgewinnen und solchen mit hoher natürlicher Bevölkerungszunahme (Abb. 10). Im Norden sind auch in letzterem Falle durchweg höhere Raten anzutreffen als in Mittel- und Süddeutschland. Allerdings streuen die Werte insgesamt weniger stark (19,3% bei einem Mittelwert von 19,0 Promille).

Abbildung 9: Wanderungsbilanz der ausländischen Bevölkerung in den Großstädten der Bundesrepublik (1970-1982 in Promille)

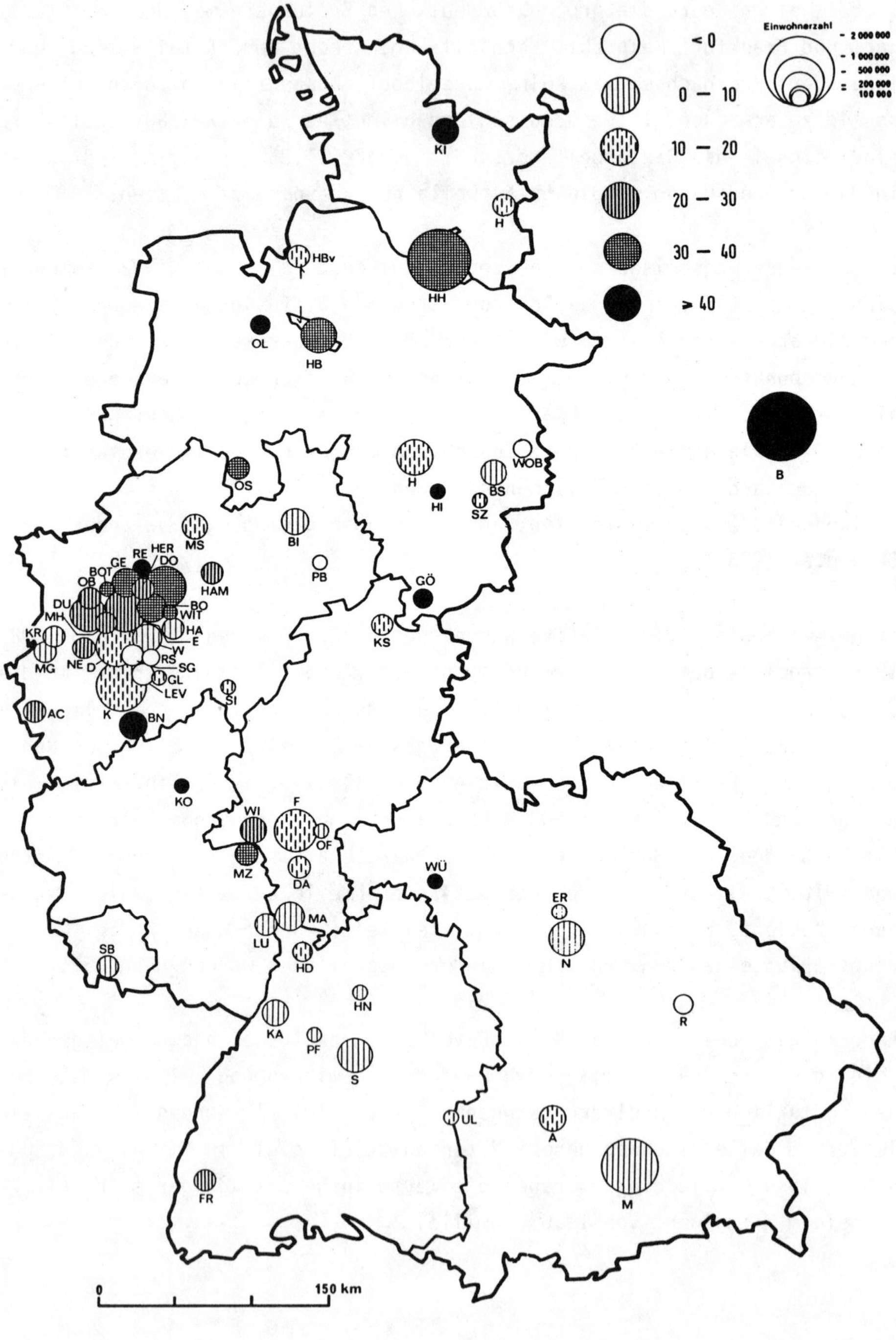

Abbildung 10: Natürliches Wachstum der ausländischen Bevölkerung in den Großstädten der Bundesrepublik (1970-1982 in Promille)

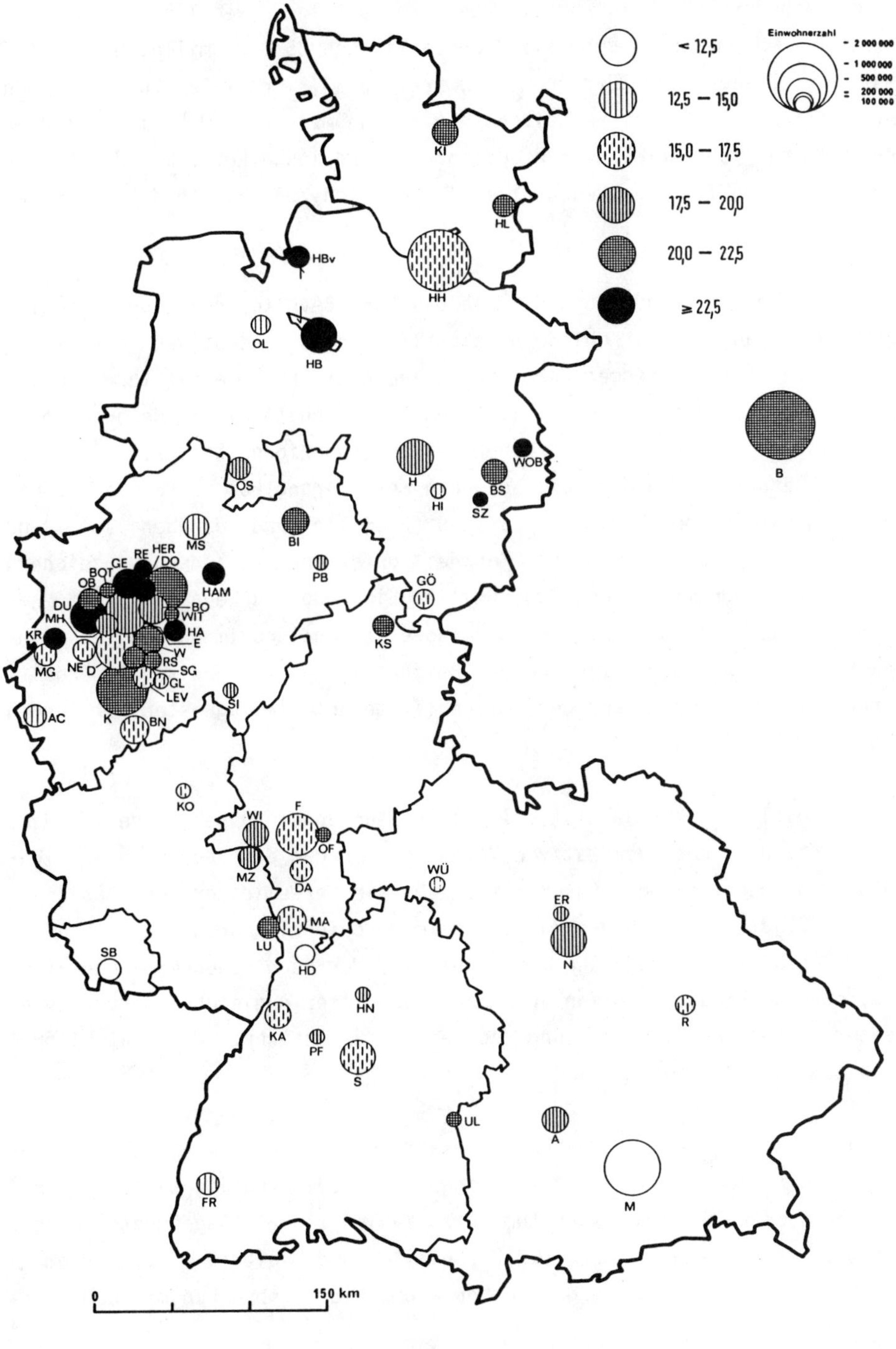

Alle 11 Städte, die mit einer Zunahme von mindestens 22,5 Promille in die höchste Gruppe der Abb. 10 fallen, liegen in Nordrhein-Westfalen und Niedersachsen (z.B. - in absteigender Reihenfolge - Recklinghausen 28,0 Promille, Hamm 25,6 Promille, Gelsenkirchen 25,3 Promille, Herne 24,7 Promille, Bremerhaven 23,3 Promille, Krefeld 23,2 Promille), und von den 28 Städten mit einem relativen Anstieg von mehr als 20 Promille liegen nur drei südlich der Mainlinie (Offenbach, Ludwigshafen, Ulm). Zur Erklärung dieses auffälligen Gegensatzes lassen sich zwei Hypothesen formulieren.

1) Zwischen den verschiedenen ausländischen Bevölkerungsgruppen bestehen ausgeprägte Unterschiede hinsichtlich ihres generativen Verhaltens. Eine Sonderstellung nehmen dabei vor allem die Türken ein. Ihre durchschnittliche Kinderzahl übertrifft den Durchschnitt aller Ausländer ganz erheblich (vgl. Abschnitt 2). Daher weisen diejenigen Städte, in denen der Türkenanteil an der ausländischen Bevölkerung 60% übersteigt, sämtlich ein natürliches Wachstum von 22,5 Promille und darüber auf, und Städte mit einer türkischen Mehrheit unter den Ausländern verzeichnen ein Wachstum von mindestens 20 Promille. Ein hoher Türkenanteil ist jedoch gerade für die Städte in Norddeutschland und im Ruhrgebiet kennzeichnend, da mit der Diffusion der Beschäftigung ausländischer Arbeitnehmer eine Verschiebung der Nationalitätenanteile zugunsten der Türken einhergeht (Abb. 11).

2) Im zeitlichen Verlauf ist bei allen Ausländergruppen eine Tendenz zur Anpassung des generativen Verhaltens an das der deutschen Bevölkerung zu beobachten (vgl. Abschnitt 2). Da die Verweildauer der Ausländer in den Städten südlich der Mainlinie im Durchschnitt größer als im übrigen Deutschland ist und auch mehr Haushalte der nachfolgenden Generation zuzurechnen sind, kann man annehmen, daß dieser Angleichungsprozeß hier weiter fortgeschritten ist und zu einer Reduzierung des natürlichen Wachstums geführt hat.

Unabhängig von diesem Nord-Süd-Gegensatz verzeichnen alle Städte, in denen viele Ausländer aus nicht-typischen Gastarbeiternationen leben, nur ein geringes natürliches Wachstum. Dazu zählen einmal ausgeprägte Universitätsstädte, wie Heidelberg (12,2 Promille) und Freiburg (12,8 Promille), aber auch Städte im grenznahen Raum, wie Saarbrücken mit dem nied-

Abbildung 11: Anteil der Türken an der ausländischen Bevölkerung in den Großstädten der Bundesrepublik 1982 (in Prozent)

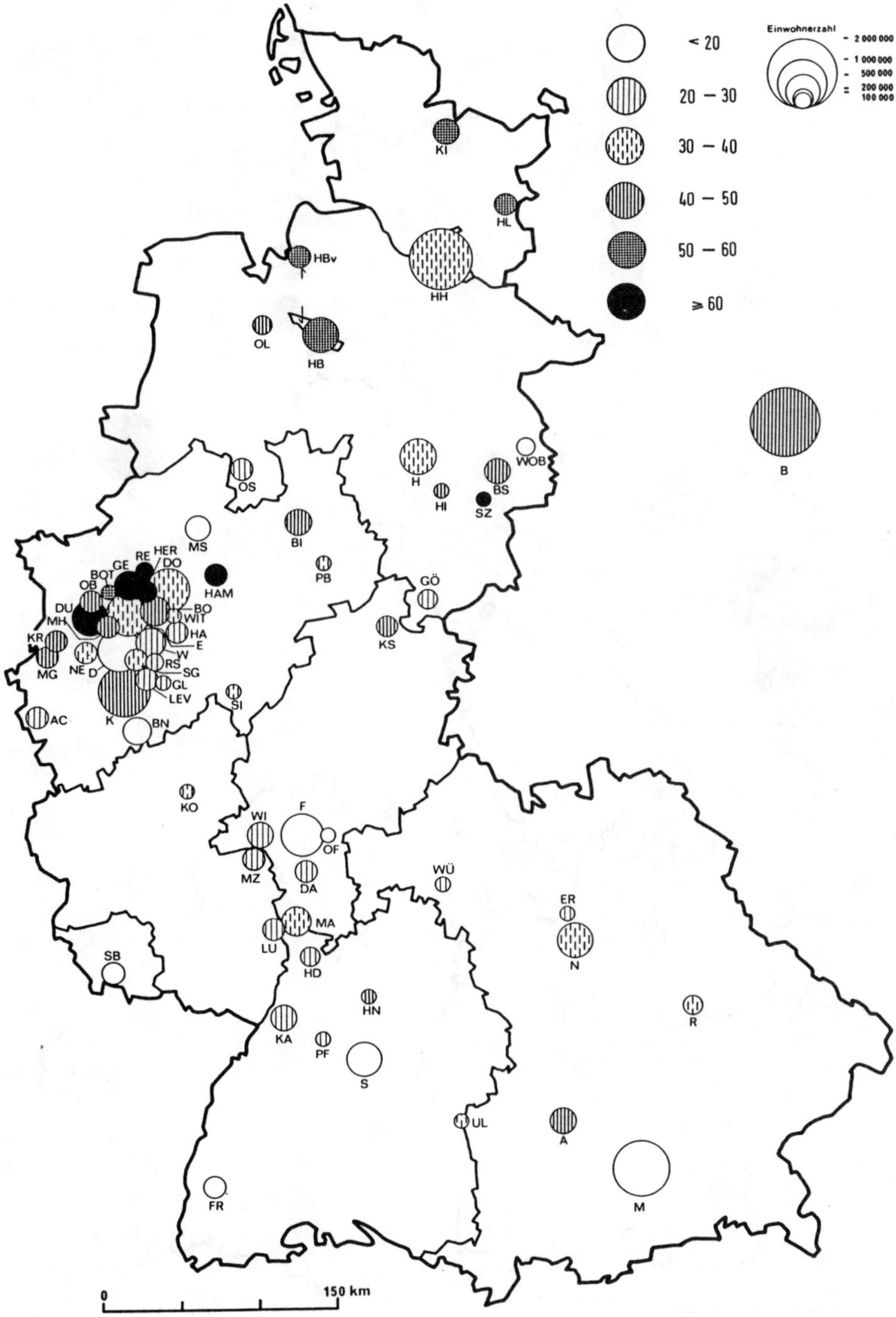

Abbildung 12: Veränderung der ausländischen Bevölkerung in den Großstädten der Bundesrepublik (1970-1982 in Promille)

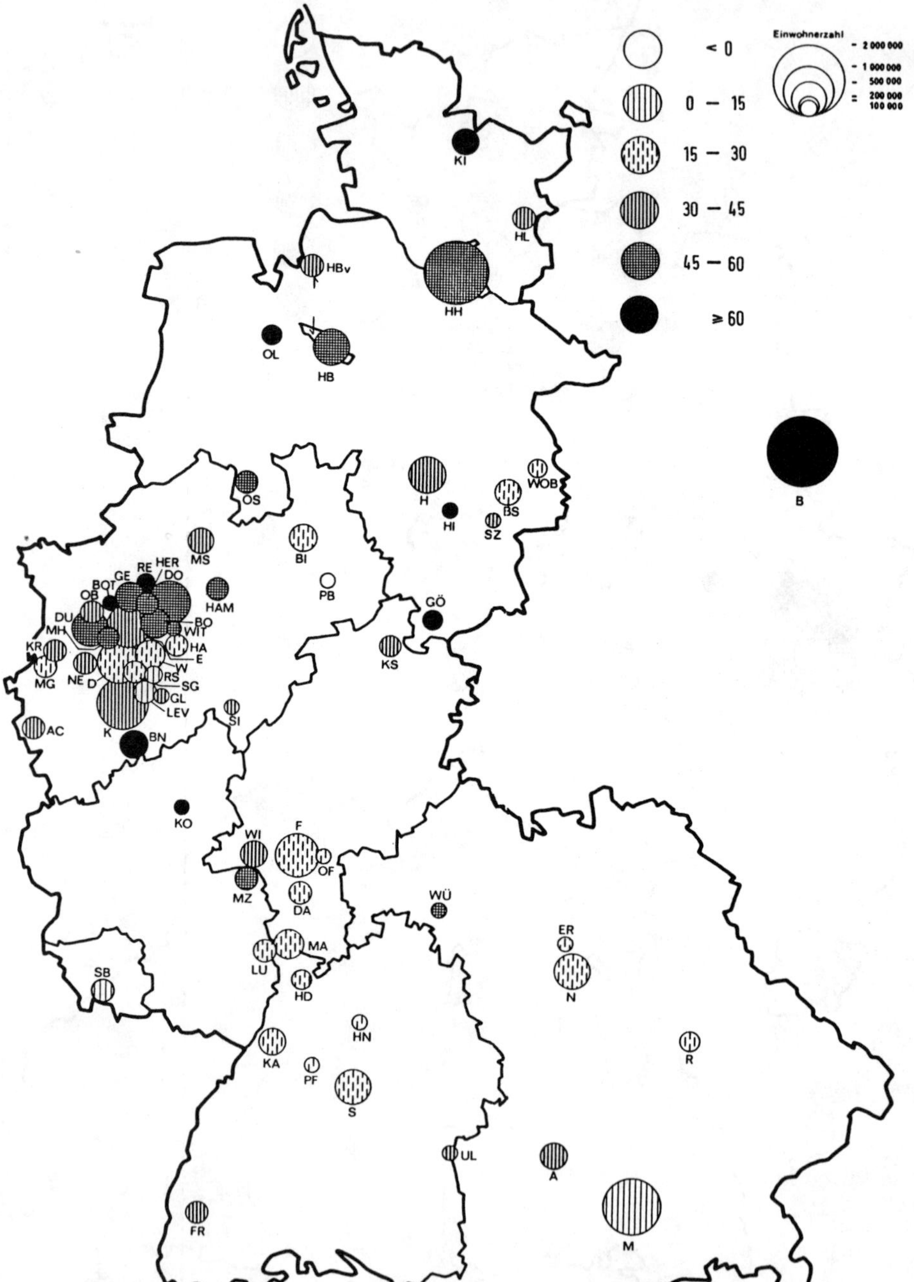

rigsten Wert überhaupt (9,4 Promille) und Aachen (14,3 Promille).

Da Wanderungsbilanz und natürliches Wachstum bei der ausländischen Bevölkerung in die gleiche Richtung wirken, ist es nicht verwunderlich, daß auch die relative Veränderung der ausländischen Bevölkerung das schon bekannte Muster zeigt (Abb. 12). Im Untersuchungszeitraum hat die Zahl der ausländischen Bewohner vor allem in Berlin und in zahlreichen Städten Norddeutschlands sowie im Ruhrgebiet überproportional zugenommen, von denen allerdings die meisten nicht zu den großen Wirtschaftsmetropolen zählen. Das deutet erneut auf die zunächst vorwiegend hierarchisch gesteuerte Diffusion hin, die später von einem Nachbarschaftseffekt überlagert wird.

Auch bei der Betrachtung einzelner Bundesländer ist ein klares Ansteigen der Ausländerzunahme von Süden nach Norden festzustellen. So beträgt die Erhöhung in Baden-Württemberg nur 27% und bleibt auch in Bayern mit 42,6% noch deutlich unter dem Bundesdurchschnitt von 56,8%. Im übrigen Bundesgebiet wächst die Ausländerzahl überdurchschnittlich und erreicht im Norden, d.h. für die Bundesländer Schleswig-Holstein, Hamburg, Niedersachsen und Bremen zusammen, mit 80,2% ihren höchsten Wert.

Das rasche Wachstum der ausländischen Bevölkerung gerade im nord- und westdeutschen Raum - von 21 Städten mit mehr als 45 Promille Zunahme liegen nur drei südlich der Mittelgebirgsschwelle - hat dazu beigetragen, daß der Ausländeranteil in den Großstädten 1982 (Variabilität v=35,4%) weniger schwankt als 1970 (v=47,3%). Vor allem in einzelnen Städten des rheinischen Raumes werden heute ebenso hohe Anteilswerte wie in den süddeutschen Ballungsgebieten erreicht. Da sich der räumliche Ausbreitungsprozeß mit dem Anwerbestopp Ende 1973 mehr und mehr abschwächte, liegen allerdings die Prozentanteile im Norden Deutschlands nach wie vor erheblich unter dem nationalen Mittel. Die Städte mit dem höchsten Anteil ausländischer Bewohner konzentrieren sich eindeutig entlang einer Linie, die von München (16,3%) über Ulm (13,0%), den mittleren Neckar (Stuttgart:17,8%), den Rhein-Neckar- (Mannheim:15,5%) und den Rhein-Main-Raum (Frankfurt:21,1%) bis nach Köln (13,6%)/Düsseldorf (13,3%) verläuft. Ausgespart bleiben dabei nur stärker tertiärwirtschaftlich orientierte Städte, wie Regensburg (4,7%), Koblenz (4,8%) oder Essen (6,1%) (Abb. 13).

Abbildung 13: Ausländeranteil der Wohnbevölkerung in den Großstädten der Bundesrepublik 1982 (in Prozent)

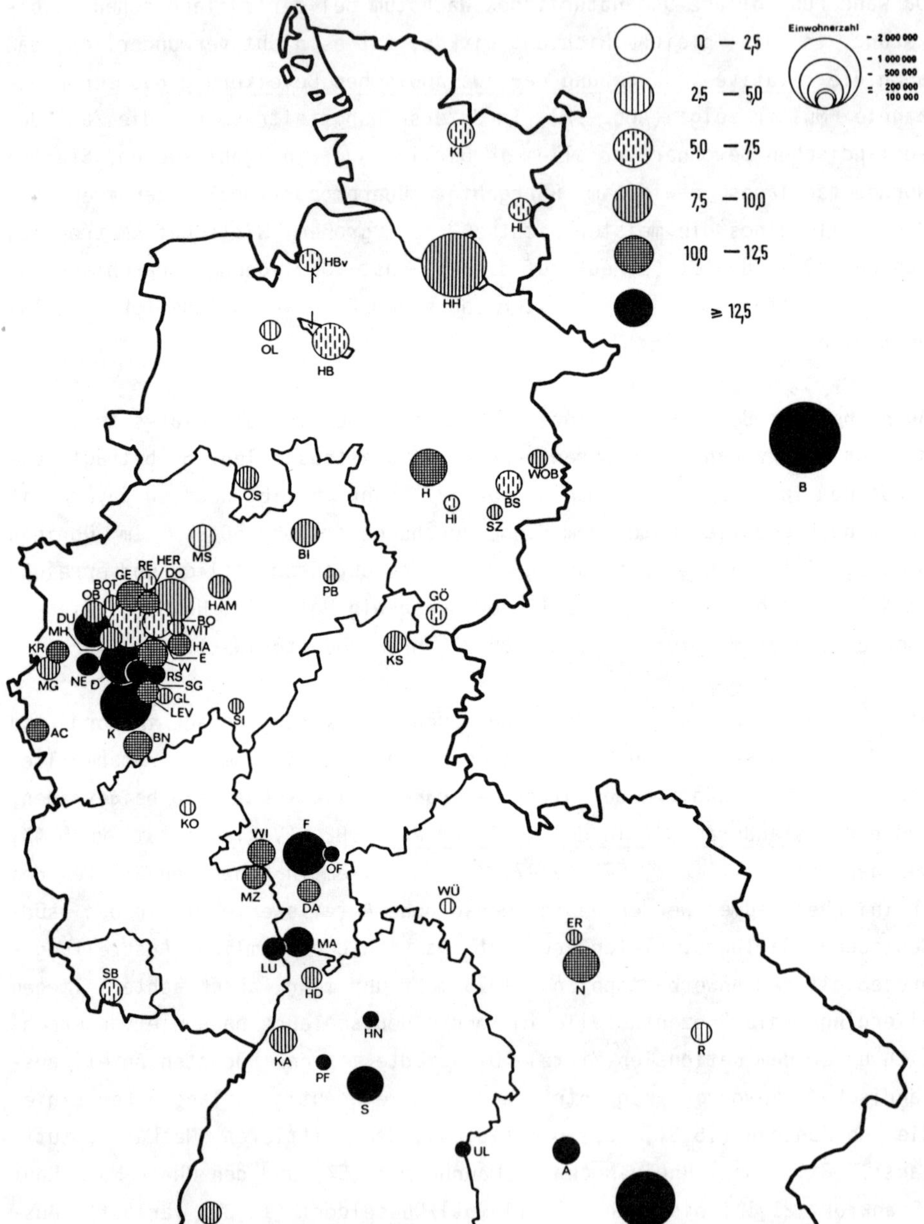

3.3 Typisierung der Großstädte nach natürlichem Bevölkerungswachstum und Wanderungsbilanzen

Zur Klassifikation der Großstädte nach den Komponenten ihrer Einwohnerentwicklung werden sie gemäß ihren Merkmalsausprägungen beim natürlichen Bevölkerungswachstum und der Wanderungsbilanz - jeweils differenziert nach Deutschen und Ausländern - in einem vierdimensionalen Variablenraum als Punkte eingetragen. Es kann davon ausgegangen werden, daß die Städte bezüglich der vier Merkmale um so ähnlichere Werte aufweisen, je geringer die Distanz zwischen den zugehörigen Punkten ist und sie sich daher durch das auf diesem Ähnlichkeitsmaß basierende Gruppierungsverfahren nach WARD zu relativ homogenen Typen zusammenfassen lassen. Abb. 14 stellt das Ergebnis des Klassifikationsverfahrens nach dem 61. Gruppierungsschritt (Informationsverlust: 45%) dar, das durch die Kombination einer hierarchisch-iterativen Vorgehensweise erzielt wurde.

Die fünf ermittelten Typen können entsprechend ihrem räumlichen Verteilungsbild in zwei Kategorien unterteilt werden: So sind die Großstädte der Gruppen 1, 2 und 3 über das gesamte Bundesgebiet gestreut, während sich diejenigen der Gruppe 4 auf den Süden und die der Gruppe 5 auf den Norden konzentrieren.

Die Städte der Klassen 1 und 2 unterscheiden sich vor allem hinsichtlich des Wanderungsgewinns bei den ausländischen Einwohnern. Er ist für Bonn, Mainz, Wiesbaden, Hildesheim oder Göttingen (Gruppe 1) knapp fünfmal größer als für Heidelberg, Münster oder Erlangen (Gruppe 2; vgl. Abb. 5). Beiden Gruppen gemeinsam sind die positive Wanderungsbilanz sowie das auf eine jugendlichere Altersstruktur hinweisende geringere Geburtendefizit bei der deutschen Bevölkerung. Bis auf Neuss und Bergisch-Gladbach, die zum Suburbanisierungsbereich größerer Ballungsräume gehören, handelt es sich um typische Verwaltungs- und/oder Universitätsorte, deren umfangreiches und qualitativ hochstehendes Ausbildungsangebot die Voraussetzung für eine bedeutende Zuzugsattraktivität bildet. Einer mittleren Zuzugsrate von 43,8 Promille für sämtliche in die Untersuchung einbezogenen Städte stehen in der Gruppe 1 ein Durchschnitt von 58,2 Promille und in der Gruppe 2 ein solcher von 63,7 Promille gegenüber. Extrem hohe Werte erreichen dabei die klassischen Hochschulorte, wie Heidelberg

Abbildung 14: Typisierung der Großstädte der Bundesrepublik nach den Komponenten ihrer Bevölkerungsveränderung (1972-1982)

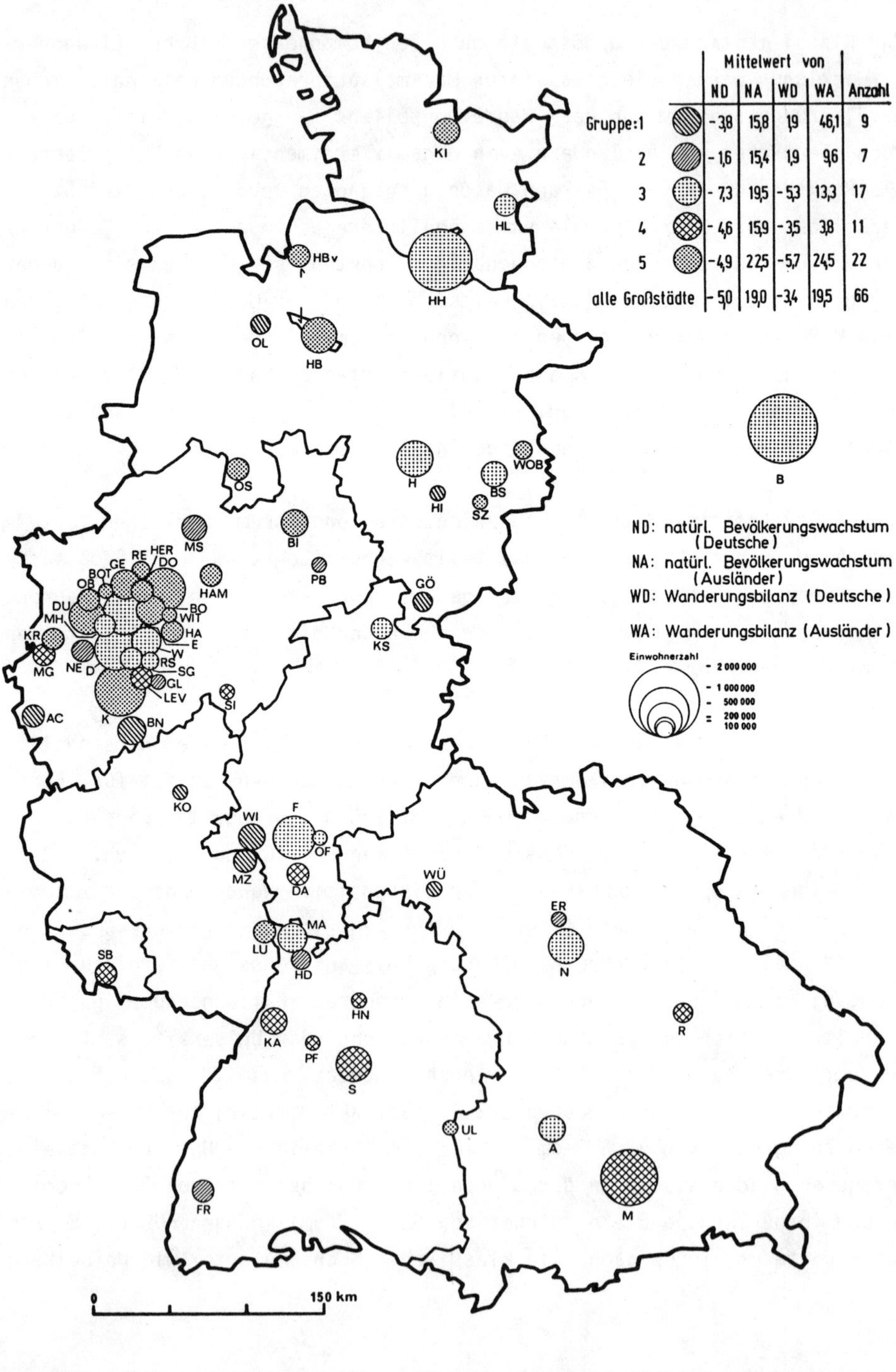

	Mittelwert von				
	ND	NA	WD	WA	Anzahl
Gruppe: 1	-3,8	15,8	1,9	46,1	9
2	-1,6	15,4	1,9	9,6	7
3	-7,3	19,5	-5,3	13,3	17
4	-4,6	15,9	-3,5	3,8	11
5	-4,9	22,5	-5,7	24,5	22
alle Großstädte	-5,0	19,0	-3,4	19,5	66

(88,7 Promille; vgl. Abb. 4), Freiburg (83,6 Promille), Erlangen (71,8 Promille), Göttingen (73,6 Promille) oder Würzburg (69,8 Promille), während Städte, deren Wirtschaftsstruktur nicht oder weniger stark durch die Universität geprägt ist, deutlich geringere, jedoch noch immer über dem Gesamtmittel liegende Raten aufweisen (z.B. Aachen 48,9 Promille, Neuss 43,7 Promille, Wiesbaden 43,0 Promille, Bergisch-Gladbach 45,3 Promille).

Die Städte in Gruppe 3, die sich ebenfalls über das gesamte Bundesgebiet verteilen, sind - abgesehen vom natürlichen Bevölkerungswachstum der Ausländer - durch unterdurchschnittliche Werte gekennzeichnet. Vor allem die Geburtendefizite und die Wanderungsverluste der deutschen Einwohner sind sehr hoch. Offenbar kommt der Stadtgröße eine gewisse Bedeutung für die Merkmalsausprägung der einzelnen Komponenten zu. Denn 70% der in diese Gruppe eingeordneten Städte besitzen eine Bevölkerungszahl von mehr als 200.000 E, und von 13 Städten mit mindestens 500.000 E zählen 7 dazu. Dabei handelt es sich vorwiegend um die Kernstädte der bedeutenden Wirtschaftsräume der Bundesrepublik, wie Berlin, Hamburg, Hannover, Essen/Düsseldorf/Wuppertal, Frankfurt/Offenbach oder Mannheim. Die sehr unterschiedliche Wirtschaftskraft dieser Städte drückt sich nicht so sehr in der Wanderungsbilanz aus, sondern eher in der Höhe der Zuzugsraten für die deutsche Bevölkerung. Diese liegt in Städten mit bedeutenden Verwaltungsaufgaben und günstiger Industriestruktur beträchtlich über dem Gruppenmittel von 36,4 Promille (z.B. Kassel 52,9 Promille, Hannover 49,2 Promille, Frankfurt 47,4 Promille (vgl. Abb. 4), Offenbach 47,3 Promille), während sie in Städten des altindustrialisierten Raumes von Nordrhein-Westfalen deutlich darunter bleibt (z.B. Solingen 22,5 Promille, Essen 22,7 Promille, Wuppertal 26,1 Promille oder Remscheid 28,4 Promille).

Die den Gruppen 4 und 5 zugeordneten Städte zeigen hinsichtlich ihrer räumlichen Verteilung ein komplementäres Bild. Die Städte in Gruppe 4 mit geringem Ausländerzuwachs und vergleichsweise niedrigen Verlusten bei den Deutschen liegen vor allem im Süden und hier besonders in Raumordnungsregionen mit weit unterdurchschnittlichen Arbeitslosenquoten. Diese wirtschaftlich günstigere Situation spiegelt sich wiederum in hohen Zuzugsraten der deutschen Bevölkerung wider. Dabei wird in Städten mit vielfältigen Dienstleistungsaufgaben der Mittelwert von 49,4 Promille noch deutlich überschritten. Hierzu gehören vor allem Regensburg (66,9 Promille), Darmstadt (57,6 Promille) und Stuttgart (54,2 Promille).

Dagegen konzentrieren sich die Städte der Gruppe 5 überwiegend auf den Norden der Bundesrepublik. Sie verzeichnen die höchsten Wanderungsverluste bei den Deutschen und gleichzeitig hohe Geburtenüberschüsse sowie Wanderungsgewinne bei den Ausländern. Während sich die positiven Wanderungsbilanzen der Ausländer in den von Süden nach Norden fortschreitenden Diffusionsprozeß einordnen, sind die negativen Salden bei den Deutschen Ausdruck wirtschaftlicher Probleme. Die Wirtschaftsstruktur der Städte wird vornehmlich durch den Bergbau, die Stahlindustrie sowie den Schiffsbau bestimmt. Im Mittel ist die Zuzugsintensität der Deutschen sehr niedrig (34,5 Promille); allerdings streuen die Werte erheblich und gestatten so eine weitere Untergliederung dieser Gruppe in die von der Montanindustrie geprägten Städte mit unterdurchschnittlichen Raten (Duisburg 21,2 Promille (vgl. Abb. 4), Gelsenkirchen 22,8 Promille, Herne 24,8 Promille, Oberhausen 25,0 Promille, Dortmund 25,1 Promille) und Städte, die über eine breitere wirtschaftliche Basis verfügen, mit überdurchschnittlichen Werten (Ulm 71,2 Promille, Kiel 52,4 Promille, Osnabrück 43,9 Promille, Bremerhaven 43,7 Promille).

4. MIGRATIONSMUSTER AM BEISPIEL AUSGEWÄHLTER STÄDTE

4.1 Vergleich der Ziel- und Herkunftsgebiete von Deutschen und Ausländern

Wurden bisher nur die Wanderungsbilanzen als Ergebnis unterschiedlich hoher Zu- und Fortzugsraten analysiert, so sollen im folgenden die Herkunfts- und Zielgebiete der Wanderungsströme einbezogen werden, um dadurch zu einer besseren Erklärung der beobachteten Salden zu gelangen.

Entsprechend der allgemeinen Tendenz haben auch die beiden zunächst betrachteten Beispielstädte Kiel und Ludwigshafen im Jahrzehnt zwischen 1972 und 1982 erheblich an Einwohnern verloren. Die Wohnbevölkerung von Kiel verminderte sich um 20.000 auf 249.000, diejenige von Ludwigshafen um 21.000 auf 158.000. Beide Städte werden zwar in der in Abschnitt 3 vorgestellten Typisierung in die gleiche Gruppe eingeordnet, dieses Ergebnis ist aber im wesentlichen auf ein ähnliches natürliches Wachstum zurückzuführen, dagegen weichen die Wanderungsbilanzen beträchtlich voneinander ab. Während Ludwigshafen zu den Städten mit besonders hohen Wanderungsverlusten bei den Deutschen und vergleichsweise geringen Gewinnen bei den Ausländern gehört, sind für Kiel genau entgegengesetzte Verhältnisse kennzeichnend (vgl. Abb. 5). Als Konsequenz dieser Tatsache hält sich der prozentuale Bevölkerungsverlust in Kiel mit -7,4% noch in Grenzen (Ludwigshafen: -11,6%), gleichzeitig steigt aber hier der Ausländeranteil an der Wohnbevölkerung von 3,3% auf 6,1% relativ stärker an als in Ludwigshafen (9,1% auf 12,7%).

Die Herkunfts- und Zielgebiete der wichtigsten Wanderungsströme differieren bei Deutschen und Ausländern erheblich (Abb. 15). Während bei den Deutschen die intensivsten Verknüpfungen mit dem näheren Umland bestehen, sind die Wanderungsbewegungen der Ausländer überwiegend auf die jeweiligen Heimatländer hin orientiert. Dabei werden im ersten Fall generell hohe negative Salden registriert, wohingegen im zweiten Fall die Bilanzen unterschiedlich gerichtet sind: In Ludwigshafen als einem alten Zentrum der Gastarbeiterbeschäftigung übersteigt die Abwanderung in die Heimatländer die Zuzüge von dort, in Kiel ergibt sich noch ein bedeutender Zuwanderungsüberschuß.

Schlüsselt man die Abwanderung aus den Kernstädten in das Umland am Beispiel Hamburgs, das zur Gruppe der Städte mit überdurchschnittlich hohen Verlusten an deutschen Einwohnern zählt (Abb. 14), räumlich genauer auf, so erkennt man eine regelhafte Anordnung der bevorzugten Zielgebiete (Abb. 16). Es überlagern sich zwei Ordnungsmuster: Zum einen nehmen die Wanderungsüberschüsse von innen nach außen deutlich ab, zum anderen konzentrieren sich die Zuzüge vor allem auf einzelne, verkehrsmäßig gut erschlossene Achsen. Die Diagramme der Abb. 16 dokumentieren, daß z.B. die Achsen Kaltenkirchen oder Elmshorn während des gesamten Untersuchungszeitraumes sehr viel höhere Gewinne aus der Stadt-Umland-Wanderung zu verzeichnen hatten als die entsprechenden Achsenzwischenräume (vgl. dazu auch FRIEDRICHS & GROSSMANN-HENSEL 1982, GEWOS 1982). In ähnlicher Weise orientiert sich auch im Raum Bremen, Hannover, Köln, Frankfurt, Stuttgart und München der Suburbanisierungsprozeß an den Verkehrswegen (BUCHER u.a. 1983:1153, THOMAS 1984:Karte 3).

Abbildung 15: Mittlere Zahl der Zu- und Fortzüge von Deutschen und Ausländern in Kiel und Ludwigshafen (1972-1982)

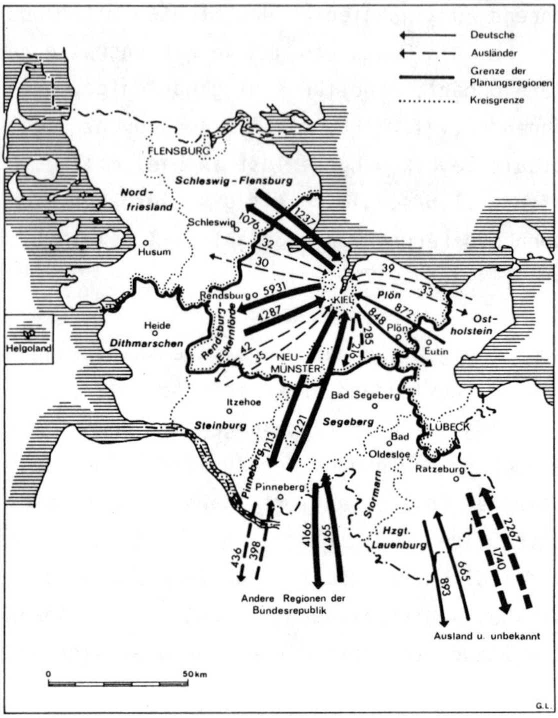

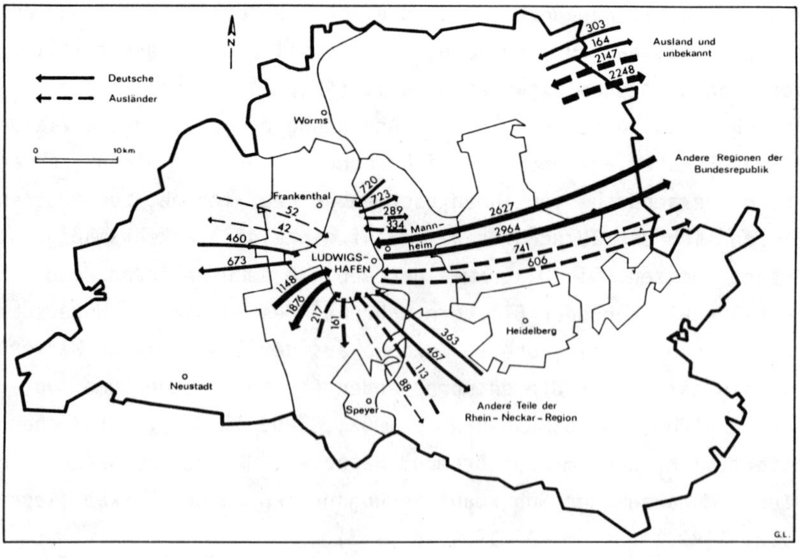

Aus stadt- und regionalplanerischer Sicht werden die Folgen der Stadt-Umland-Wanderungen überwiegend negativ beurteilt, so daß gelegentlich schon vom "Herzinfarkt" der Großstädte gesprochen wird (SCHAFFER 1981:2). Schwerwiegende Probleme treten nach HEUER & SCHÄFER (1976) insbesondere in den folgenden Bereichen auf:

- Die Trennung der Funktionen "Wohnen" und "Arbeiten" verstärkt sich. Dadurch müssen längere Verkehrswege in Kauf genommen werden, und das Pendlervolumen nimmt zu.

- Das Wohnen in der Großstadt wird durch ein steigendes Verkehrsaufkommen und eine zunehmende Umweltbelastung beeinträchtigt.

- Einer Unterauslastung von Infrastruktureinrichtungen in den Innenstädten steht ein Defizit im Umland gegenüber.

- Nach Geschäftsschluß tritt eine weitgehende Verödung der Innenstädte mit allen nachteiligen Konsequenzen ein.

- Mit den Wanderungsvorgängen ist eine Umschichtung der Sozialstruktur verbunden, wodurch die Großstädte weiter an Attraktivität verlieren.

- Eine zurückgehende Bevölkerungszahl bedeutet für die Kernstädte zugleich eine Steuerumverteilung zugunsten der Umlandgemeinden.

- Abnehmende Baulandreserven und steigende Bodenpreise bewirken eine immer weitere Ausdehnung der suburbanen Zone und damit eine Zersiedlung der Landschaft.

- Langfristig können auch im Umland der Städte nachteilige Verdichtungsfolgen auftreten und zu einer erneuten Verlagerung der bevorzugten Wohnstandorte führen.

HAMMERSCHMIDT & STIENS (1980) haben jedoch darauf aufmerksam gemacht, daß sich aus der Randwanderung auch positive Folgewirkungen für die Städte ergeben, da jeder Wegzug ins Umland zwei bis drei Umzüge innerhalb des Stadtgebiets auslöst und die daran beteiligten Haushalte meist eine

Abbildung 16: Wanderungsbilanzen aus den Zu- und Fortzügen mit Hamburg in den Nahbereichen des Umlandes (1972-1982)

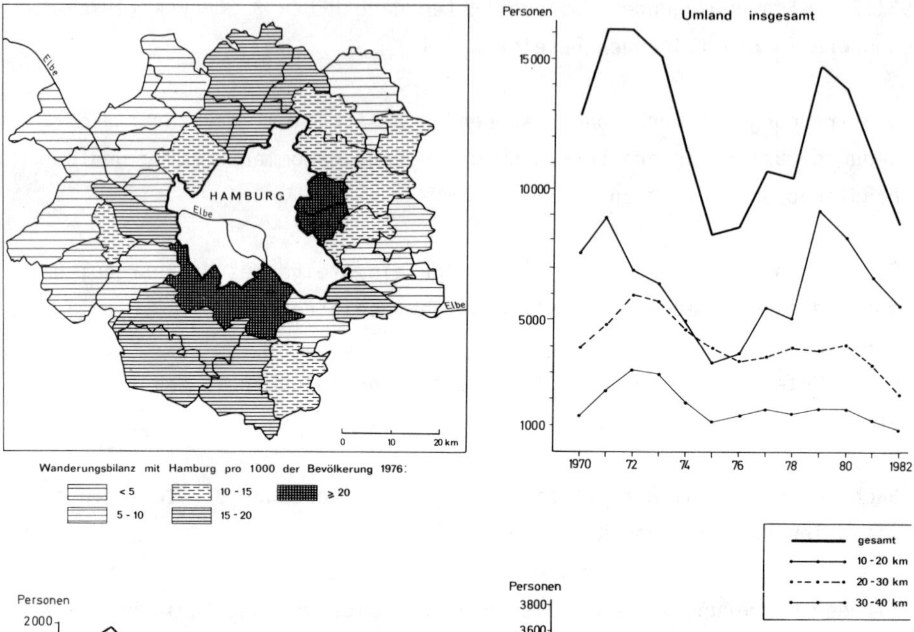

beachtliche Vergrößerung ihrer Wohnfläche erzielen können. So nimmt die Zahl der Einwohner je Wohnung in den Großstädten aufgrund eines anwachsenden Wohnungsbestandes und gleichzeitig sinkender Bevölkerungsgröße nach 1970 ständig ab (v. ROHR 1981), wenn auch innerhalb des Stadtgebietes beträchtliche Belegungsunterschiede bestehen (vgl. Beitrag KREIBICH). HAMMERSCHMIDT & STIENS gehen sogar so weit, die "Stadtflucht" weniger als "Gefahr", sondern eher als "Erfordernis" anzusehen, weil die Kernstädte nur so in ihrem Ziel unterstützt werden, mittels "Entdichtung" ausgewogene Sozialstrukturen zu erhalten und die wachsenden Bedürfnisse der verbleibenden Bevölkerung besser als bisher zu befriedigen.

4.2 Motive der Wanderungen und altersspezifische Selektivität

Die auf die Städte gerichteten und von ihnen ausgehenden Migrationsbewegungen haben jeweils eine spezifische Struktur der ihnen zugrundeliegenden Motive. Diese ergeben sich aus den Vor- und Nachteilen der Kernstädte gegenüber ihrem räumlichen Umfeld. Vergleicht man daher die Motivstrukturen der Zu- und Abwanderer miteinander, wie sie einer zusammenfassenden Darstellung der PROGNOS AG zu entnehmen sind (Tab. 1; vgl. dazu BALDERMANN u.a. 1976, v. ROHR 1978, GEWOS 1982), so lassen sich daraus die Standortvor- bzw. -nachteile einzelner Räume ablesen. Die Attraktivität der Kernstädte liegt ganz überwiegend in ihren Arbeits- und Ausbildungsplätzen; die Bedeutung dieser Motive für die Zuwanderung drückt sich u.a. in den für alle Universitätsstädte registrierten extrem hohen Zuzugsraten der deutschen Bevölkerung aus (vgl. Abb. 4, Abschnitt 3.3.). Dagegen führen die aus den Großstädten in die umliegenden Gemeinden ziehenden Personen fast ausschließlich Beweggründe aus den Bereichen "Wohnen" und "Wohnumfeld" an. Kritisch bleibt jedoch anzumerken, daß sich hinter "veränderten Wohnwünschen" häufig auch veränderte Rahmenbedingungen des Wohnungsmarktes und Zwänge verschiedener Art, wie z.B. Mieterhöhungen oder Kündigungen, verbergen (HAMMERSCHMIDT & STIENS 1980:587) und daß daher aus der Nennung wohnungsorientierter Umzugsgründe nicht zugleich auch auf einen dezidierten Wunsch zum Verlassen der Städte geschlossen werden darf. Eine solche Interpretation würde verkennen, daß die Bevölkerung nur auf das vorhandene Wohnungsangebot und die räumliche Verteilung des Wohnungsbestandes reagiert, sie aber nicht selbst unmittelbar beeinflussen kann (KREIBICH u.a. 1980:20).

Tabelle 1: Struktur und Motive der wichtigsten Wanderungsbewegungen und Wanderungsgruppen

RANDWANDERER

	STRUKTUR	MOTIVE	
- Einkommensstruktur:	Gruppen mit mittlerem und gehobenem Einkommen	- Haushaltsveränderung	(ca. 40 %)
		- Verbesserung der Wohnungsgröße	(ca. 40 %)
		- Verbesserung der Wohnungsausstattung	(ca. 40 %)
- Familienstand:	Mehrpersonenhaushalte, Familien mit Kindern	- Verbesserung der Umfeldbedingungen	
		(Ruhe, Grün, Landschaft	ca. 50 %)
		(Luft, Abgase	ca. 40 %)
		(Spielmöglichkeiten	ca. 20 %)
- Alter:	Durchschnittlich zwischen 30-45 Jahre	- Kritik am städtischen Wohnen	
	(1/3=18-30 ")	(Lärm, Verkehr	ca. 45 %)
	(1/3=30-45 ")	(Luft, Abgase	ca. 45 %)
	(1/3=45 u. älter)	(kleine Wohnung	ca. 30 %)
		(fehlendes Grün	ca. 30 %)
		(häßliche Wohngebiete	ca. 20 %)
- Haushaltsgröße:	Mehrheitlich 2- 4-Personenhaushalte	- Eigentumserwerb	(ca. 10 - 20 %)
	(Familien mit Kindern)	- Günstigere Mietpreise	(ca. 10 - 20 %)
	(Mehrpersonenhaushalte mittl. Alters)	- Arbeitsplatzwechsel	(ca. 10 %)
	(Ältere Mehrpersonenhaushalte)		

ZUWANDERER IN DIE KERNSTADT

	STRUKTUR	MOTIVE	
- Einkommensstruktur:	a) Vornehmlich jüngere mobile Haushalte, die aus Berufs- oder Ausbildungsgründen die Stadt wählen	- Arbeitsplatzwechsel	(ca. 30 - 50 %)
		- Ausbildungsverhältnis	(ca. 30 - 50 %)
		- Gute Verkehrsbeziehungen	(ca. 25 %)
		- Gute Einkaufsmöglichkeiten	(ca. 20 %)
	b) Einkommensstärkere Haushalte, die bestimmte Lage- und Infrastrukturvorteile nutzen wollen	- Gute Arbeitsplatzerreichbarkeit	(ca. 20 %)
		- Gute Erreichbarkeit der Ausbildungsstelle	(ca. 10 %)
- Familienstand:	Ledige und Familien ohne Kinder	- Preiswerte Miete (o.ä.)	
- Alter:	Durchschnittlich zwischen 18-30 Jahre		
	(1/2=18-30 ")		
	(1/2=30- u.a.)		
- Haushaltsgröße:	Mehrheitlich 1 - 2-Personenhaushalte		

Quelle: Deutsches Institut für Urbanistik 1980 nach PROGNOS AG 1977

Abbildung 17: Zu- und Fortzüge von Deutschen und Ausländern in Kiel nach Altersgruppen (1972-1982)

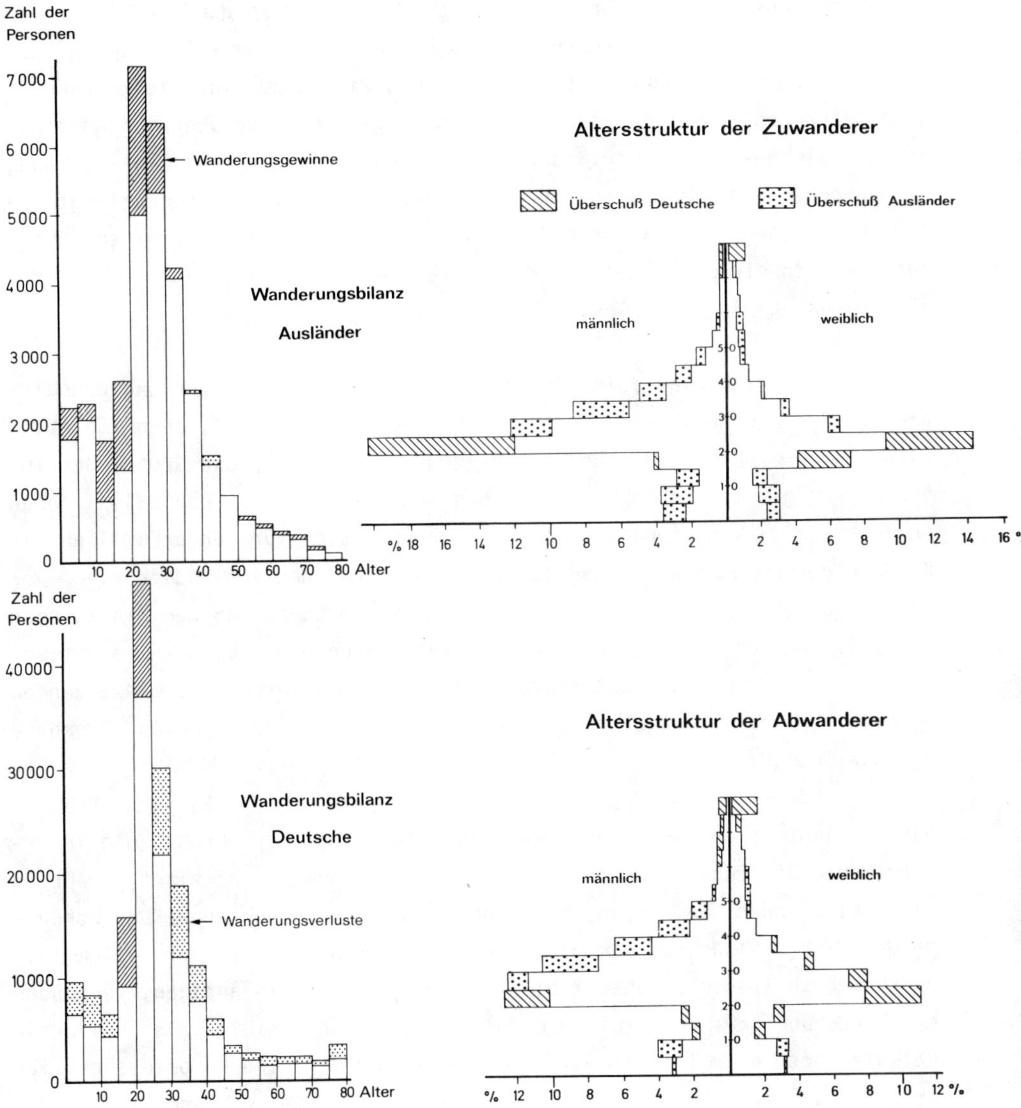

Zwischen Motivstrukturen und der demographischen Zusammensetzung der Zu- und Fortziehenden bestehen enge Beziehungen, da gewandelte Wünsche und Ansprüche an Wohnung und Wohnstandort sehr oft auf eine Veränderung im Familienlebenszyklus zurückzuführen sind. So werden die Großstädte vor allem von Familien mit Kindern verlassen, bei denen die Eltern im Mittel zwischen 30 und 45 Jahre alt sind. Im Vergleich dazu sind die Zuwanderer nicht nur durchschnittlich jünger, sondern gehören auch überwiegend kleineren, ein oder zwei Mitglieder umfassenden Haushalten an. Die Anpassung der Wohnung an die jeweiligen Veränderungen der Familiengröße gelingt allerdings einkommensstärkeren Haushalten weit besser als sozial schwachen Familien. Insofern stellen gerade die Wegzüge ins Umland auch eine sozialgruppenspezifische Auslese dar (Tab. 1).

Am Beispiel von Kiel spiegeln sich die verschiedenen Bewertungsgrundlagen der Zu- und Abwanderer deutlich in einer altersspezifischen Selektivität wider. Die deutsche Bevölkerung weist nur für die Gruppe der 15- bis 24jährigen eine starke Zuwanderung und - trotz einer ebenfalls hohen Abwanderung - Wanderungsgewinne auf, während sich für junge Familien mit Kindern durchweg Wanderungsverluste ergeben. Bei den Ausländern sind vor allem jüngere männliche Erwachsene überproportional an den Migrationen beteiligt, wobei sich für die 20- bis 29jährigen die höchsten positiven Salden errechnen. Bedingt durch den nach dem Anwerbestopp einsetzenden Nachzug von Familienangehörigen sind jedoch auch bei den unter 20jährigen die Zuzüge größer als die Fortzüge.

Daraus läßt sich schließen, daß Kiel wie auch andere Großstädte in erster Linie Bildungs- und Arbeitsplatzwanderer auf sich zieht, während die umliegenden Gemeinden überwiegend Zielgebiete von Wohn- und Wohnumfeldwanderern sind. Bei der deutschen Bevölkerung fällt vor allem die überdurchschnittlich hohe Mobilität der 15- bis 24jährigen, verbunden mit Wanderungsgewinnen, auf, die auf die Bedeutung Kiels als Universitätsstandort hinweist. Dagegen haben Familien mit Kindern offensichtlich große Schwierigkeiten, in der Stadt eine geeignete Wohnung zu finden oder sich ein eigenes Haus zu bauen, und wandern deshalb bevorzugt in das Umland ab. Bei den Ausländern sind derartige Bevölkerungsverlagerungen noch kaum ausgeprägt. Das dürfte nicht nur darauf zurückzuführen sein, daß nach wie vor viele Ausländer ohne ihre Familien in der Bundesrepublik leben (vgl. RUPP 1981), sondern auch mit ihrer im Durchschnitt schlechteren wirtschaftlichen Situation und den unsicheren Zukunftsaussichten zusammenhängen.

4.3 Zukünftige Bevölkerungsentwicklung der Großstädte

Der Wohnungsbedarf der Kernstädte wird trotz ihrer Bevölkerungsverluste zugunsten der umliegenden Gemeinden weiter zunehmen, da sich zeitlich parallel zum Suburbanisierungsprozeß grundlegende Wandlungen im Haushaltsbildungsverhalten vollzogen haben, die sich in einer schnellen Abnahme der durchschnittlichen Haushaltsgröße auswirken (vgl. Beitrag DROTH & DANGSCHAT). Betrug diese für die Bundesrepublik insgesamt 1961 noch 2,89 Personen, so verminderte sie sich zunächst langsam auf 2,74 Personen im Jahre 1970, um dann rasch auf nur noch 2,43 Personen im Jahre 1982 abzufallen. Die Gründe für diese Entwicklung sind im relativen Bedeutungszuwachs höherer Altersgruppen, in größeren Scheidungs- und geringeren Heiratsraten sowie in einer zunehmenden Auflösung des traditionellen Familienverbandes zu suchen (BUCHER 1981:837, SCHWARZ 1983). In den Großstädten macht sich die zuletzt genannte Einflußgröße besonders deutlich bemerkbar und drückt sich in einem steigenden Anteil von Einpersonenhaushalten aus. Dieser überschritt 1982 bereits die 40%-Schwelle und lag damit um 9% über dem Mittelwert für die Bundesrepublik von 31,3%. Dadurch nähert sich die durchschnittliche Haushaltsgröße hier einem Wert von nur noch 2 Personen (vgl. v. ROHR 1981). Die in jüngster Zeit viel diskutierte "neue Wohnungsnot" in den Großstädten erklärt sich wenigstens zum Teil aus dieser Entwicklung (vgl. dazu BUCHER 1982, SCHULTES 1983).

Auch in der Zukunft müssen die Städte bezüglich ihrer Wohnungsbaupolitik davon ausgehen, daß junge Ein- und Zweipersonenhaushalte zuziehen, um dort ihre Ausbildung zu beginnen bzw. ihren Beruf auszuüben. Dieser schon aus demographischen Gründen anhaltende Trend wird dazu führen, daß die Zahl der Haushalte - wenn sie sich nicht erhöht - doch langsamer als die Bevölkerung abnehmen wird. Die Nachfrage nach Wohnungen bestimmter Größe und Preislage bleibt somit in den Großstädten bestehen.

Auf der anderen Seite dürften die Städte weiterhin große Schwierigkeiten haben, möglichen Abwanderern ein ausreichendes Wohnungsangebot zur Verfügung zu stellen bzw. ihnen den Bau eines Eigenheimes zu ermöglichen. Das liegt vor allem an der Knappheit an Flächenreserven, den hohen Erschließungskosten sowie der größeren Konkurrenzsituation unterschiedlicher Nutzungsarten. Ob sich allerdings die Bevölkerungsverlagerungen in das Umland wie bisher fortsetzen werden - immerhin wünschen sich 70% der Bürger, in den eigenen vier Wänden zu leben - hängt sowohl von öffentlichen Förderungsmaßnahmen im Wohnungsneubau ab als auch von zukünftigen Entwicklungen der gesellschaftlich-wirtschaftlichen Rahmenbedingungen, wie Einkommens- oder Zinsveränderungen und technologischen Neuerungen. Gerade die neuen Technologien in der Telekommunikation werden in Zukunft einen größeren Einfluß auf die Stadtentwicklung erhalten (vgl. Beitrag HENCKEL & NOPPER). Denn war für die seit 1960 einsetzende Suburbanisierung die Massenmotorisierung eine notwendige Voraussetzung, da sie auf individueller Weise die Überwindung der Distanz zuließ und somit die Bindung des Wohnstandortes an die Stadt verringerte, wird die Einführung neuer Informationstechnologien einerseits eine gewisse funktionale Integration von Arbeiten und Wohnen mit sich bringen und damit einen Teil des Pendelverkehrs überflüssig machen, andererseits auch zu einer weiteren Dezentralisierung von Arbeits- und Wohnplätzen führen. Die Übermittlung von Informationen erfolgt bei geringem Energieaufwand über beliebige Entfernungen, so daß gerade bei Firmenneugründungen die räumliche Nähe als Notwendigkeit der Agglomerationsvorteile zunehmend entfällt. Dezentrale Lagevorteile in Gebieten mit hohem Freizeitwert für die Beschäftigten und guter Verkehrsanbindung werden bevorzugt sein (HENCKEL u.a. 1984:999). In den Vereinigten Staaten gibt es bereits eindeutige Belege für eine solche Entwicklung, die mit der These von der "Counterurbanization" zusammenfassend charakterisiert wurde. Ob sich in der Bundesrepublik ein ähnlicher Prozeß vollziehen wird, ist noch umstritten; denn bis Mitte der 70er Jahre hatten sich die traditionellen Grundmuster der Migrationen nur wenig verändert, und eine Verlagerung von Unternehmen aus den Metropolen konnte kaum beobachtet werden (vgl. KOCH 1980). Aber selbst wenn sich noch keine vollständige Umkehr der bisherigen Trends abzeichnet, so ist doch ein gewisser Abbau des lange Zeit so ausgeprägten Gegensatzes zwischen Verdichtungsräumen einerseits und ländlichen Regionen andererseits zu erwarten.

Die sich ändernden regionalen Kriterien der Standortwahl werden gleichzeitig durch großräumige ökonomische Unterschiede beeinflußt. Das bestehende wirtschaftliche Gefälle in der Bundesrepublik, das sich u.a. in der geringeren Arbeitslosigkeit im Süden dokumentiert, dürfte sich weiter intensivieren, da sich vor allem in den Großräumen um Stuttgart und München bereits eine vielfältige zukunfts- und wachstumsorientierte Industrie angesiedelt hat (GSCHWIND u.a. 1984:995). Die hier vorhandenen wirtschaftlichen Voraussetzungen werden auch Einwohner aus den Küstenländern und Nordrhein-Westfalen anziehen, und somit wird sich eine Entwicklung der 70er Jahre (vgl. Abschnitt 3.1) fortsetzen, die sich schon heute in einer durchschnittlich höheren Zuzugsrate der deutschen Bevölkerung in den im Süden gelegenen Großstädten äußert (vgl. Abschnitt 3.3).

Daraus läßt sich schließen, daß die Bevölkerungsentwicklung der Städte zukünftig in noch stärkerem Maße regional unterschiedlich verlaufen wird als bisher. Die Kernstädte "attraktiver Verdichtungsräume" werden weiterhin bevorzugte Wanderungsziele für junge Erwerbspersonen sein; gleichzeitig dürften sich jedoch die Abwanderungen in das Umland fortsetzen und zum Teil von der suburbanen auf die exurbane Zone übergreifen. Demgegenüber werden monostrukturierte Verdichtungsräume und insbesondere die Montanreviere auch in Zukunft keine oder nur geringe Wanderungsgewinne bei jungen Erwerbstätigen erzielen können. Zwar wird schon aus wirtschaftlichen Gründen der Fortzug ins Umland hier weniger deutlich in Erscheinung treten, aufgrund der Abwanderung älterer Jahrgangsgruppen ist aber trotzdem mit einem vergleichsweise starken Bevölkerungsrückgang zu rechnen.

Wenn sich auch die für eine Bevölkerungsverlagerung von den Kernstädten in die umliegenden Gemeinden maßgeblichen ökonomischen Faktoren, wie anhaltend hohe Zinsen, sinkende Realeinkommen und hohe Arbeitlosigkeit, regional sehr unterschiedlich auswirken, so deutet die leichte Abnahme der Wanderungsverluste bei der deutschen Bevölkerung, wie sie in den letzten Jahren beobachtet wurde (vgl. Abschnitt 2 und Abb. 2 sowie GATZWEILER & SCHLIEBE 1982), darauf hin, daß sich insgesamt gesehen der Suburbanisierungsprozeß in den 80er Jahren abschwächen wird. Diese Tendenz wird durch die für das Hamburger Umland vorliegenden Zahlenangaben bestätigt (Abb. 16; vgl. PIEPENBRINK & v. ROHR 1981). Auf die bis 1972-73 ansteigenden Wanderungsgewinne im Umland folgte um die Mitte der 70er Jahre ein wirtschaftlich bedingter Einbruch der Wohnungsbautätigkeit mit den daraus resultierenden geringeren Wanderungsverlusten. Anschließend setzte zwar eine gewisse Erholung ein, ohne daß aber die zuvor registrierten

Höchstwerte wieder erreicht wurden. Seit Ende der 70er Jahre ist ein erneuter Umschwung zu erkennen, so daß im Falle Hamburgs der jährliche Wanderungsverlust in bezug auf das Umland heute nur noch etwa halb so hoch ist wie ein Jahrzehnt zuvor. Auch die räumliche Ausweitung des Suburbanisierungsbereiches scheint gebremst: Während zu Beginn des Untersuchungszeitraumes die Abnahme der Wanderungsgewinne in der Entfernungszone zwischen 10 und 20 km noch durch entsprechende Zunahmen in den Zonen zwischen 20 und 30 km und auch zwischen 30 und 40 km aufgefangen wurde, wie die zeitlich verschobenen Maxima in den drei Entfernungsringen belegen, macht sich der seit Mitte der 70er Jahre festgestellte Anstieg in größerer Entfernung von der Kernstadt kaum bemerkbar. Trotzdem gehen auch hier die Wanderungsüberschüsse seit 1980 zurück.

Doch selbst wenn sich die Wanderungsverluste der Großstädte zunächst vermindern und eine größere Zahl von Städten sogar wieder Wanderungsgewinne erzielen sollte, der Bevölkerungsrückgang wird sich auch im folgenden Jahrzehnt fortsetzen, da beim natürlichen Wachstum der Deutschen keine kurzfristigen Änderungen zu erwarten sind und die bislang noch hohen Geburtenüberschüsse der Ausländer langsam abnehmen dürften. Die Ausländerquote wird allerdings allein aufgrund der bei Deutschen und Ausländern nach wie vor sehr verschiedenen natürlichen Bevölkerungsentwicklung weiter ansteigen und um die Jahrtausendwende im Mittel der Großstädte etwa 15% - 17,5% betragen (BUCHER u.a. 1983:1161).

Hartmut Esser

Ausländische Bevölkerung und großstädtische Entwicklungen

Die Entwicklung und Veränderung städtischer Strukturen ist immer schon mit Prozessen der Zu- und Abwanderung und der wechselseitigen Beziehung von sozial, ökonomisch und ethnisch unterschiedlichen Gruppen verbunden gewesen. Insofern stellt die seit nunmehr über 20 Jahren andauernde Anwesenheit großer Gruppen "ausländischer Arbeitnehmer" in den Städten der Bundesrepublik weder ein historisch völlig neuartiges Phänomen dar, noch befände sich damit die Soziologie der Stadt vor einer bislang unbehandelten Fragestellung. Man kann geradezu Teile der Stadtsoziologie - vor allem diejenigen, die sich mit der sozialräumlichen Differenzierung von Städten und dem Phänomen von Nachbarschaft und "Milieu" befassen - und die Soziologie ethnischer Beziehungen - einschließlich des Verhältnisses von räumlicher und sozialer Distanz - als deckungsgleich ansehen. Daß dies bislang für die Bundesrepublik gelegentlich anders geschienen haben mag, lag weniger an einer hierzulande atypischen Situation als daran, daß als Nachwirkung des 1. und 2. Weltkrieges die ethnische Pluralisierung der Stadtbevölkerung und die "Konkurrenz" verschiedener Gruppen im Wohnbereich anders als in den meisten anderen Ländern Nord-West-Europas erst seit etwa 1960 einen nennenswerten Umfang annahm und daher die sozialräumliche Differenzierung sich - wenigstens nicht sichtbar - nicht auf irgendwelche besonderen ethnischen oder "rassischen" Merkmale bezog.

Dies ist mit der Anwesenheit von derzeit etwa 4,6 Mio. ausländischen Personen vor allem aus dem Mittelmeeraum seit nunmehr über 20 Jahren anders geworden. "Ghettoisierung" und "Ausländerfeindlichkeit", "multikulturelle Gesellschaft" und die "Marginalität der Zweiten Generation" sind Schlagworte der Gegenwart, in denen sich die Wiederholung aller jener Prozesse spiegelt, wie sie aus den klassischen Einwanderungsländern (vor allem aus den Vereinigten Staaten der 20er und 30er Jahre), aber auch aus der jüngeren Vergangenheit in Europa nach dem 2. Weltkrieg (vor allem in Frankreich, Großbritannien und den Niederlanden) längst bekannt sind.

Der folgende Beitrag beabsichtigt zuallererst eine Dokumentation der stattgefundenen Entwicklungen. Hierbei soll zunächst die allgemeine Entwicklung der Ausländerbeschäftigung in der Bundesrepublik in ihren wichtigsten Daten nachgezeichnet werden (Abschnitt 1). In diesem Zusammenhang soll vor allem auch die - nahezu unbemerkt vollzogene - innere Umstrukturierung der Ausländerbevölkerung und die Verstetigung und Normalisierung des Aufenthaltes belegt werden. Dann wird auf die - sehr unterschiedliche - regionale Verteilung der Ausländer eingegangen und die Entwicklung in den wichtigsten Großstädten der Bundesrepublik aufgezeigt (Abschnitt 2). Es soll dann (am Beispiel der Stadt Duisburg) die vielerorts beobachtete Entstehung von ethnischen Konzentrationen in bestimmten städtischen Quartieren belegt und die gegenwärtige Bedeutung der demographischen Entwicklung bei der ausländischen Bevölkerung (Zu-/Abwanderung; Geburten und Sterbefälle) für die gesamte demographische Struktur der Großstädte (hier: am Beispiel der Stadt Stuttgart) aufgezeigt werden (Abschnitt 3). Die Auswahl der Städte erfolgte einerseits nach dem Gesichtspunkt, daß in allen größeren Städten der Bundesrepublik die Grundtendenzen und Grundstrukturen ähnlich sind. Zweitens stellen Stuttgart und Duisburg aus jeweils unterschiedlichen Gründen besonders deutliche Ausprägungen der besprochenen Entwicklungen dar, ohne daß sie deshalb atypisch für die andere Situation wären. In einem abschließenden 4. Abschnitt sei dann noch in mehr analytischer Weise auf die Frage der Ursachen und Folgen ethnischer Konzentrationen in den Großstädten der Bundesrepublik und möglicher zukünftiger Perspektiven eingegangen.

1. DIE ALLGEMEINE ENTWICKLUNG DER AUSLÄNDERBESCHÄFTIGUNG IN DER BUNDESREPUBLIK ZWISCHEN 1961 UND 1983

Die gegenwärtige Situation und die zukünftig zu erwartenden Entwicklungen sind kaum angemessen zu beurteilen, wenn man nicht ihre besonderen Entstehungsumstände und vor allem den - zunächst nicht geplanten und auch kaum vorhersehbaren - Verlauf der Ausländerbeschäftigung insgesamt beachtet. Dabei wird für die Beurteilung der gegenwärtigen Situation vor allem in den Großstädten insbesondere die seit 1973 begonnene demographische Umstrukturierung und die - auch gegen alle in eine andere Richtung zielende "Ausländerpolitik" - erfolgte Umorientierung bei der ausländischen Bevölkerung bedeutsam: Die Ausländer in den Städten der Bundesrepublik sind immer weniger durch den Begriff "Gastarbeiter" kennzeichenbar als immer mehr durch das Konzept der "ethnischen Minderheit" als Dauermerkmal der bundesdeutschen Sozialstruktur.

1.1 Anwerbung, Verlauf, Rahmenbedingungen der Ausländerbeschäftigung in der Bundesrepublik bis 1973

Die Entwicklung der Ausländerbeschäftigung nach 1945 muß in verschiedene einzelne Phasen unterteilt werden. Die erste Phase erstreckt sich von 1945 bis etwa 1955. In diese Zeit fällt vor allem die Eingliederung von insgesamt knapp 9 Mio. Vertriebenen aus den ehemaligen Ostgebieten und von etwa 3 Mio. Flüchtlingen aus der DDR. Die Eingliederung der Vertriebenen und Flüchtlinge hatte primär die Wirkung, daß nach Abbau der anfänglichen Massenarbeitslosigkeit zu Beginn der 50er Jahre die Arbeitskräfteknappheit nicht so groß wurde, daß ausländische Arbeitnehmer hätten rekrutiert werden müssen. Da die Flüchtlinge und Vertriebenen zu einem hohen Anteil Arbeiter bzw. Landarbeiter waren, konnten sie gerade in den Bereichen eingesetzt werden, die ansonsten die traditionellen Ausländerbranchen waren. Dadurch ergab sich ein zeitliches Moratorium zwischen der Fremdarbeiterbeschäftigung im 2. Weltkrieg und der späteren Anwerbung von "Gastarbeitern".

Dieses geschah in einer Zeit, in der noch niemand an eine weitere Ausländerbeschäftigung dachte. Das Jahr 1955 markierte insofern einen gewissen Einschnitt, als sich in diesem Jahr das deutsche Arbeitskräftereservoir in einzelnen Bereichen zu erschöpfen begann. Es wurden bereits die ersten Anwerbeabkommen, zum Beispiel 1955 mit Italien, abgeschlossen. Diese Phase von 1955 bis 1961 ist gekennzeichnet durch Vollbeschäftigung im Verlaufe des sog. Wirtschaftswunders und durch erste nennenswerte Engpässe auf dem Arbeitsmarkt. Diese wurden jedoch durch den weiter anhaltenden Zustrom von Flüchtlingen aus der DDR einstweilen noch nicht offenkundig. Ende Juli 1960 befanden sich etwa 280.000 ausländische Arbeitnehmer in der Bundesrepublik, wovon 45% allein aus Italien stammten. Inzwischen waren auch Anwerbeabkommen mit Spanien (1960), Griechenland (1960) und der Türkei (1961) abgeschlossen worden.

Mit der Grenzsperrung durch die DDR am 13. August 1961 versiegte der Zustrom der DDR-Flüchtlinge. Zu diesem Zeitpunkt beginnt die "unkontrollierte Expansion" in der Ausländerbeschäftigung, die im Grunde erst mit dem Anwerbestop vom 22. November 1973 endete. Hier wird aber als 3. Phase der Entwicklung der Ausländerbeschäftigung nach 1945 zunächst die erste größere Nachkriegs-Rezession von 1966/1967 unterschieden. In dieser Zeit stieg die Zahl der ausländischen Arbeitnehmer kontinuierlich bis auf 1,3 Mio., die Gesamtzahl der Ausländer auf etwa 2,2 Mio. an. Weitere Anwerbeabkommen bzw. vertragliche Regelungen wurden mit Entsendeländern abgeschlossen: Mit Portugal (1964), mit Tunesien (1965) und mit Marokko (1963 bzw. 1966).

Es muß beachtet werden, daß in dieser Expansionsphase alle Beteiligten davon ausgingen, daß die einsetzende Arbeitsmigration ein vorübergehendes Phänomen sei. Diese Orientierung änderte sich im Prinzip auch nicht mit der Rezession von 1966/1967. Das zeigt sich vor allem daran, daß innerhalb eines Jahres mit dem Rückgang der Beschäftigungsmöglichkeiten die Anzahl der ausländischen Arbeitnehmer in der Bundesrepublik um rd. 400.000 abnahm (vgl. Tab. 1). Die Funktion der Ausländer als "Konjunkturpuffer" hatte sich voll bewährt.

Mit der Überwindung der Rezession im Jahre 1967 nimmt die Zahl der ausländischen Arbeitnehmer dann aber wieder stetig zu und erreichte mit dem Ende dieser 4. Phase im Jahre 1973 die Zahl von 2,6 Mio. Die Gesamtzahl der Ausländer betrug Ende 1973 knapp 4 Mio. Wichtig ist in diesem Zusammenhang, daß der Anteil der erwerbstätigen Ausländer in dieser Phase mit etwa 66% über die Jahre nahezu konstant geblieben war und damit deutlich über dem entsprechenden Anteil bei der deutschen Wohnbevölkerung lag. In der Zusammensetzung der einzelnen Nationalitäten machte sich gegen Ende 1973 ebenfalls eine gewisse Umstrukturierung bemerkbar: Waren es zunächst überwiegend italienische "Gastarbeiter", so ist zu beobachten, daß deren Anteil seit 1961 von 29% kontinuierlich auf knapp 16% gesunken ist. Stattdessen steigt der Anteil der jugoslawischen Arbeitnehmer von ursprünglich 2% auf nunmehr 17% und der der türkischen ausländischen Arbeitnehmer von ursprünglich 1% auf nunmehr 22,5%. Schon damals ist allerdings mit knapp 68% der Anteil der Erwerbstätigen bei den Türken verglichen mit den Jugoslawen (mit knapp 80%) relativ gering. Diese Tendenzen und Entwicklungen werden für die Folgezeit noch von einiger Bedeutung sein.

Tabelle 1: Allgemeine Entwicklung der Ausländerbeschäftigung (insgesamt und für ausgewählte Natioalitäten)

	Ausländer insgesamt				Türken			
			Erwerbstätige				Erwerbstätige	
Jahr	i.T.	%	(i.T.)	%	i.T.	% (Ausl.)	i.T.	% (Tü.)
1961	686	2,7	549	80,0	7	1,0	-	-
1966	-	6,2	1.313	-	-	-	161	-
1967	1.807	4,6	991	54,8	205	11,3	131	63,9
1970	2.976	9,1	1.949	65,5	469	15,8	354	75,5
1973	3.966	11,9	2.595	65,4	894	22,5	605	67,7
1974	4.127	10,9	2.287	55,4	1.028	24,9	607	59,1
1975	4.089	10,1	2.039	49,9	1.077	26,3	543	50,4
1976	3.948	9,5	1.921	48,7	1.079	27,3	521	48,3
1977	3.948	9,3	1.887	47,8	1.118	28,3	518	46,3
1978	3.981	9,1	1.869	47,2	1.165	29,3	515	44,2
1979	4.143	9,3	1.934	46,7	1.268	30,6	540	42,6
1980	4.453	9,5	2.070	46,5	1.462	32,8	592	40,5
1981	4.630	9,1	1.917	41,4	1.546	33,4	584	37,8
1982	4.667	-	1.808	38,7	1.581	33,9	565	35,7
1983	4.535	-	-	-	1.552	34,2	-	-

	Italiener				Jugoslawen			
			Erwerbstätige				Erwerbstätige	
Jahr	i.T.	% (Ausl.)	i.T.	% (It.)	i.T.	% (Ausl.)	i.T.	% (Jug.)
1961	197	28,7	-	-	16	2,3	-	-
1966	-	-	399	-	-	-	97	-
1967	413	22,9	267	64,7	141	7,8	96	68,1
1970	574	19,3	382	66,6	515	17,3	423	82,1
1973	622	15,7	450	72,3	673	17,0	535	79,5
1974	630	15,3	332	52,7	708	17,2	468	66,1
1975	601	14,7	292	48,6	678	16,6	416	61,4
1976	568	14,4	279	49,1	640	16,2	387	60,5
1977	571	14,5	281	49,2	630	16,0	377	59,8
1978	573	14,4	289	50,4	610	15,3	370	60,7
1979	594	14,3	300	50,5	621	15,0	367	59,1
1980	618	13,9	309	50,0	632	14,2	357	56,5
1981	625	13,5	285	45,6	637	13,8	336	52,8
1982	602	12,9	261	43,4	632	13,5	320	50,6
1983	565	12,5	-	-	613	13,5	-	-

Quellen: Amtliche Nachrichten der Bundesanstalt f. Arbeit, Nürnberg 1983, S. 16
Stat. Bundesamt, Fachserie A: Bevölkerung und Kultur, versch. Jg.;
Der Beauftragte der Bundesreg. f. Ausländerfragen, Bericht zur Ausländerpolitik, 1984

1.2 Die Umstrukturierung der ausländischen Bevölkerung nach dem Anwerbestop von 1973

Die Erwartungen an die Verhängung des Anwerbestops waren, daß - ähnlich wie bei der Rezession 1966/67 - hierdurch die Verringerung der Anzahl der ausländischen Arbeitnehmer verstärkt würde. In der Tat läßt sich dann auch für die kommenden Jahre bis etwa 1977 feststellen, daß vom Höchststand der Ausländerbeschäftigung (mit 2,6 Mio. erwerbstätigen Ausländern im Jahre 1973) die Anzahl der erwerbstätigen Ausländer auf knapp 1,9 Mio. im Jahre 1977 absinkt. Danach läßt sich eine gewisse Konstanz bzw. sogar zeitweise ein leichter Zuwachs erkennen. Allerdings wird man den stattfindenden Entwicklungen nicht gerecht, wenn man lediglich die Erwerbstätigenzahlen betrachtet. Nach 1973 nimmt die Gesamtzahl der Ausländer in der Bundesrepublik nur unwesentlich (von 4,1 Mio. auf 3,9 Mio.) ab und steigt seit 1979 kontinuierlich bis zum Jahre 1982 auf knapp 4,7 Mio. an. Sie sinkt seitdem leicht auf nun 4,5 Mio..

Hinter diesen Brutto-Zahlen verbirgt sich allerdings ein dramatischer Umstrukturierungsprozeß in der nationalen und demographischen Zusammensetzung der ausländischen Bevölkerung. Dies bezieht sich vor allem auf drei Aspekte: den Erwerbstätigenanteil, die nationale Zusammensetzung und den Anteil der Jugendlichen und Kinder.

Nach 1973 nimmt der Anteil der Erwerbstätigen bei den Ausländern schlagartig um 10% (von 65,4 auf 55,4%) ab und sinkt seitdem kontinuierlich bis auf 38,7% im Jahre 1982. Diese Entwicklung ist insofern besonders bemerkenswert, als bis zum Jahre 1973 der Erwerbstätigenanteil nahezu konstant geblieben war. Wenn man die Bewegung der Erwerbstätigenanteile nach Nationalitäten unterscheidet, wird eine weitere, für die aktuelle Situation bedeutsame Entwicklung sichtbar: Der Erwerbstätigenanteil verringert sich bei der türkischen Bevölkerung überproportional und liegt im Jahre 1982 mit 35,7% sogar weit unter dem entsprechenden Anteil bei der deutschen Bevölkerung. Bei den beiden anderen wichtigen Gruppen - den Italienern und Jugoslawen - läßt sich dagegen erkennen, daß hier der Erwerbstätigenanteil ebenfalls deutlich abgesunken ist, jedoch nicht in dem Ausmaße wie bei der türkischen Bevölkerung. Insbesondere bei den Jugoslawen bleibt der Erwerbstätigenanteil mit über 50% deutlich über dem Durchschnitt der deutschen und ausländischen Bevölkerung. Daß in der Öffentlichkeit - nicht ganz zu Unrecht - in diesen Jahren das sog. "Ausländerproblem" immer mehr mit einem "Türkenproblem" identifiziert wurde, liegt neben der genannten Entwicklung auch daran, daß der Anteil der türkischen Bevölkerung an allen Ausländern seit 1973 weiter kontinuierlich gewachsen ist: von knapp 25% im Jahre 1974 (an allen Ausländern) auf 34,2% im Jahre 1983. Gleichzeitig sinken die Anteile aller anderen Nationalitäten - wenngleich im wesentlichen nur unbedeutend. Im Jahre 1983 leben insgesamt 1,5 Mio. Türken in der Bundesrepublik, von denen etwa 550.000 erwerbstätig sind.

Die "Ursachen" für diese Entwicklung liegen im wesentlichen in drei Faktoren begründet: Einerseits verstärkt sich nach dem Anwerbestop die Familienzusammenführung, da anders als bei der Rezession 1966/1967 die individuelle ausländische Familie nicht mehr von einer erneuten Einwanderung in die Bundesrepublik ausgehen konnte. Zweitens ist - wie üblicherweise in ähnlich gelagerten Fällen - die Fertilität der ausländischen Familien deutlich höher als die der deutschen Familien, so daß der Anteil der Lebendgeborenen bei den ausländischen Familien und damit der Anteil der Kinder und Jugendlichen bei den ausländischen Familien überproportional hoch ist. In neuerer Zeit tritt - insbesondere bei der türkischen Bevölkerung - als zusätzlicher Faktor für das Absinken des Erwerbstätigenanteils eine überproportional hohe Arbeitslosigkeit hinzu. Wegen ihrer Bedeutung für die Beurteilung der Entwicklungen in den Großstädten seien zu diesen Punkten noch einige Erläuterungen angefügt.

Die Fertilität der ausländischen Familien zeigt im Zeitverlauf ein aus der Wanderungssoziologie nur zu gut bekanntes Muster.* Sie liegt mit einer Quote von 142 (Geborene auf 1.000 Frauen im Alter von 15 bis unter 45 Jahren pro Jahr) im Jahre 1976 weit über der entsprechenden Quote bei der deutschen Bevölkerung (33,1). Hierbei nehmen die Türken (mit 195,8) eine ganz besonders extreme Position ein, während die übrigen Gruppen aus dem Mittelmeerraum um etwa 100 liegen. Bemerkenswert ist nun, daß von 1976 bis 1983 sich diese Quoten dramatisch verändern. Während sich bei der deutschen Bevölkerung nahezu eine Konstanz beobachten läßt, verringert sich die Fertilität bei der ausländischen Bevölkerung auf nun-

----

* Da nationalitätsspezifische Daten nur für einzelne Städte vorlagen, wurden hier die entsprechenden Ziffern für Duisburg ausgewählt. Die aufgezeigten Tendenzen sind verallgemeinbar.

mehr 64,8. Dadurch sinkt die Fertilitätsrate für die Bevölkerung der Bundesrepublik insgesamt (Deutsche und Ausländer) von 44,5 im Jahre 1976 auf 40,3 im Jahre 1983. Der Rückgang der Fertilität ist besonders bei der türkischen Bevölkerung ausgeprägt: Von den ursprünglich 195,8 sinkt diese Quote auf 78,1 im Jahre 1983. Sie ist damit zwar noch deutlich höher als bei den übrigen ausländischen Gruppen, liegt aber unter den Fertilitätsraten der übrigen Einwanderungsgruppen aus dem Mittelmeerraum im Jahre 1976 (vgl. Tab. 2).

Tabelle 2: Fertilitätsraten bei Deutschen und Ausländern (in Duisburg) (Geborene auf 1.000 Frauen im Alter von 15 bis unter 45 Jahren)

Jahr	Deutsche	Ausländer (gesamt)	Türken	Italiener	Jugoslawen
1975	33,1	142,6	145,8	94,3	108,9
1976	34,3	130,5	188,1	53,3	77,8
1977	33,1	119,9	165,6	63,2	86,4
1978	36,6	112,5	149,5	65,7	89,9
1980	38,2	109,3	141,2	70,5	83,1
1981	37,5	103,3	130,0	57,2	79,9
1982	37,8	80,7	98,0	46,2	60,7
1983	36,3	64,9	78,1	49,0	44,7

Quelle: Statistisches Amt der Stadt Duisburg

Unter anderem als Folge der relativ hohen Fertilitätsraten der ausländischen Bevölkerung und des Nachzugs der Familienangehörigen einschließlich der Kinder steigt zwischen 1973 und 1983 (bzw. 1980; vgl. die entsprechenden Aufstellungen in Tab. 3) der Anteil der ausländischen Kinder und Jugendlichen unter 15 Jahren in der Bundesrepublik.

Ein weiterer wichtiger Indikator für die Veränderung der Gesamtsituation ist die Entwicklung der Aufenthaltsdauer. War man ursprünglich im Konzept der "Gastarbeit" davon ausgegangen, daß die ausländischen Arbeitnehmer nach einer gewissen Zeit freiwillig wieder in ihre Heimat zurückkehrten, verstärkte sich mit dem Anwerbestop die Tendenz, daß nennenswerte Teile der ausländischen Bevölkerung dauerhaft in der Bundesrepublik

Tabelle 3: Altersstruktur der ausländischen Bevölkerung

Jahr	Ausländer insgesamt: bis unter 15 J. in T.	% (Ausl.)	45 J. und mehr in T.	% (Ausl.)	Türken: bis unter 15 J. in T.	% (Tü.)	45 J. und mehr in T.	% (Tü.)
			**)498,5	19,2			41,3**	9,6
1970	448,6	17,3	*)186,2	7,2	58,9	13,7	6,3*	1,5
1973	603,9	15,2	446,6	11,3	158,5	17,7	34,4	3,8
1975	809,3	21,1	472,4	12,3	277,7	25,8	46,5	4,3
1980	1059,0	23,8	680,3	15,3	490,2	33,5	120,4	8,2
1983	1065,8	23,5	822,7	18,1				

Jahr	Italiener: bis unter 15 J. in T.	% (It.)	45 J. und mehr in T.	% (It.)	Jugoslawen: bis unter 15 J. in T.	% (Jug.)	45 J. und mehr in T.	% (Jug.)
			**)105,4	20,0			**)61,4	15,0
1970	107,6	20,4	*) 36,8	7,0	28,3	6,9	*)14,7	3,6
1973	116,0	18,7	86,4	13,9	62,2	9,2	55,4	8,2
1975	131,4	21,9	83,4	13,9	93,9	13,9	58,5	8,6
1980	135,5	21,9	100,4	16,2	134,1	21,2	98,0	15,5

*) 50 J. u. mehr
**) 40 J. u. mehr
nur 40-50, 50-60, 60-65, 65 klassifiziert

Quellen: DJI-Materialien, S. 191 für 1973 und 1980
Stat. Jb der BRD 1976, S. 65 für 1975
Stat. Bundesamt, Fachserie A Bev. u. Kultur, Volkszählung vom 27.5.70, H.23 Ausländer
Der Beauftragte der Bundesregierung für Ausländerfragen
Bericht zur Ausländerpolitik 1984

verblieben. Infolgedessen stieg seit 1973 die durchschnittliche Aufenthaltsdauer der Ausländer beträchtlich an. Der Anteil derjenigen, die sich bereits 10 und mehr Jahre in der Bundesrepublik aufhielten, betrug insgesamt im Jahre 1973 16,2% und stieg bis 1983 auf einen Prozentsatz von 54,1% an. Wegen der relativ späten Einwanderung ist dieser Anteil (über 10 Jahre und mehr in der Bundesrepublik) bei den Türken relativ gering und bei den Italienern und Jugoslawen relativ hoch. Er beträgt im Jahre 1980 23,8% bei den Türken und 47,3% bei den Italienern bzw. den Jugoslawen (vgl. Tab. 4).

Könnte man die bis jetzt betrachteten Entwicklungen noch unter der Rubrik "Verstetigung" und "Normalisierung" betrachten, so muß gerade in der aktuellen Situation eine weitere Entwicklung beachtet werden: Der Anteil der Arbeitslosen bei den Ausländern steigt mit dem Anwerbestop von 1973 überproportional zur Arbeitslosenquote bei der deutschen Bevölkerung. Während bis zum Jahre 1973 die Arbeitslosigkeit bei den Ausländern (mit 0,8 im Jahre 1973) immer unter der Quote bei den Deutschen (mit z.B. 1,2 im Jahre 1973) gelegen hatte, steigt mit der Rezession 1973/1974 der Anteil der Ausländerarbeitslosigkeit über den der Deutschen. Er erreicht 1975 mit 6,8 einen ersten Höchststand, um dann bis 1980 wieder leicht abzusinken. Ab 1980 steigt die Arbeitslosigkeit bei Ausländern (und bei Deutschen) stetig an. Während jedoch bei den Deutschen die Arbeitslosenquote von 5,5 im Jahre 1981 auf 9,5 (Dez. 1983) ansteigt, bewegte sie sich bei den Ausländern von 8,2 im Jahre 1981 auf 14,9 (im Dez. 1983). Auch hier sind wieder sehr erhebliche Nationalitätenunterschiede zu beachten. Die Arbeitslosigkeit ist traditionellerweise bei der jugoslawischen Bevölkerung relativ gering (11,9% im Dez. 1983), während sie bei der türkischen Bevölkerung bereits dramatische Ausmaße angenommen hat (18% im Dez. 1983).

Wenn man die stattgefundenen Entwicklungen zusammenfaßt, dann ist auf drei Dinge hinzuweisen: Erstens muß davon ausgegangen werden, daß - anders als es die Politik z.B. des Anwerbestops beabsichtigt hatte - nunmehr eine <u>Verstetigung</u> des Aufenthaltes nennenswerter Teile der ausländischen Bevölkerung eingetreten ist. Zweitens hat sich eine innere <u>Umstrukturierung</u> der ausländischen Bevölkerung eingestellt, bei der zunehmend eine "Normalisierung" vorzufinden ist in dem Sinne, daß nunmehr nicht nur Arbeitskräfte, sondern ganze Familien mit allen ihren (legiti-

Tabelle 4: Aufenthaltsdauer der ausländischen Bevölkerung

	Ausländer insgesamt						Türken					
Jahr	unter 1	1 - 4	4 - 6	6 - 8	8 - 10	10 u. mehr	unter 1	1 - 4	4 - 6	6 - 8	8 - 10	10 u. mehr
1973 i.T.	473	1.549	713	246	253	624	165	432	157	45	57	37
%	12,2	40,1	18,5	6,4	6,6	16,2	18,4	48,4	17,6	5,1	6,4	4,2
1975 i.T.	222	1.158	894	577	213	782	82	432	267	139	40	84
%	5,8	30,1	23,2	15,0	5,5	20,3	7,9	41,4	25,6	13,3	3,8	8,0
1980 i.T.	363	757	384	619	647	1.683	144	292	163	276	239	348
%	8,1	17,0	8,6	13,9	14,5	37,8	9,8	20,0	11,2	18,9	16,3	23,8
1983 i.T.	148	736	439	346	413	2.454						
%	3,3	16,2	9,7	7,6	9,1	54,1						

	Italiener						Jugoslawen					
Jahr	unter 1	1 - 4	4 - 6	6 - 8	8 - 10	10 u. mehr	unter 1	1 - 4	4 - 6	6 - 8	8 - 10	10 u. mehr
1973 i.T.	62	203	132	52	50	123	76	329	173	37	17	41
%	10,0	32,6	21,2	8,4	8,1	19,8	11,3	48,9	25,6	5,5	2,6	6,1
1975 i.T.	24	138	109	103	46	153	24	174	207	136	30	49
%	4,2	24,1	19,0	18,0	8,0	26,7	3,9	28,1	33,4	21,9	4,8	7,9
1980 i.T.	41	105	42	64	74	292	21	65	43	94	117	292
%	6,6	16,9	6,8	10,4	12,0	47,3	3,4	10,3	6,8	14,9	18,5	46,1

Quelle: Für 1973 und 1980 DJI-Materialien, S. 189
Stat. Jb. der BRD, 1976 (für 1975), S. 65
Der Beauftragte der Bundesregierung für Ausländerfragen, Bericht zur Ausländerpolitik 1984

men) Ansprüchen an die soziale Infrastruktur der Bundesrepublik anwesend sind. Dieses hat nicht zuletzt dazu geführt, daß nach 1973 die "Sichtbarkeit" der Ausländer in der Bundesrepublik deutlich zugenommen hat, obgleich ihre absolute Anzahl sich kaum erhöht hatte. Insbesondere tritt nach 1973 die ausländische Bevölkerung als Konkurrent bestimmter Teile der deutschen Bevölkerung auf dem städtischen Wohnungsmarkt auf und dies zumal deshalb, weil gemäß den ausländerrechtlichen Bestimmungen jeder Familiennachzug mit dem Nachweis einer "angemessenen" Wohnung verbunden ist. Drittens machen sich dann schließlich - und dies neuerdings immer mehr - gewisse zuvor völlig unbedeutende Problemlagen bemerkbar: Mit der steigenden wirtschaftlichen Notlage vieler ausländischer Familien verbinden sich die mit jeder Migration verbundenen sozialen und psychischen Problemlagen nunmehr auch mit ökonomischen Schwierigkeiten, so daß die Möglichkeit eines erfolgreichen Konkurrierens der ausländischen Bevölkerung auf den verschiedenen Märkten immer weiter geschmälert wird. Verschärft wird alles dieses dadurch, daß sich die angesprochenen Besonderheiten und Problemlagen - historisch eher zufällig - auf eine Ausländergruppe konzentrieren: auf die türkische Bevölkerung.

2. REGIONALE VERTEILUNG UND GROSSSTÄDTISCHE ENTWICKLUNG

In der bisherigen Darstellung war lediglich über die allgemeine Entwicklung der Ausländerbeschäftigung insgesamt berichtet worden. Eine solche globale Betrachtung wird allerdings dem Problem nicht gerecht, und dies insbesondere hinsichtlich der Situation und Problemlagen in den Städten der Bundesrepublik. Zunächst ist festzuhalten, daß die Ausländerbeschäftigung - und später auch der Familiennachzug - sich nicht gleichmäßig, sondern in einer Art dreifacher Konzentration vollzogen hat. Diese Konzentration erfolgte einerseits hinsichtlich der Regionen, innerhalb derer sich Industrieagglomerationen befinden. Zweitens erfolgte die Konzentration innerhalb dieser regionalen Schwerpunkte auf die Großstädte und dort insbesondere auf solche Großstädte, in denen die "ausländerspezifischen" Branchen (vor allem Metallverarbeitung, Maschinenbau, Textilindustrie, Bauindustrie und Dienstleistungsbereich) besonders stark vertreten sind. Und drittens ergab sich dann innerhalb der städtischen Ansiedlungen eine Konzentration auf einige ganz bestimmte Viertel und Stadtteile, vor allem auf solche Stadtteile, in denen für die ausländischen

Familien überhaupt Wohnangebote vorhanden waren: Sanierungsgebiete und Gebiete mit hohen Umweltbelastungen, aus denen sich entweder die deutsche Bevölkerung zurückgezogen hatte oder in die die entsprechenden Industriebetriebe gezielte Ansiedlungen vornehmen konnten. Die regionale Verteilung und die großstädtische Entwicklung insgesamt wird im folgenden, die Entwicklung innerhalb der Großstädte dann in Kapitel 3 gesondert abgehandelt.

2.1 Regionale Verteilung

Bei der Ausländerbeschäftigung lassen sich hinsichtlich der regionalen Verteilung drei Schwerpunkte feststellen: einerseits bildet Baden-Württemberg (traditionellerweise) einen Hauptschwerpunkt der Ausländerbeschäftigung (vgl. Tab. 5). Dort waren bereits im Jahre 1961, als sonst nahezu nirgendwo ausländische Arbeitnehmer beschäftigt waren, bereits 2,2% der Bevölkerung Ausländer. Der zweite Schwerpunkt ist Nordrhein-Westfalen, wo im Jahre 1961 immerhin auch bereits 1,3% der Bevölkerung Ausländer waren (darunter allerdings schwerpunktmäßig Niederländer und Belgier). Schließlich ist als dritter Schwerpunkt der Ausländerbeschäftigung Berlin zu nennen, das sich allerdings im Jahre 1961 mit lediglich 0,6% Ausländern völlig anders darstellt als die anderen beiden Regionen.

Tabelle 5: Regionale Entwicklung der ausländischen Bevölkerung (in % der Gesamtbevölkerung und Anteilen von Türken und Jugoslawen an der ausländischen Bevölkerung)

	Berlin			Nordrhein-Westfalen			Ruhrgebiet			Baden-Württemberg			Schleswig-Holstein		
	%	T	J	%	T	J	%	T	J	%	T	J	%	T	J
1961	0,6	-	-	1,3	0,6	3,0	-	-	-	2,2	-	-	0,5	-	-
1965	1,8	-	-	-	-	-	-	-	-	-	-	-	-	-	-
1967	2,2	12,7	3,4	3,1	9,9	6,1	-	-	-	4,8	9,1	12,3	1,2	12,7	3,4
1970	5,6	29,7	21,9	4,9	16,4	12,7	-	-	-	8,1	13,2	23,5	1,8	22,4	10,7
1973	7,0	40,7	18,9	6,6	24,4	12,9	-	-	-	9,7	19,3	24,0	2,8	31,3	10,3
1974	8,0	44,0	17,1	7,0	26,9	12,6	-	-	-	9,9	20,6	23,5	2,9	34,6	9,3
1975	8,7	44,4	16,2	7,1	29,2	12,3	6,7*	43,1	12,6	9,6	21,4	23,2	3,0	36,7	8,9
1978	9,5	43,3	14,4	7,2	33,9	11,6	6,9	46,2	12,1	9,0	24,1	22,7	2,9	39,3	7,6
1980	11,1	44,2	13,2	8,1	37,4	10,5	8,0	49,6	11,3	9,9	27,8	20,5	3,3	41,6	6,6
1981	12,4	43,7	12,4	8,4	38,0	10,2	8,4	50,0	11,0	10,1	28,3	20,1	3,6	41,5	6,2

*)für 1976

Quelle: DJI-Materialien, S. 187/8;
Stat. Jb. der BRD, versch. Jg.

Wenn man den Endpunkt der Entwicklung (im Jahre 1981) betrachtet, dann erkennt man, daß Berlin mit inzwischen 12,4% ausländischer Bevölkerung die höchste Ausländerkonzentration zu verzeichnen hat, Baden-Württemberg ist mit 10,1% immer noch überdurchschnittlich, während Nordrhein-Westfalen insgesamt und innerhalb von Nordrhein-Westfalen das Ruhrgebiet mit 8,4% eher eine durchschnittliche Position einnehmen. In der Entwicklung läßt sich für Nordrhein-Westfalen und Baden-Württemberg gleichermaßen feststellen, daß die Zunahme der Ausländerbeschäftigung parallel zur wirtschaftlichen Entwicklung verlief. Nach 1973 (dem Anwerbestop) nimmt der Anteil der ausländischen Bevölkerung in diesen beiden Regionen nur noch unwesentlich zu. Allerdings verschiebt sich hier - wie überall - die Nationalitätenzusammensetzung: Sind im Jahre 1967 in beiden Regionen ca. 9% der Ausländer Türken, so steigt dieser Anteil im Jahre 1981 auf 38% in NRW, jedoch nur auf 28% in Baden-Württemberg; dort hat traditionellerweise die Beschäftigung von Jugoslawen (und Italienern) Vorrang vor der anderswo schwerpunktmäßigen Beschäftigung von türkischen ausländischen Arbeitnehmern.

Diese Situation ist anders in Berlin und innerhalb von Nordrhein-Westfalen im Ruhrgebiet. In Berlin steigt die Ausländerbeschäftigung erst zu Beginn der 70er Jahre beträchtlich an. Sie nimmt dann aber - anders als in den anderen Regionen - kontinuierlich zu und steigt im Jahre 1981 auf die bereits angesprochenen 12,4%. Leider liegen für das Ruhrgebiet Daten erst seit 1976 vor. Auf den ersten Blick erstaunlich ist die - wenigstens im Vergleich mit anderen Industrieregionen - relativ geringe Zunahme der Ausländerbeschäftigung. Wertet man die Beschäftigung türkischer ausländischer Arbeitnehmer als einen Indikator dafür, daß - wegen der dort besonders verstärkt erfolgten Familienzusammenführung - die innerstädtischen Probleme besonders deutlich werden, so lassen sich für Berlin und das Ruhrgbiet wichtige Gemeinsamkeiten feststellen: In Berlin steigt der Anteil der türkischen Bevölkerung seit 1967 überproportional zu den übrigen Regionen an und beträgt mittlerweile 43,7% der gesamten ausländischen Bevölkerung; im Ruhrgebiet ist dieser Anteil im Jahre 1981 mit 50 % der höchste unter den Regionen der gesamten Bundesrepublik.

Wenn man zum Vergleich eine Region heranzieht, in der die Ausländerbeschäftigung nahezu keine Rolle spielt (hier: Schleswig-Holstein), so läßt sich schon feststellen, daß die Ausländerbeschäftigung in der Tat nur in ganz bestimmten Regionen konzentriert ist. In Schleswig-Holstein befinden sich im Jahre 1961 ähnlich wenige Ausländer wie in Berlin (0,5%); der Ausländeranteil beträgt im Jahre 1981 dort jedoch auch lediglich 3,6%. Allerdings sind von diesen 3,6% Ausländern an der Gesamtbevölkerung auch 41,5% türkischer Nationalität.

Auf eine Entwicklung muß noch hingewiesen werden, die in allen Regionen in ähnlicher Weise, wenn auch in unterschiedlichem Ausmaß auftritt: die Verringerung der Erwerbstätigenanteile in der Folge des Anwerbestops von 1973 (Tab. 6; vgl. auch Abschn. 1). Bemerkenswert sind drei Besonderheiten: In Baden-Württemberg nimmt der Erwerbstätigenanteil auch bei der türkischen Bevölkerung unterproportional ab; Dieses gilt im übrigen - entgegen dem üblichen Stereotyp - auch für Berlin (mit einem Erwerbstätigenanteil von 45,9% bei der türkischen Bevölkerung). Der Anteil der erwerbstätigen Jugoslawen ist in beiden Regionen mit über 58% ausgesprochen hoch. Diese Situation ist für beide Nationalitäten in Nordrhein-Westfalen deutlich anders. Dort ist der Anteil der erwerbstätigen Türken (mit 32,2%) außerordentlich gering; aber auch der Anteil der erwerbstätigen Jugoslawen (mit 45,3%) liegt unter dem Durchschnitt der jugoslawischen Bevölkerung bzw. der Ausländer in der Bundesrepublik insgesamt. Leider liegen für das Ruhrgebiet keine entsprechenden Daten vor; jedoch kann man aus den erkennbaren Tendenzen herauslesen, daß die entsprechenden "Probleme", die sich aus der besonderen Inanspruchnahme der sozialen Infrastruktur ergeben, in Nordrhein-Westfalen eher deutlicher sind als in anderen Regionen.

Tabelle 6: Entwicklung des Erwerbstätigenanteils der ausländischen Bevölkerung in ausgewählten Regionen

	Berlin			Nordrhein-Westphalen			Ruhrgebiet			Baden-Württemberg			Schleswig-Holstein		
	%	T	J	%	T	J	%	T	J	%	T	J	%	T	J
70	47,2	64,4	58,7	62,6	69,8	75,8	-	-	-	68,0	72,5	82,8	53,2	66,0	65,3
75	49,8	54,2	63,2	48,6	45,8	59,1	-	-	-	56,9	56,6	67,7	41,7	-	-
81	37,1	45,9	58,1	36,6	32,2	45,3	-	-	-	49,5	43,1	58,6	35,1	36,9	46,6

lle: Stat. Jb. der BRD, versch. Jg.

2.2 Großstädtische Entwicklung

Die regionale Verteilung bietet insgesamt ebenfalls noch ein etwas zu grobes Bild. Daher seien im folgenden in aller Kürze die Entwicklungen und Besonderheiten in acht Großstädten der Bundesrepbulik dargestellt (Duisburg, Essen, Hamburg, Köln, Nürnberg, München, Stuttgart, Frankfurt; Berlin wurde unter der "regionalen Verteilung" abgehandelt). Zu Beginn der Entwicklung (hier: 1965) läßt sich feststellen, daß insbesondere in den süddeutschen Großstädten (München, Stuttgart) mit 11,2 bzw. 8,7% Ausländern der Ausländeranteil bereits relativ hoch ist. Aber auch in den anderen Großstädten (mit Ausnahme von Essen: 2,9%) kann man bereits früh von nennenswerten Ausländeranteilen sprechen (vgl. Tab. 7). Allerdings ist die dann erfolgende Entwicklung sehr unterschiedlich. Für das Jahr 1981 lassen sich - bezogen auf die großstädtische Entwicklung - drei Schwerpunkte ausmachen. Spitzenreiter in der Ausländerkonzentration ist im Jahre 1981 Frankfurt mit 21,1%. Aber auch München und Stuttgart haben (mit 16,4 bzw. 18,5%) im Jahre 1981 noch eine besondere Position inne. Die aktuelle Situation ist allerdings seit etwa 8 Jahren relativ konstant geblieben. Der Zuwachs im Zuzug von Ausländern erfolgte bereits seit 1967 über 1970 bis zu einem ersten Höhepunkt im Jahre 1973. In dieser Zeit nimmt in München der Ausländeranteil von 11,7 auf 17,2%, in Stuttgart von 8,2 auf 16,0% und in Frankfurt von 5,5% auf 16,8% zu. Wenn man demnach von "aktuellen" Ausländerproblemen spricht, dann kann damit nicht der Zuwachs und auch nicht der Anteil der ausländischen Bevölkerung gemeint sein. In einem etwas schwächeren Ausmaß, jedoch nach einem durchaus ähnlichen Muster verläuft die Entwicklung in Köln und in Nürnberg: Dort nimmt der Anteil der Ausländer von 5,4% im Jahre 1967 auf 11,5% im Jahre 1973 und von 3,9% im Jahre 1967 auf 10,7% im Jahre 1973 zu. Ebenfalls erhöht sich der Ausländeranteil in beiden Städten bis zum Jahre 1981 nicht mehr wesentlich. Eine gewisse Ausnahmesituation läßt sich in Duisburg (dem Schwerpunkt der Ausländerbeschäftigung im Ruhrgebiet) feststellen. Dort steigt der Ausländeranteil auch nach 1973 noch einmal relativ stark an (von 9,3% auf inzwischen 13,0%).

Zu beachten ist bei diesen Betrachtungen im besonderen noch die Entwicklung des Anteils der türkischen Bevölkerung an der ausländischen Bevölkerung: dieser Anteil ist in Duisburg inzwischen bei 64,6% angelangt; damit liegt der Türkenanteil in Duisburg weitaus höher als in den als Pro-

Tabelle 7: Entwicklung der Ausländeranteile (%), der Wanderungssalden (in %; w) und des Anteils der türkischen Bevölkerung an den Ausländern (T) für ausgewählte Großstädte

	Duisburg			Essen			Köln			Nürnberg		
	%	w	T	%	w	T	%	w	T	%	w	T
1965	4,4	1,8	18,1	2,9		11,5	5,7			4,3		8,3
1967	3,6	-1,5		2,3		8,5	5,4			3,9		9,7
1970	6,2	4,7	34,2	3,8	4,3	16,7	9,1	10,6	28,8	9,0	8,7	14,6
1973	9,3	4,4	44,8	4,9	1,8	23,0	11,5	6,5	6,3	10,7	5,0	22,2
1974	10,0	3,2	48,7	4,2	0,4	25,2	12,2	2,8	37,9	10,4	-0,3	24,0
1975	9,6	0,6	54,9	4,4	-0,4	18,6	11,1	-4,8	37,6	9,6	-6,6	26,3
1978	10,3	0	60,4	4,7	0,5	31,0	12,1	3,4	41,8	10,0	1,1	29,8
1980	12,2	4,6	64,5	5,5	2,3	32,2	13,6	5,1	47,0	11,8	3,9	32,4
1981	13,0	2,2	64,6	6,0	2,3	31,7	13,9	-0,3	48,2	12,2	1,0	33,1

	München			Stuttgart			Frankfurt			Hamburg		
	%	w	T	%	w	T	%	w	T	%	w	T
1965	11,2			8,7		3,1	5,2					
1967	11,7			8,2		3,8	5,5			3,3		10,0
1970	14,0	40,7	13,0	13,0	10,1	8,9	8,7		8,9	5,0	14,6	13,6
1973	17,2			16,0	15,4	13,7	16,8	4,9		5,9	10,1	17,3
1974	15,5	-7,3	15,0	16,3	-4,1		17,2	-1,6	15,7	6,5	12,8	18,8
1975	15,1	-8,7		15,5	-6,7		16,8	-7,0		6,7	1,2	19,2
1978	15,3	-9,2	14,8	15,7	1,7	14,7	18,0	2,5	17,3	7,4	3,6	20,5
1980	16,4	5,3	18,4	17,7	2,9		21,2	5,8	19,8	8,7	10,5	32,2
1981	16,4	-3,2		18,5	3,6		21,1	1,3		9,6	7,8	32,1

Quelle: Stat. Jb. Dtsch. Gemeinden, versch. Jg.
Stat. Bundesamt, versch. Jg.

blemregionen bekannten Gebieten Berlins. In den anderen Städten entwikkelt sich der Türkenanteil insgesamt im Rahmen des allgemeinen Trends: Er nimmt insgesamt zu, wenngleich für die verschiedenen Städte im Niveau sehr unterschiedlich. Insbesondere ist zu beobachten, daß der Anteil der türkischen Bevölkerung in den süddeutschen Städten (München, Nürnberg und auch Frankfurt) mit jeweils unter 20% außerordentlich gering ist. Die einzige Ausnahme bei den süddeutschen Städten bildet Nürnberg, das allerdings mit 33,0% Türkenanteil an der ausländischen Bevölkerung immer noch durchschnittlich ist. Anzufügen bleibt noch der relativ hohe Türkenanteil in Köln.

Zwei Großstädte der Bundesrepublik können als durchaus atypisch hinsichtlich der Entwicklung der ausländischen Bevölkerung angesehen werden: Essen und Hamburg. Obwohl in beiden Städten zu Beginn der Ausländerbeschäftigung keineswegs deutlich geringere Anteilswerte vorhanden waren, nimmt der Anteil der ausländischen Bevölkerung im Verlaufe der Entwicklung nur unterdurchschnittlich zu: Er erreicht in Essen im Jahre 1981 mit lediglich 6% sogar einen für die Bundesrepublik insgesamt unterdurchschnittlichen Wert. Hamburg ist im Jahre 1981 mit 9,6% zwar für den Gesamtdurchschnitt leicht überdurchschnittlich, muß jedoch bezogen auf die großstädtische Situation als unterdurchschnittlich angesehen werden. Beiden Städten gemeinsam ist gleichzeitig die ebenfalls unterdurchschnittliche Zunahme des Anteils der türkischen Bevölkerung.

Wenn man zu diesem Aspekt abschließend die Wanderungssalden der ausländischen Bevölkerung im Verlaufe der zeitlichen Entwicklung betrachtet, dann fällt auf, daß bis zum Jahre 1973 zum Teil dramatische positive Wanderungssalden zu beobachten sind (vgl. zum Beispiel München mit 40,7% im Jahre 1970, Stuttgart mit 15,4% im Jahre 1973, Köln mit 10,6% im Jahre 1970). Bis auf wenige Ausnahmen gibt es bis 1973 nur positive Wanderungssalden. Dieses ändert sich - und das hatte der Anwerbestop ja auch beabsichtigt - mit dem Jahre 1974. Allerdings verläuft die Entwicklung keineswegs einheitlich. Während in den ersten Jahren nach dem Anwerbestop recht häufig negative Wanderungssalden von zum Teil beträchtlichem Ausmaß beobachtet werden, verkehrt sich diese Entwicklung ab dem Jahre 1978 wieder. Im Jahre 1981 läßt sich dann - nicht zuletzt aufgrund der seit 1980 verschlechterten ökonomischen Situation und der auf "Rückkehrhilfe" zielenden Ausländerpolitik - erneut gelegentlich wieder ein negativer

Wanderungssaldo beobachten (vgl. München mit -3,2%). Es ist allerdings - vor dem Hintergrund der insgesamt gestiegenen Aufenthaltsdauer und der "Normalisierung" der Gesamtsituation für einen Großteil der ausländischen Bevölkerung - keineswegs damit zu rechnen, daß diese Fluktuationen letztlich zu einer deutlichen Verminderung der ausländischen Bevölkerung in den Großstädten der Bundesrepublik führen.

3. STRUKTURELLE UND DEMOGRAPHISCHE VERÄNDERUNGEN DER GROSSSTÄDTE DURCH DIE AUSLÄNDERBESCHÄFTIGUNG

Hinter der allgemeinen Zunahme des Anteils der ausländischen Bevölkerung in den Großstädten verbergen sich zwei zentrale Veränderungen der Großstadtstrukturen selbst: die Entstehung ethnischer Konzentrationen (gelegentlich auch "Ghettos" genannt) und die durch besondere demographische Entwicklungen verursachte Umstrukturierung der Großstadtbevölkerung selbst. Der Grund dieser Umstrukturierung liegt einerseits in dem Verhalten der ausländischen Bevölkerung. Sie tritt (nach 1973 in verstärktem Umfang) als zusätzlicher Nachfrager auf dem "normalen" Wohnungsmarkt auf. Da es sich zumeist um Familien mit mehreren Kindern und um Personen einer für die deutsche Bevölkerung untypischen Alters- und Berufsstruktur handelt, sowie um eine Bevölkerungsgruppe mit einem (immer noch) anderen generativen Verhalten als dem der deutschen Bevölkerung, drückt sich die Nachfrage nach Wohnungen der ausländischen Bevölkerung auf dem Wohnungsmarkt der Großstädte in besonders selektiver Weise aus: Einerseits gibt es generell in den Großstädten nicht genügend Wohnraum für kinderreiche und besonders für ökonomisch nicht stark gestellte Familien; andererseits kann man durchaus davon ausgehen, daß soziale Distanzierungen sich auch im Angebotsverhalten der einheimischen Wohnungsvermieter niederschlagen. Von daher ist es kaum erstaunlich, daß die ausländische Bevölkerung systematisch in bestimmten Stadtteilen und Quartieren verstärkt angesiedelt ist (vgl. dazu auch ausführlich HELMERT 1981 und AREND 1981 für Frankfurt und Zürich).

Zwei demographische Bewegungen stehen im Hintergrund der demographischen Veränderungen: das sehr unterschiedliche generative Verhalten der einheimischen und ausländischen Bevölkerung einerseits (Geburtendefizit bei einheimischen und Geburtenüberschuß bei den ausländischen Familien) sowie die allgemeine Tendenz zur Abwanderung aus den Großstädten bei der einheimischen Bevölkerung und zur Zuwanderung in die Großstädte bei der ausländischen Bevölkerung - sofern nicht andere (politische und ökonomische) Beweggründe diese Zuwanderung für eine gewisse Zeit abmindern.

3.1 Strukturelle Veränderungen

Für die strukturellen Veränderungen der Großstädte durch die Ausländerbeschäftigung sei im folgenden als konkretes Beispiel die Entwicklung in Duisburg dargestellt und interpretiert. Dabei werden vier - nach unterschiedlicher ethnischer Konzentration - ausgewählte Stadtteile der Stadt Duisburg daraufhin untersucht, wie sie sich im Ausländeranteil in der Zeit seit 1975 verändert haben. Da man davon ausgehen kann, daß die Entwicklungen in allen Großstädten - mit ähnlichem Ausländeranteil - in durchaus ähnlicher Weise verlaufen, kann man die am Beispiel von Duisburg gewonnenen Erkenntnisse durchaus verallgemeinern. Ausgewählt wurden die Stadtteile Bruckhausen, Marxloh, Untermeiderich und Duissern. Daten für die Entwicklung des Ausländeranteils liegen in Duisburg seit 1975 vor. Schon für den damaligen Zeitraum läßt sich feststellen, daß es zwischen diesen vier Stadtteilen eine deutliche Hierarchie nach dem jeweiligen Ausländeranteil gibt (vgl. Tab. 8).- Bruckhausen hat mit 26,1% den höchsten, Duissern mit 5,5% den geringsten Ausländeranteil. Bruckhausen steht dabei stellvertretend für weitere Stadtteile aus Duisburg mit ähnlich hohem Ausländeranteil, Duissern steht stellvertretend für alle die Stadtteile Duisburgs, in denen der Ausländeranteil unterdurchschnittlich ist. Marxloh und Untermeiderich nehmen jeweils eine gewisse Zwischenstellung ein.

Tabelle 8: Entwicklung des Ausländeranteils an der Gesamtbevölkerung (A) und des Türkenanteils an der ausländischen Bevölkerung (T; erst ab 1978 dokumentiert) für vier ausgewählte Stadtteile in Duisburg

	1975	31.12.75	1976	1977	1978		1979	1980		1981		1982		1983	
	%	%	%	%	%		%	%		%		%		%	
	A	A	A	A	A	T	A	A	T	A	T	A	T	A	T
Bruckhausen	26,1	28,1	29,8	32,1	35,4	81,9	39,1	45,2	86,5	48,0	86,4	48,6	86,6	47,4	87,0
Marxloh	18,8	19,9	20,9	20,8	21,6	72,6	23,4	25,5	73,9	26,1	74,5	26,7	75,5	26,7	76,4
Untermeidereich	12,6	12,8	12,8	11,9	11,3	67,6	11,7	12,5	69,6	13,0	70,2	12,9	70,8	12,1	70,3
Duissern	5,5	5,3	5,6	5,4	5,5	29,3	5,7	6,1	31,9	6.2	29,8	6,3	31,3	6,1	33.4

Quelle: Statistischer Monatsbericht der Stadt Duisburg, versch. Jg.

Insgesamt läßt sich über den Zeitablauf beobachten, daß die im Jahre 1975 bereits bestehende "Hierarchie" der Stadtteile sich über den Zeitraum bis 1983 nicht nur erhält, sondern sogar noch verstärkt. Im Jahre 1983 beherbergt Bruckhausen 47,4% Ausländer, während Duissern nur unwesentlich auf 6,1% angestiegen ist. Auch in Marxloh steigt der Ausländeranteil zwischen 1975 und 1983 an, jedoch bei weitem nicht in dem Ausmaß wie in Bruckhausen; Untermeiderich bleibt ebenfalls relativ konstant im Ausländeranteil. Wenn man Bruckhausen im Zeitablauf gesondert betrachtet, dann fällt auf, daß die Zunahme der ethnischen Konzentration von 1975 bis 1979 in konstanten Raten vor sich ging. Im Jahre 1979 nimmt jedoch der Anteil der ausländischen Bevölkerung nahezu schlagartig um etwa 6% zu. Dieses ist auch der Zeitraum, ab dem in der deutschen Öffentlichkeit eine verstärkte Diskussion über "Ausländerprobleme", "Ausländerfeindlichkeit" und das sogenannte Asylantenproblem einsetzt. Nach 1980 steigt der Ausländeranteil lediglich zunächst um die bis dahin übliche Rate, um dann im Jahre 1982 konstant zu bleiben und im Jahre 1983 sogar leicht wieder abzusinken. In abgeschwächtem Ausmaße ist diese Entwicklung auch für Marxloh zu konstatieren. Untermeiderich und Duissern verändern sich dagegen nahezu nicht.

Hinzuweisen ist noch auf die Entwicklung des Türkenanteils an den Ausländern in den verschiedenen Stadtteilen. Hierfür liegen für Duisburg Daten leider erst ab 1978 vor. Aus diesen Daten geht allerdings eindeutig hervor, daß es eine hohe Korrelation zwischen dem Ausländeranteil an der Gesamtbevölkerung insgesamt und dem Türkenanteil an den Ausländern gibt. Insofern kann die Vermutung durchaus bestätigt werden, daß ethnische Konzentrationen in erster Linie Konzentrationen der türkischen Bevölkerung sind: Im Jahre 1978 sind in Bruckhausen 81,9% aller Ausländer Türken, und dieser Anteil steigt bis zum Jahre 1983 auf 87%. In Marxloh und Untermeiderich liegt der Türkenanteil unter dem von Bruckhausen, ist jedoch mit um die 70% auch außerordentlich hoch. Lediglich Duissern weist mit einem Türkenanteil um 30% über die Jahre hinweg einen für Duisburg unterdurchschnittlichen Wert auf. Allerdings muß bei den oben genannten Zahlen daran erinnert werden (vgl. Abschn. 2), daß Duisburg insgesamt einen besonders hohen Türkenanteil aufweist (vgl. auch ESSER u.a. 1983).

Eng mit dem Ausländeranteil kovariiert in Duisburg - wie in den anderen Großstädten - Qualität und Status des Wohnumfeldes: Ausländer leben überwiegend in den Gebieten mit der schlechtesten Bausubstanz, der höchsten Umweltbelastung und der geringsten Wohnumfeldqualität. Allerdings ist die relative Miethöhe bei Ausländern (bezogen auf vergleichbare Wohnungsqualitäten) höher als bei Deutschen. Hinzu treten verschärft alle Probleme der Disparität der Infrastrukturausstattung, wie sie auch für die klassischen Arbeiterwohngegenden geläufig sind.

Zur Erklärung der genannten strukturellen Veränderungen hinsichtlich der Konzentration ethnischer Gruppierungen in bestimmten Stadtteilen lassen sich - ohne weitere Daten - keine eindeutigen bzw. ausschließlichen Ursachenbündel angeben. Mit aller Wahrscheinlichkeit sind alle drei bei ethnischen Konzentrationen verantwortlichen Prozesse beteiligt: Markt, Zuweisungen durch Betriebe oder Wohnungsämter, Affiliationsbedürfnisse der ausländischen Bevölkerung und die dadurch ausgelösten Prozesse der ethnischen Umstrukturierung von Quartieren. Allerdings dürften vor allem in den 70er Jaren die den Flächensanierungen ganzer Quartiere vorgeschalteten "Zwischennutzungen" erst die für die auf den Wohnungsmarkt drängenden Ausländer zunächst einzig verfügbaren Wohnungsangebote geschaffen haben: Nicht die Ausländer haben die Deutschen "verdrängt", sondern durch Sanierungsumsetzungen wurde Wohnraum frei, der an Einheimische nicht mehr vermietet werden sollte bzw. konnte. Auf ähnliche Weise - Meidung bzw. "freiwilliger" Umzug der Einheimischen - lassen sich auch die seit einiger Zeit zu beobachtenden ethnischen Konzentrationen in den Trabantenstädten (z.B. Köln-Chorweiler, Bonn-Tannenbusch, Hamburg-Mümmelmannsberg, München-Neu-Perlach) erklären. Nicht also: Invasion und Sukzession, sondern Meidung und "Zwischennutzung" erklären vor allem die Entstehung ethnischer Konzentrationen in den Städten der BRD (neben der aktiven Belegungspolitik durch Großbetriebe und z.T. auch durch die Wohnungsämter).

Von seiten der "Nachfrage" sind zweifellos diese bereits strukturell bestehenden Tendenzen durch die entsprechenden Bestimmungen des Ausländerrechts der Bundesrepublik verstärkt worden, wonach eine Familienzusammenführung von Ausländern nur unter bestimmten Bedingungen des Nachweises einer "angemessenen" Wohnung möglich ist. Die entsprechenden "Angebote", die für die ausländischen Familien zum Zeitpunkt der Familienzusammenführung (nach 1973) nur zugänglich waren, waren dann entsprechend die inzwischen von der deutschen Bevölkerung zunehmend gemiedenen Innenbereiche der Großstadt, Sanierungsgebiete sowie Quartiere mit hoher Umweltbelastung. Für die Städte des Ruhrgebiets (aber auch für andere, von Industrieansiedlung besonders geprägte Teilregionen) tritt als ein besonders stark wirkender selektiver Faktor die Belegungspolitik der Großbetriebe hinzu, die systematisch solche Werkswohnungen und Siedlungen mit Ausländern belegten, die für die deutsche Belegschaft nicht mehr zumutbar waren. Auf diese Weise wird es leicht erklärlich, daß die ethnische Konzentration sich nur auf ganz bestimmte Teilgebiete - mit den aus der Stadtsoziologie und der Soziologie des abweichenden Verhaltens bestens bekannten weiteren Merkmalen - konzentrierte. Allerdings muß auch beachtet werden, daß anders als in den klassischen Situationen sich Ausländer in den deutschen Großstädten auch zu einem erheblichen Anteil in nichtkonzentrierten Gebieten aufhalten und daß derartige Gebiete auch über die Zeit hinweg nicht zu besonders starken Konzentrationen neigen. Insgesamt läßt sich konstatieren, daß die aus der Sozialraumanalyse hinlänglich bekannten Strukturierungen des großstädtischen Raumes nunmehr auch in der Bundesrepbulik eine deutliche ethnische Komponente erhalten, die - wie auch üblicherweise - mit sozialen und ökonomischen Merkmalen hoch kovariiert.

3.2 Demographische Veränderungen

Zum Beleg der demographischen Veränderungen der Großstädte der Bundesrepublik im Verlaufe der Ausländerbeschäftigung sei die Entwicklung in Stuttgart vom Jahre 1977 bis zum Jahre 1982 betrachtet. Auch Stuttgart kann für die zu schildernden Entwicklungen als ein typischer (und damit durchaus zu generalisierender) Fall angesehen werden. Betrachtet werden dabei die natürliche Bevölkerungsbewegung (Geburten- und Sterbefälle) bei Einheimischen und bei Ausländern einerseits sowie die Zuwanderung und Abwanderung von Deutschen und Ausländern in bzw. aus der Stadt Stuttgart.

Wenn man zunächst die natürliche Bevölkerungsbewegung für sich sieht, dann fällt der seit 1977 bis 1982 sehr konstante Sterbeüberschuß bei der einheimischen Bevölkerung und der in ähnlicher Weise konstante Geburtenüberschuß bei der ausländischen Bevölkerung auf. Die relativ hohe Fertilität der Ausländer vermag allerdings wegen des doch immer noch relativ

Tabelle 9: Geburten, Sterbefälle, Zu- und Abwanderungen bei der deutschen und der ausländischen Bevölkerung im Zeitverlauf (für die Stadt Stuttgart)

Geburten / Sterbfälle

	D			A		
	Geburten	Sterbefälle	Saldo	Geburten	Sterbefälle	Saldo
1977	3.217	5.838	-2.621	1.631	176	+1.455
1978	3.391	5.930	-2.539	1.617	199	+1.418
1979	3.503	5.893	-2.390	1.693	191	+1.502
1980	3.651	6.084	-2.433	1.718	233	+1.485
1981	3.625	5.996	-2.371	1.593	200	+1.393
1982	3.582	5.435	-2.353	1.491	195	+1.296

Zuwanderungen / Abwanderungen

	Zuwanderung	Abwanderung	Saldo	Zuwanderung	Abwanderung	Saldo
1977	25.574	28.833	- 3.259	16.914	17.049	- 135
1978	25.349	28.121	- 2.772	17.537	15.888	+1.649
1979	30.588	30.558	+ 30	20.248	17.074	+3.174
1980	27.491	30.678	- 3.187	22.506	19.755	+2.751
1981	26.479	27.450	- 971	16.775	15.099	+ 776
1982	27.873	30.166	- 2.293	12.979	17.922	-4.943

	Gesamt D	Gesamt A	Gesamt Stadt
1977	- 5.880	+ 1.320	- 4.560
1978	- 5.311	+ 3.067	- 2.244
1979	- 2.360	+ 4.676	+ 2.316
1980	- 5.620	+ 4.236	- 1.384
1981	- 3.342	+ 2.169	- 1.173
1982	- 4.646	- 3.647	- 8.293
	- 27.059	+ 11.821	- 15.238

Quelle: Statistischer Informationsdienst Stuttgart, versch. Jg.

geringen Anteils der ausländischen Bevölkerung an der Gesamtbevölkerung den Sterbeverlust insgesamt in keinem Jahr auszugleichen. Diese Verringerung des Ausgleichs des natürlichen Verlustes der Stadtbevölkerung wird mit dem Absinken der Fertilität der ausländischen Bevölkerung (vgl. Abschn. 1) seit 1980 deutlicher.

Bei den Wanderungsbewegungen läßt sich eine durchaus ähnliche Tendenz feststellen, wenngleich nicht in der Regelmäßigkeit wie bei der natürlichen Bevölkerungsbewegung. Jahr für Jahr verlassen die Stadt Stuttgart in der Regel mehr deutsche Einwohner als in sie hineinziehen. Andererseits findet über die Jahre hinweg ein beträchtlicher Zuzug ausländischer Personen in die Stadt Stuttgart hinein statt. Dieser Zuzug erreicht im Jahre 1980 einen Höhepunkt und sinkt im Jahre 1982 auf den bis dahin geringsten Wert ab. Andererseits ist der Fortzug ausländischer Personen über die Jahre relativ konstant. Er schwankt zwischen etwa 15.000 und knapp 20.000 pro Jahr. Im Saldo führt dies dazu, daß in den Jahren 1979 und 1980 ein sehr beträchtlicher Wanderungsgewinn der ausländischen Bevölkerung zu verzeichnen war, während im Jahre 1977 ein leichter Wanderungsverlust vorlag. Durch die im Jahre 1982 stark abgesunkene Zuwanderung von Ausländern (bei konstanter Abwanderung) ist in diesem Jahre der Wanderungssaldo für die ausländische Bevölkerung mit 4.943 deutlich negativ. Wichtig erscheint die Feststellung, daß dies <u>nicht</u> auf eine verstärkte Rückwanderung, sondern auf das allmähliche Ausbleiben von Familienzusammenführungen (die möglicherweise weitgehend abgeschlossen sind) zurückzuführen ist.

Damit ergeben sich bei der Gesamtbetrachtung der natürlichen Bevölkerungsbewegungen und der Wanderungsbewegungen zwischen Deutschen und Ausländern deutlich unterschiedliche Entwicklungen: Die deutsche Bevölkerung nimmt Jahr für Jahr zwischen 5.880 und 2.360 Personen durch Sterbe- und Abwanderungsüberschuß ab. Dies sind im betrachteten Zeitraum über 27.000 deutsche Einwohner der Stadt Stuttgart. Bis auf das Jahr 1982 mit seinem durchaus starken Wanderungsverlust bei der ausländischen Bevölkerung wächst die ausländische Bevölkerung der Stadt Stuttgart dagegen seit 1977 kontinuierlich an. Der Gesamtzuwachs bei der ausländischen Bevölkerung beträgt unter Einrechnung des Verlustes von 1982 insgesamt 11.821 Personen.

Damit können zusammenfassend drei wichtige demographische Strukturveränderungen für die großstädtische Entwicklung festgehalten werden: Die deutsche Bevölkerung der Großstädte schrumpft durch ihr generatives Verhalten und durch Abwanderungen; die ausländische Bevölkerung wächst durch ihr generatives Verhalten - wenngleich im Zeitablauf in relativ immer geringerem Ausmaß; und sie steigt bzw. sinkt je nach der Gestaltung der äußeren Umstände, von denen eine Zu- bzw. Abwanderung der ausländischen Bevölkerung derzeit abhängig ist. Insgesamt hat dies drittens zur Folge, daß bis auf einige Sonderbewegungen (im Jahre 1979) die Bevölkerung der Stadt Stuttgart insgesamt - trotz der entsprechenden Gewinne bei der ausländischen Bevölkerung - absinkt. Der Gesamtverlust an Bevölkerung beträgt zwischen 1977 und 1982 über 15.000 Personen. Hinter dieser Ziffer verbirgt sich allerdings die oben geschilderte allmähliche Umstrukturierung der ethnischen Zusammensetzung der Großstadtbevölkerung: der Anteil der deutschen Bevölkerung in den Großstädten (nicht: die im Umfeld der Großstädte) nimmt relativ ab; der Anteil der ausländischen Bevölkerung nimmt - allerdings nur: in bestimmten Stadtteilen und Quartieren - relativ zu. Wegen der unterschiedlichen Alters- und Familienstruktur der in den Großstädten ansässigen deutschen und ausländischen Bevölkerung und wegen des unterschiedlichen generativen Verhaltens bedeutet dies dann auch in der Tendenz, daß die in den Großstädten ansässige deutsche Bevölkerung immer stärker "vergreist" und "vereinzelt", dagegen die ausländische Bevölkerung - jedenfalls in den bisher anwesenden Generationen - in den Städten die für das Bildungssystem zuständigen Institutionen relativ stärker in Anspruch nimmt. Ob diese Entwicklung unilinear in die Zukunft fortgeschrieben werden kann, soll an dieser Stelle ausdrücklich bezweifelt werden: Auch ausländische Familien verändern im Verlaufe der Migrationssituation ihr Verhalten (wie man am generativen Verhalten bereits deutlich erkennen kann); städtische Strukturen lassen sich andererseits nicht nur an demographischen Veränderungen und ethnischen Zusammensetzungen erfassen.

4. PERSPEKTIVEN: "GHETTOS" ODER "ETHNISCHE PLURALISIERUNG" DER GROSSSTÄDTE?

Die aufgrund der vorgestellten Daten erkennbaren Entwicklungen lassen im Prinzip zwei Tendenzen vermuten: Einerseits können sich die angedeuteten sozio-ökonomischen und demographischen Entwicklungen in eine Stabilisierung und Institutionalisierung von sogenannten ethnischen Kolonien hineinbewegen. Damit würde für die Bundesrepublik eine Entwicklung "nachgeholt", wie sie für die meisten mit Einwanderungen befaßten Länder alltäglich geworden ist. Die Besonderheit bei dieser Entwicklung ist, daß diese ethnischen Kolonien jedoch nicht lediglich eine statistische Häufung bestimmter Gruppierungen in bestimmten Stadtteilen und Quartieren bedeutet, sondern daß - gewissermaßen - parallel geschaltete soziale Untersysteme entstehen, die für ihre Bewohner sämtliche im Alltag anfallenden Bedürfnisse auch bearbeiten können. BRETON (1965) spricht in diesem Fall von "institutioneller Vollständigkeit". Eine der möglichen (wenngleich nicht: notwendigen) Begleiterscheinungen solcher Entwicklungen ist die Entstehung verschiedener, voneinander relativ isolierter ethnischer Segmentierungen innerhalb der städtischen Gesamtdifferenzierung.

Die zweite Perspektive kann mit dem Begriff "sozialräumliche Differenzierung" umschrieben werden. Hierunter wird - wie bekannt - die ökonomische, soziale <u>und</u> ethnische Differenzierung sozialräumlicher Strukturen verstanden. Allerdings kann man diese Differenzierung durchaus zunächst lediglich als statistisches Korrelat ohne jede weitere soziale und kulturelle Bedeutung interpretieren. Das heißt: sozialräumliche Differenzierung bedeutet keineswegs die Entstehung ethnisch institutionalisierter "Ghettos", wenngleich sich über die Gesamtstadt hinweg weder eine vollständige Mischung noch eine "Assimilation" der Einwanderer beobachten läßt. Sozialräumliche Differenzierung ist dabei also durchaus mit individueller Eingliederung (bzw. sogar "Assimilation") vereinbar. Solange die verschiedenen Mechanismen der Durchsetzung und Stabilisierung und sozialräumlicher Differenzierung funktionieren - zum Beispiel Markt, soziale und ethnische Affiliationen, sekundäre Askription -, solange wird es dann auch die entsprechenden Strukturierungen geben, allerdings ohne daß sie die Folgen hätten, die man gemeinhin mit ethnischen Konzentrationen verbindet.

Zu fragen wäre nach den Bedingungen, unter denen die eine oder andere Entwicklung zu erwarten ist, und zu fragen ist, welche Entwicklungen angesichts der besprochenen theoretischen Bedingungen für die aktuelle Situation der Bundesrepublik wahrscheinlich ist.

In aller Kürze können die Bedingungen für die Entstehung fest institutionalisierter "Ghettos" in zwei grobe Faktorenbündel zerlegt werden: externe und interne Bedingungen. Zu den externen Bedingungen sind zu zählen: vorhandene Distanzierungen, Typisierungen, Vorurteile und Diskriminierungen auf den verschiedenen "Märkten" der Konkurrenz um knappe Güter. Diese Diskriminierungen alleine können schon die Entstehung und Stabilität fester ethnischer Konzentrationen erklären. Auf indirekte Weise wirken sozio-ökonomische Benachteilungen, sofern sie eng mit ethnischer Zugehörigkeit korrelieren, und politische und rechtliche Marginalisierungen. Verstärkt wird die externe Induzierung von Ghettos durch territoriale Eingrenzungen und lokale Zuordnungen, sowie durch das Vorhandensein einer genügend großen Anzahl von Minderheitsangehörigen, so daß von der Anzahl her bereits die entsprechenden arbeitsteiligen internen Differenzierungen entwickelt werden können: Weder bei territorialer Dispersion noch bei einer zu geringen Anzahl von Minderheitsangehörigen können ethnische Kolonien im Sinne von "Ghettos" entstehen.

Zu den internen Bedingungen zählt in erster Linie das Vorhandensein von starken und gleichzeitig parallel zueinander existierenden Linien sozialer Bindungen und Problemlagen. Dies meinte Max Weber, wenn er vom "gemeinsamen Schicksal" als Entstehungsbedingung für ethnische Gemeinschaften sprach (vgl. ESSER 1980:120f). Gemeinsame Problemlagen sind dabei notwendige Bedingungen für die Entstehung interner Kohäsion und externer Abgrenzung. Wenn gleichzeitig noch kulturelle Legitimationen für diese Kohäsion hinzutreten bzw. wenn mehrere kulturelle Elemente nebeneinander gleichgerichtete Orientierungen nahelegen (z.B. über Religion, familistische Orientierungen, Nationalismus), dann entsteht jene Kombination von objektiver Interessenlage und subjektiver Legitimation dieser Zusammengehörigkeit, die die Bedingung ist für den Ausbau eines stabilen institutionalisierten Netzwerkes von exklusiven sozialen Beziehungen.

Wichtig ist bei der Betrachtung der externen und internen Bedingungen, daß beide Aspekte wechselseitig verstärkend aufeinander einwirken. Externe Distanzierungen und sozio-ökonomische Benachteiligungen schaffen erst die Gemeinsamkeit der Problemlagen und damit die notwendige Bedingung für die internen Kohäsionen. Interne Kohäsion und exklusive soziale Beziehungen führen dann ihrerseits zur Verstärkung externer Distanzierungen und sozio-ökonomischer Benachteilungen (vgl. dazu z.B. WILEY (1967) und sein Konzept der "ethnic mobility trap"). Da andererseits das "Ghetto" für die vielfältigen verunsichernden Aspekte der Migrationssituation ein funktionierendes und entlastendes Moratorium bietet und da zweitens durch die institutionelle Vollständigkeit sämtliche Lebensbedürfnisse der Migrantenfamilien abgedeckt werden können, besteht für den einzelnen Minderheitsangehörigen nicht der geringste Anlaß, die Auseinandersetzung mit der Kernkultur aufzunehmen (vgl. dazu auch ELWERT 1982). Durch diese - keineswegs als Zwang empfundene - Isolation von der Kernkultur wird die Wahrscheinlichkeit zur Überwindung der sozio-ökonomischen Barrieren und der sozialen und kulturellen Marginalität nur sehr gering bleiben.

Damit können auch die Bedingungen umrissen werden, unter denen derartige Ghettos nicht entstehen und dann lediglich sozial-räumliche Differenzierungen der städtischen Struktur zu erwarten sind: Wenn externe Distanzierungen nur "individuell" und unsystematisch sind, wenn die sozio-ökonomischen Benachteiligungen lediglich die Folge von "Unterqualifikation" hinsichtlich von Leistungskriterien sind, wenn die politische und rechtliche Marginalisierung formal aufgehoben ist, dann entfallen die "objektiven" Grundlagen der ethnischen Gemeinschaftsbildung. In diesem Fall ist dann auch zu erwarten, daß innerhalb einer gewissen Zeit auch die legitimatorischen Grundlagen der ethnischen Koloniebildung entfallen und die religiösen und nationalen Orientierungen mehr und mehr zu "privaten" Angelegenheiten werden, ohne jeden strategischen und systematischen Hintergrund.

Welche Entwicklungen lassen sich vor dem Hintergrund der geschilderten Bedingungen nun für die Bundesrepublik erwarten? An dieser Stelle seien zwei Prognosen abgegeben. Einerseits trifft zweifellos für bestimmte Situationen die Bedingungskonstellation für die Ausbildung stabiler ethnischer Kolonien zu. Dieses gilt einerseits für die Gruppe der Türken, für die externe Distanzierungen besonders stark beobachtet werden und bei denen mindestens zwei Orientierungsvektoren eine ähnliche Richtung aufweisen: die nationale und die religiöse Kultur. Allerdings ist kaum zu erwarten, daß selbst vor diesem Hintergrund sich überall stabile türkische Kolonien institutionalisieren werden. Die territorialen Voraussetzungen hierfür dürften aber vor allem in zwei Regionen gegeben sein: in West-Berlin wegen der isolierten geographischen Lage und im Ruhrgebiet wegen der besonders stark ausgeprägten Zuordnung von Betriebszugehörigkeit und

Wohnung einerseits und wegen der besonders extremen Konzentration türkischer Einwanderer in diesen Quartieren. Allerdings kann aus dieser Feststellung keinesfalls geschlossen werden, diese Entwicklungen wären unumkehrbar: Es ist lediglich die besonders extreme Kombination der obengenannten externen und internen Bedingungen, die in diesen beiden Regionen die Entstehung türkischer Ghettos besonders gefördert hat. Sobald insbesondere Teile der externen Bedingungen nicht mehr gegeben sind, ist hier - wie überall sonst - eine allmähliche Entinstitutionalisierung der ethnischen Kolonien zu erwarten - nicht zuletzt, weil damit der kohäsionsfördernde Druck der gemeinsamen Problemlage entfällt. Im großen und ganzen ist für die übrigen Städte und Regionen der Bundesrepublik die Perspektive der (nun auch: ethnischen) sozial-räumlichen Differenzierung zu erwarten. Sicherlich wird es hier und da auch Ansätze zu ethnischer Koloniebildung und Ghettoisierung geben (u.a. in West-Berlin und in Teilen des Ruhrgebietes). Da aber für die anderen Städte und Regionen der Bundesrepublik die territorialen und lokalen Bedingungen für großflächige ethnische Kolonien einerseits und andererseits auch die ensprechenden "kolonialistischen" Orientierungen nicht in dem Maße ausgeprägt sind (aus welchen Gründen auch immer) wie etwa in Großbritannien oder Frankreich, ist entsprechend mit einer zunehmenden Dispersion und De-Konzentration schließlich auch der türkischen Bevölkerung zu rechnen. Zweifellos werden zwar die sozio-ökonomischen Strukturierungen langfristig immer auch mit ethnischen Komponenten verbunden sein. Je eher der externe Druck - aus der Aufnahmegesellschaft wie von den Verhältnissen im Heimatland - von den Ausländern weicht, umso rascher werden jedoch diese Strukturierungstendenzen sich abschwächen.

Wolfram Droth und Jens Dangschat

Räumliche Konsequenzen der Entstehung „neuer Haushaltstypen"[1]

1. DIE ZUNAHME DER "NEUEN HAUSHALTSTYPEN"

Ziel des Beitrages ist es, erstens jene Rahmenbedingungen zu skizzieren, die die Entstehung und Verbreitung neuer Haushaltstypen in der Bundesrepublik Deutschland ermöglichen, und zweitens die Auswirkungen der Verbreitung dieser Haushalte auf dem innerstädtischen Wohnungsmarkt zu analysieren. Wir betrachten die "neuen Haushaltstypen" - gemeint sind hier "freiwillig" Alleinlebende, unverheiratet zusammenlebende Paare und Wohngemeinschaften - als alternative Lebensformen zu Ehe und Familie und stellen zunächst jene demographischen Veränderungen vor, die den Bedeutungsverlust von Ehe und Familie in der heutigen Gesellschaft am eindrucksvollsten charakterisieren.

Nach traditionellen, zum Teil noch heute gültigen Normen sollte das Lebensziel jeder Frau darin bestehen, zu heiraten und Kinder zu bekommen, das jedes Mannes, möglichst rasch eine gesicherte Berufsposition zu erlangen und eine Familie zu gründen. Nach den gleichen Normen gilt die Ehe als dauerhafte, lebenslange Paarbeziehung. Es ist offensichtlich, daß seit mindestens zwei Jahrzehnten zunehmend mehr Abweichungen von diesen Normen zu beobachten sind. Indikatoren hierfür sind:

- der Rückgang der Geburten,
- der Rückgang der Eheschließungen,
- die Zunahme der Scheidungen,
- die Zunahme der Anzahl von erwachsenen Personen, die nicht in einem ehelichen oder familialen Haushalt leben, vor allem die Zunahme der Einpersonenhaushalte.

Diese Phänomene treten in den meisten westlichen Industriestaaten gleichermaßen auf. In den USA ist vor allem die starke Zunahme der Einpersonenhaushalte auffällig.

Der Rückgang der Geburtenrate ist kein neues Phänomen. Er setzt in Deutschland bereits um 1875 ein (NEIDHARDT 1970:47) und wurde schon am Anfang des 20. Jahrhunderts zum Gegenstand wissenschaftlicher Auseinandersetzungen. Es entstanden Erklärungsansätze wie zum Beispiel die "Wohlstandstheorie" oder die "Bildungstheorie", die vor allem davon ausgingen, daß ökonomische und kulturelle Faktoren für den Rückgang des Wunsches nach Kindern verantwortlich sind (vgl. dazu LOY 1981).

In der Bundesrepublik Deutschland und den meisten westeuropäischen Industriestaaten setzte sich nach dem Zweiten Weltkrieg der Trend zur Geburtenbeschränkung nach einer kurzen Unterbrechung nahezu ungebrochen fort, so daß zwischen 1970 und 1975 in all diesen Ländern die Nettoreproduktionsrate unter 1,0 sank; in der Bundesrepublik Deutschland war sie 1970 schon auf 0,95 gefallen (SCHWARZ 1982:179). Die durchschnittliche Zahl der Kinder pro Ehe - vor 1900: 4,9 - betrug in der Bundesrepublik Deutschland in den 50er Jahren nur noch 2,1 und ging bis Mitte der 70er Jahre auf 1,5 zurück. Verantwortlich dafür ist bis Mitte der 60er Jahre vor allem der Rückgang der Zahl der kinderreichen Familien, ab diesem Zeitpunkt der Anstieg von Einkindfamilien und seit Anfang der 70er Jahre auch der kinderlosen Ehen (vgl. DEUTSCHER BUNDESTAG 1980:14).

In den vergangenen 10 bis 15 Jahren ging auch die Zahl der Eheschließungen in fast allen Industriestaaten erheblich zurück (SCHWARZ 1982:143). In der Bundesrepublik Deutschland ist die Heiratsquote zwischen 1950 (10,7 Eheschließungen pro 1.000 E) und 1978 (5,4 Eheschließungen pro 1.000 E) gesunken. Danach ist sie wieder schwach gestiegen (1982: 5,9 Eheschließungen pro 1.000 E; WiSta 1983, 443*) - diese Entwicklung ist jedoch auf einen veränderten Altersaufbau der Bevölkerung zurückzuführen. Mit den Veränderungen der Heiratsquote geht ein Absinken, aber seit 1975 ein Ansteigen des durchschnittlichen Heiratsalters einher (vgl. STATISTISCHES BUNDESAMT 1983:72). Doch die Bundesdeutschen heiraten nicht nur später, sie bleiben auch mit größerer Wahrscheinlichkeit ledig. So hat sich der Anteil der ledigen Eheschließenden der Altersgruppen zwischen 20 und 35 zwischen 1970 und 1980 mehr als halbiert (vgl. STATISTISCHES BUNDESAMT 1982:70). PROEBSTING & FLEISCHER (1983:544) sehen dahinter "eine geringere Neigung der Menschen in der Bundesrepublik Deutschland, sich überhaupt standesamtlich zu binden".

Während die Eheschließungen zurückgingen, stiegen die Scheidungen an. Auf eine Konsolidierungsphase nach dem Zweiten Weltkrieg folgte Ende der 50er Jahre (1960: 35,0 Scheidungen pro 10.000 bestehende Ehen) ein Anstieg der Scheidungsrate bis zur Neufassung der Scheidungsgesetzgebung im Jahr 1977 (1976: 68,8 Scheidungen pro 10.000 Ehen). Nach einem dadurch zunächst veranlaßten Rückgang stieg die Scheidungsrate wieder an und erreichte 1982 den Wert von 78,4 Scheidungen pro 10.000 bestehender Ehen (BRAUN 1984:102). SCHWARZ (1982:156) schätzt, daß von den nach 1970 geschlossenen Ehen knapp 25% im Laufe der Zeit geschieden werden; das sind mehr als doppelt so viel wie von den vor 1960 geschlossenen Ehen.

In Großstädten, wie z.B. Hamburg, sind diese Trends noch stärker ausgeprägt. Gegenüber den mittleren Werten für die Bundesrepublik Deutschland sind hier

- die Heiratsquoten geringer,
- das mittlere Heiratsalter höher,
- der Anteil der Ledigen größer,
- die Geburtenraten niedriger,
- die Haushalte im Durchschnitt kleiner,
- die Scheidungsraten höher.

Wenn, wie dargestellt, weniger Menschen heiraten, mehr Ehen geschieden werden und das Heiratsalter steigt, muß zwangsläufig die Anzahl jener erwachsenen Menschen zunehmen, die nicht in ehelichen bzw. familialen Haushalten leben. Besonders auffällig ist die Zunahme der Einpersonenhaushalte (EPH):

- Von 1950 bis 1982 stieg die Zahl aller Einpersonenhaushalte in der Bundesrepublik Deutschland von 3,2 Mio. (= 19,4% aller Haushalte) auf 7,9 Mio. (= 31,3%) (vgl. Tab. 1).

- Im Jahr 1982 lebten 1,7 Mio. Personen im Alter von 25 bis 45 Jahren in Einpersonenhaushalten; das entspricht 21,8% aller EPH; davon waren 0,84 Mio. unter 25 Jahre alt (=10,6%). Wie Tabelle 3 zeigt, ist die Zahl der Personen dieser Altersgruppe, die in Einpersonenhaushalten leben, zwischen 1961 und 1982 überproportional angestiegen.

- Gut die Hälfte aller Einpersonenhaushalte (50,5%) entfielen 1980 auf Großstädte.

- In Hamburg stieg der Anteil der Einpersonenhaushalte an allen Haushalten von 1950 bis 1982 von 28,4% auf 40,6% (= 320.000 EPH) (vgl. Tab. 2). Davon gehören 26,9% der Altersgruppe der 25- bis 45jährigen an.

- Die innerstädtischen Unterschiede sind in Hamburg sehr groß: In der Inneren Stadt waren 1970 51% aller Haushalte Einpersonenhaushalte - in einzelnen Stadtteilen der Inneren Stadt sogar bis 58% (DROTH 1983:9ff; vgl. Abb. 1).

Tabelle 1: Einpersonenhaushalte (EPH) in der Bundesrepublik Deutschland

Volkszählung (VZ) oder Mikrozensus (MZ)	Anzahl der Privathaushalte (in 1.000)	EPH Anzahl (in 1.000)	EPH in % aller Haushalte	Zunahme der EPH in %
VZ 1950	16.650	3.229	19,4	-
VZ 1961	19.640	4.010	20,6	24,2
VZ 1970	21.991	5.527	25,1	37,8
MZ 1982	25.336	7.926	31,3	34,4

Quelle: STATISTISCHES BUNDESAMT 1983:66

Tabelle 2: Einpersonenhaushalte (EPH) in Hamburg

Volkszählung (VZ) oder Mikrozensus (MZ)	Anzahl der Privathaushalte	EPH Anzahl	EPH in % aller Haushalte	Zunahme der EPH in %
VZ 1950*	654.460	183.401	28,4	-
VZ 1961*	751.169	220.068	29,3	20,0
VZ 1970*	795.883	284.557	35,8	29,3
MZ 1982**	789.700	320.600	40,6	12,7

Quellen: * WOLLENHAUPT 1973:306
** STATISTISCHES LANDESAMT HAMBURG 1983:44

Vergleicht man die Tabellen 1 und 2, so zeigt sich, daß in Hamburg die Anteile der EPH um etwa 10 Prozentpunkte höher sind als im Bundesgebiet; in der Bundesrepublik und in Hamburg die Anteile der EPH etwa in gleichem Maße zunehmen und daher ihre relative Zunahme in der Bundesrepublik größer ist als in Hamburg.

Es ist zu beachten, daß die Zahl der Einpersonenhaushalte nicht identisch ist mit der Zahl der Alleinlebenden. Nach der Definition der amtlichen Statistik lebt eine Person dann in einem Einpersonenhaushalt, wenn sie alleinstehend ist und für sich allein wirtschaftet. Daraus folgt, daß zum Beispiel ein unverheiratet zusammenlebendes Paar als zwei Einpersonenhaushalte gezählt werden kann, wenn es nicht angibt, gemeinsam zu wirtschaften. Diese Tendenz wird in einigen Bundesländern (z.B. Hamburg) dadurch verstärkt, daß die Bezahlung der Zähler bei amtlichen Zählungen nach abgelieferten Haushaltsbogen erfolgt - im Zweifelsfall wird ein Zähler also, wenn mehrere alleinstehende Personen in einer Wohnung leben, sie alle als Einpersonenhaushalte zählen.[2]

Dennoch ist der Einpersonenhaushalt die einzige statistische Kategorie zur Schätzung der Alleinwohnenden, und zumindest läßt die Zunahme von Einpersonenhaushalten auf eine Zunahme der Alleinwohnenden schließen. Die Tabellen 1 und 2 zeigen, daß deren Zahl seit etwa 1960 stark ansteigt. Geht man davon aus, daß freiwillig Alleinwohnende hauptsächlich unter den jüngeren Personen zu finden sind, so deuten die Zahlen in Tabelle 3 auf eine besonders deutliche Zunahme dieses Personenkreises hin.

Tabelle 3: Einpersonenhaushalte (EPH) der bis 45jährigen in der Bundesrepublik Deutschland

	EPH insgesamt (in 1.000)	davon			
		unter 25 Jahre		25-45 Jahre	
		in 1.000	in % aller EPH	in 1.000	in % aller EPH
1961*	4.010	391	9,8	699	17,4
1982**	7.926	839	10,6	1.718	21,8

Quellen: * STATISTISCHES BUNDESAMT 1966:42
** STATISTISCHES BUNDESAMT 1983:66

Ebenfalls stark angestiegen ist in der Bundesrepublik Deutschland die Zahl der unverheiratet zusammenlebenden Paare. Zwischen 1972 und 1980 hat sich die Zahl verdreifacht, die der unverheiratet Zusammenlebenden 20- bis 30jährigen versiebenfacht. Als Schätzung aus unterschiedlichen Statistiken gibt SCHWARZ (1981:466) für 1980 die Zahl dieser Paare mit 500.000 an. Seitdem hat deren Zahl sicherlich weiter zugenommen. Knapp 70% dieser Personen sind jünger als 40 Jahre. Von allen Personen zwischen 20 und 29 Jahren leben knapp 5% in solchen Beziehungen (vgl. SCHWARZ 1982:150). Wesentlich höher ist die Zahl derer, die vor ihrer Ehe mit ihrem jetzigen Partner bereits unverheiratet zusammengelebt haben. Etwa 35% der Paare der Heiratsjahrgänge 1977 bis 1979 haben bereits vor der Ehe zusammengelebt; in Schweden waren es für die jüngsten Heiratsjahrgänge sogar 99% (TROST 1980:18).

In der Bundesrepublik Deutschland gab es 1980 knapp 40.000 Wohngemeinschaften mit gut 200.000 Personen (vgl. WAGNER 1983:145). 90% aller Wohngemeinschaftsbewohner waren jünger als 30 Jahre, der Durchschnitt betrug 24 bis 25 Jahre. In der Gruppe der 21- bis 24jährigen lebten etwa 10% in Wohngemeinschaften. Die Bewohner von Wohngemeinschaften bevorzugen eindeutig den Wohnungsbestand in Altbauten in innenstadtnaher Lage.

2. URSACHEN FÜR DIE ZUNAHME DER NEUEN HAUSHALTSTYPEN

Die Entstehung und Verbreitung von neuen Lebensformen als Alternativen zu Ehe und Familie wird im wesentlichen durch drei Arten von Faktoren bestimmt:

1. den in einer Gesellschaft vorhandenen Möglichkeiten, zwischen alternativen Lebensformen zu wählen;
2. dem Grad der Neigungen der Menschen, alternative Lebensformen zu wählen;
3. dem Grad des Zwangs, in bestimmten Situationen eine bestimmte Lebensform wählen zu müssen.

Möglichkeiten. Der Grad der Wahlmöglichkeiten zwischen alternativen Lebensformen in einer Gesellschaft hängt erstens von den Fähigkeiten und Möglichkeiten der Menschen ab, alternative Lebensformen wahrzunehmen. Die "Demokratisierung" der Bildungschancen, der Ausbau der Bildungsinstitutionen und die wachsenden Informationsströme der Massenmedien haben bewirkt, daß vermutlich der größte Teil der Einwohner der Bundesrepublik über alternative Lebensformen informiert ist. Zweitens müssen die rechtlichen Möglichkeiten vorhanden sein, zwischen den Alternativen wählen zu können. Als zwei wichtige rechtliche Veränderungen aus der jüngsten Vergangenheit wären hier die Reform des "Kuppeleiparagraphen" und die Liberalisierung des Scheidungsrechts zu nennen. Schließlich müssen die materiellen und kulturellen Mittel vorhanden sein, die zur Verwirklichung einer alternativen Lebensform notwendig sind. Auch hier haben in den letzten 20 Jahren entsprechende Veränderungen stattgefunden, wie z.B. ein Anstieg des allgemeinen Wohlstands, eine Abnahme der sozialen Kontrolle sowie ein Anwachsen der sozialen und räumlichen Mobilität. Der Einzelne ist heute zur Bewahrung seiner Existenz auch weniger auf den Familienverband angewiesen als früher, da eine Reihe von spezialisierten Organisationen entsprechende Aufgaben übernommen haben.

Neigungen. Veränderungen der Bedürfnis- und Werthierarchien der Menschen seit dem ausgehenden Feudalzeitalter wurden bereits von den "Wohlstandstheoretikern" und den "Bildungstheoretikern" zu Anfang dieses Jahrhunderts als Ursachen für den Rückgang des Wunsches nach Kindern herausgestellt: Mit der Entstehung und Ausweitung kapitalistischer Produktionsverhältnisse breitet sich das Kriterium der Wirtschaftlichkeit und der Rationalität aus. Es wird schließlich auch in jenen Bereichen übernommen, in denen man bislang eher aufgrund traditioneller ethisch-religiöser Einstellungen handelte. Handeln wird zunehmend von individuellen Nutzen-Kosten-Kalkülen bestimmt. Subjektives Wohlbefinden und Erreichen eines positiven Lebensgefühls sind dabei die Ziele, die dieses Kalkül zu optimieren sucht. Eine an diesen Zielen ausgerichtete, tendenziell traditionsüberwindende methodische Lebensführung wird zur gesellschaftlich vorherrschenden Norm.

Zunächst waren es die Reichen mit ihren verfeinerten Bedürfnissen und ihren Fähigkeiten, ökonomisch-rational zu denken, die eine veränderte Einstellung gegenüber Kindern entwickelten. Die fortschreitende Bildung der "Massen" bewirkt ein breites Vordringen der Fähigkeiten zu einer methodischen, vernunftsbezogenen Lebensführung. Der nach Nutzen-Kosten-Kalkülen urteilende homo oeconomicus unterwirft auch nichtmaterielle Lebensbereiche diesem Kalkül. Die gestiegenen materiellen Genußmöglichkeiten treten in Konkurrenz zum immateriellen Wert einer großen Familie. Das Erreichen eines bestimmten Lebensstandards wird zur Norm. Personen werden nach ihrem persönlichen (sozio-) ökonomischen Status beurteilt. Individuelles Aufwärtsstreben wird zu einem zentralen gesellschaftlichen Wert. Diesem Streben stehen Kinder eventuell im Wege (vgl. LOY 1981).

Das generative Verhalten der Bevölkerung eines Landes hängt demnach vom Lebensstandard der Gesellschaft und dessen gesellschaftlicher Bedeutung sowie vom Grad des gesamtgesellschaftlichen Rationalismus und Individualismus ab. Diese Prozesse der Zunahme von Individualismus, Hedonismus und praktischer Rationalität sind u.E. auch die entscheidenden Faktoren für die Zunahme der Neigung, zu Ehe und Familie alternative Lebensformen zu wählen.

Zwänge. Hinzukommen gewisse situative Zwänge zum Leben in alternativen Lebensformen, auf die wir hier nur anhand einiger Beispiele eingehen. Wenn z.B. junge, in Ausbildung befindliche Menschen einerseits aufgrund ihres Strebens nach individueller Selbstverwirklichung und Unabhängigkeit frühzeitig aus dem Elternhaus ausziehen wollen, andererseits aus denselben oder aus finanziellen Gründen eine feste Bindung ablehnen, so haben sie keine andere Möglichkeit, als allein oder in einer Wohngemeinschaft zu wohnen bzw. mit einem Partner zusammenzuziehen. Als zweites Beispiel sei auf Personen hingewiesen, deren Ehe gescheitert ist; auch sie sind häufig dazu gezwungen, wenigstens vorübergehend in einem "neuen" Haushaltstyp zu leben. Vor allem bei Alleinlebenden wird man davon ausgehen müssen, daß diese Lebensform in vielen Fällen nicht freiwillig gewählt wurde.

Es sind also vor allem Veränderungen im rechtlichen, ökonomischen und kulturellen Bereich der Gesellschaft, die insgesamt die Zunahme jener Personen bedingt haben, die alternative Lebensformen wählen. Auf die für unsere Fragestellung relevanten Veränderungen in diesen drei Bereichen gehen wir im folgenden etwas näher ein.

2.1 Rechtlicher Bereich

Seit Ende der 60er Jahre wird in der Bundesrepublik Deutschland das Zusammenleben Unverheirateter zunehmend seltener von Richtern als sittenwidrig angesehen. Mit dieser veränderten Rechtsprechung und schließlich mit der Neufassung des Kuppeleiparagraphen im Jahre 1973 ist die Voraussetzung geschaffen worden, daß auch unverheiratete Paare zusammenziehen können. Auf diese Weise wird sowohl vor- als auch außerehelicher Geschlechtsverkehr legalisiert und die Möglichkeit gegeben, eheliches Zusammenleben auszuprobieren, bevor man heiratet. Zusätzlich werden Formen des kollektiven Zusammenlebens praktizierbar. Diese neue rechtliche Situation wirkt sich auch im Bereich des Wohnungsmarktes aus: Vermieter von Wohnungen fragen zunehmend weniger nach dem Trauschein von Paaren; Berechtigungsbescheinigungen für staatlich geförderte Wohnungen werden auch unverheirateten Paaren ausgestellt; Vermieter, die Alleinwohnenden verbieten wollen, ihre Partner in ihre Wohnung aufzunehmen, haben kaum mehr eine Chance, dies gerichtlich durchzusetzen.

Auch die Reform des Familienrechts begünstigt auf mehrfache Art und Weise eine Zunahme neuer Haushaltstypen. Von Bedeutung sind hier vor allem folgende Veränderungen:

- Neuregelung der Versorgung (Versorgungsausgleich, wechselseitige Unterhaltspflicht),
- Umstellen des Scheidungsrechts vom Schuldprinzip auf das Zerrüttungsprinzip,
- rechtliche Gleichstellung un- und außerehelicher Kinder mit ehelichen Kindern.

Durch diese Veränderungen wird auf der einen Seite die Scheidung erleichtert, der ökonomisch schwächere Ehepartner, in der Regel die Frau, nach der Scheidung finanziell abgesichert und die Möglichkeit erleichtert, Kinder haben zu können, ohne heiraten zu müssen. Auf der anderen Seite verteuert das neue Scheidungsrecht den Scheidungsvorgang - sowohl was die einmaligen Kosten (Gerichts- und Anwaltskosten) als auch die laufenden Kosten anbelangt (Unterhaltssicherung, Aufteilen des Versorgungsanspruchs). Bei gleichzeitig zunehmender Scheidungswahrscheinlichkeit sinkt dabei die Bereitschaft, ein solches Risiko einzugehen, also zu heiraten.

2.2 Ökonomischer Bereich

Die Nachkriegszeit - mit Ausnahme kurzer Krisen und der strukturellen Krise seit Ende der 70er Jahre - ist durch ein starkes wirtschaftliches Wachstum gekennzeichnet. Die Löhne und Gehälter sind stark gestiegen und der Lebensstandard hat zugenommen. Von dieser Entwicklung haben insbesondere zwei Gruppen profitiert: Frauen und Jugendliche/junge Erwachsene (Post-Adoleszenten).

Der Bildungs- und Ausbildungsstand der Frauen hat sich verbessert. Mit einer Differenzierung des Arbeitsmarkts nahm die Zahl der Teilzeitarbeitsstellen für Frauen zu, und nicht zuletzt infolgedessen ist die Erwerbsquote der Frauen angestiegen. Frauen erreichen - wenn auch sehr langsam - höhere Berufspositionen; sie verfügen zunehmend über eigene Einkommen. Damit erlangen viele von ihnen Unabhängigkeit vom Einkommen des Mannes. Diese ökonomische Unabhängigkeit ermöglicht es Frauen, sich die ihnen am geeignetsten erscheinende Lebensform zu wählen und sich scheiden zu lassen, wenn die Ehe für sie unerträglich wird und einen eigenen Haushalt zu führen. Gleichzeitig sichert das eigene Einkommen ihnen eine Statuszuweisung unabhängig vom Mann und bewirkt ein gestiegenes Selbstbewußtsein. Die Männer werden gezwungen zu lernen, daß Frauen nicht mehr zu jedem Preis "zu haben" sind.

Jugendliche und junge Erwachsene durchlaufen eine längere Ausbildungszeit als früher, weil einerseits die Ansprüche an den Ausbildungsstand ständig steigen und weil sich andererseits die ökonomische Situation der in der Ausbildung befindlichen Personen verbessert hat. Staatliche Transferzahlungen (Stipendien und Darlehen nach dem BAFÖG), die Zunahme der Zahl der Jobs, gestiegene Auszubildenden-Vergütungen ermöglichen es, daß schon vor einer festen Berufstätigkeit Jugendliche und junge Erwachsene - zumindest zusammen mit anderen Personen in gleicher Situation - einen eigenen Haushalt gründen können.

Im Zusammenhang damit gewinnt auch die Vorverlegung des Volljährigkeitsalters auf das 18. Lebensjahr an Bedeutung. Die jungen Menschen können früher als in vergangener Zeit auch ohne Einwilligung das Elternhaus verlassen, eigene Haushalte gründen, heiraten, Mietverträge abschließen.

2.3 Kultureller Bereich

Die wichtigsten kulturellen Veränderungen, die es heute ermöglichen, von Ehe und Familie abweichende Lebensformen zu wählen, sind folgende:

- Der allgemeine Rückgang der Verbindlichkeiten kultureller Normen und Werte für das soziale Handeln der Individuen (LOY 1981:59ff; MILLER 1962).
- Der verringerte Sanktionsdruck durch das soziale Umfeld (vgl. MAYER & SCHULZE 1983).
- Die Liberalisierung traditioneller Moralvorstellungen.

Die geringe Stabilität kultureller Normen und der "weltanschauliche Pluralismus, der es im Extrem jedem Einzelnen erlaubt, seine private Philosophie zu entwickeln" (HOFFMANN-NOWOTNY 1984) haben zur Folge, daß das soziale Verhalten der Individuen nicht mehr eindeutig durch das kulturelle System festgelegt wird. Entscheidungen werden aufgrund von Werten und Normen getroffen, die aus der individuellen Weltsicht und Interessenlage abgeleitet sind; sie erfolgen dann nach individuellen Nutzen-Kosten-Kalkülen. So steht es zum Beispiel in unserer Gesellschaft einer Person frei, allein zu wohnen. Der "Preis", den sie gegebenenfalls dafür zu bezahlen hat, kann im Zwang zur finanziellen Einschränkung im Konsumbereich bestehen, aber auch, falls die Person in einer eher "konservativen" Umgebung lebt, soziale Isolation sein.

In einem engen Zusammenhang mit dem Rückgang der Verbindlichkeiten kultureller Normen stehen unter anderem die Liberalisierung traditioneller Moralvorstellungen über Ehe, Familie und Sexualität, vor allem der Rückgang des Einflusses der christlichen Sexualmoral; aber auch der verringerte Sanktionsdruck von Eltern, Verwandten, Freunden und Nachbarn auf Personen, die von Ehe und Familie abweichende Lebensformen wählen.

Die Neigung, solche Lebensformen zu wählen, wird ganz wesentlich durch das Prinzip des Individualismus und das Streben nach individueller Selbstverwirklichung bestimmt. Beides fördert auf der einen Seite die Bereitschaft, Neues aufzunehmen und sich mit anderen Individuen auseinanderzusetzen. Die Fähigkeit, sich selbst zu verändern, besitzt für Personen, die individuelle Selbstverwirklichung anstreben, einen hohen Wert. Verbunden damit ist eine Offenheit gegenüber Veränderungen, eine Bereitschaft, Neues zu erfahren und für sich nutzbar zu machen. Das Gegenstück zu dieser Bereitschaft ist die Ablehnung, sich festzulegen oder wenigstens das Bestreben, Festlegungen zeitlich hinauszuschieben. Gleichzeitig setzt diese Art von Individualismus die Gleichheit der Rechte und Möglichkeiten der Individuen voraus. Das Streben nach Selbstverwirklichung korrespondiert mit Prozessen des Wandels gesellschaftlicher Werte und Normen, wie zum Beispiel der Zunahme einer generellen positiven Bewertung von Veränderungen (Wandel als "Wert an sich"), der Zunahme der Bereitschaft (und auch der Notwendigkeit), Konflikte durch Kommunikation zu lösen, und den Emanzipationsbestrebungen der Frauen.

Auf der anderen Seite ist im Streben nach Selbstverwirklichung die Tendenz zum Egoismus enthalten. Dies ist dann der Fall, wenn eine Person im persönlichen Glück und der persönlichen Entfaltung ihr letztes Ziel sieht und Staat, Gesellschaft und Gemeinschaft, aber auch andere Personen - zum Beispiel den Partner - als Hilfsmittel zur Erreichung dieses Ziels betrachtet.

Vor allem die Nachkriegsgenerationen, die in Zeiten zunehmender Dynamisierung des Wandels aufgewachsen sind und ihn teilweise selbst mitbewirkt haben (z.B. Studentenbewegung; jugendliche Subkulturen), tendieren dazu, besonders jene feststehenden traditionellen Normen und Institutionen abzulehnen, die ihre Anstrengungen, sich selbst zu verwirklichen, behindern. Die zunehmende Ablehnung von Ehe und Familie bzw. die interne Veränderung der Partnerschaftsbeziehungen in der Ehe hat hier sicher eine wichtige Ursache (vgl. hierzu für die USA z.B. LESLIE 1976:382ff). Gleichzeitig zwingt der rasche soziale Wandel dazu, auf gesellschaftliche Veränderungen angemessen reagieren zu können. Unter solchen Bedingungen werden Entscheidungen mit langfristigen Auswirkungen, wie zum Beispiel Wahl eines festen Berufes, Heirat, Familiengründung, tendenziell zeitlich hinausgeschoben oder gar vermieden. Damit entsteht eine Lebensphase, die geprägt ist durch Experimentieren und eine geringe Bereitschaft, sich festzulegen, die sogenannte Post-Adoleszens-Phase (vgl. ZINNECKER 1981:100ff).

Diese Veränderungen von Einstellungen, Normen und Verhaltensweisen werden teilweise auch von älteren Personen übernommen.

Individualismus, in Verbindung mit der Forderung nach Gleichberechtigung, manifestiert sich auch in den Emanzipationsbestrebungen der Frauen. Ihre Egalitätsbestrebungen richten sich auf Gleichberechtigung in der Partnerschaft sowie im Beruf und in der Ausbildung. Sie führen zu einer zunehmenden ökonomischen Unabhängigkeit der Frau vom Mann. Für die Männer bedeutet dies, daß sie sich auf die Selbständigkeit der Frauen einstellen müssen und gezwungen sind, traditionelle Rollenvorstellungen aufzugeben.

Es liegt auf der Hand, daß die Übernahme veränderter Normen und Werte besonders dann leicht zu Partnerschaftskonflikten führt, wenn sie nur von einem der beiden Partner erfolgt. In solchen Fällen stoßen "traditionelle" und "moderne" Normen und Werte aufeinander und destabilisieren vor allem solche Paarbeziehungen, bei denen der Kit der "romantischen Liebe" bereits brüchig geworden ist. Konflikte werden vor allem dann entstehen, wenn beide Partner darauf beharren, sich weiter zu entwickeln und selbst zu verwirklichen. Wenn das Streben nach Selbstverwirklichung des einen Partners auf Kosten des anderen geschieht oder der andere zumindest glaubt, es sei so, sind Partnerschaftskonflikte nahezu unvermeidlich. Zunehmend mehr Frauen haben gelernt, ebenfalls ihr Recht auf Selbstverwirklichung in Anspruch zu nehmen. Der Mann mag es auf der einen Seite gut finden, eine emanzipierte Frau zu haben. Auf der anderen Seite kann er jedoch dadurch seine eigenen Interessen bedroht sehen und das Gefühl entwickeln, daß ein Teil seiner Bedürfnisse unbefriedigt bleibt.

In vielen Fällen sind die Partner überfordert, ihre Konflikte durch Kommunikation zu lösen. Die Folge ist häufig das Zerbrechen von Partnerschaften und die Skepsis gegenüber dem Zusammenleben mit einem Partner, sei es unverheiratet oder - erst recht - als Ehepaar. Die Beobachtung dieser "Krise des Paares" mag bei zahlreichen jüngeren Personen dazu führen, sich nicht durch eine Ehe zu binden oder sogar partnerschaftliches Zusammenleben ganz abzulehnen. Wenn manche Personen die "isolierte Zweierbeziehung" ablehnen, so geschieht dies sicher auch aus Angst vor Konflikten und der Unfähigkeit oder Unwilligkeit, sie durch kommunikative Auseinandersetzung mit dem Partner zu lösen.

Individualismus äußert sich u.E. nicht nur im Streben nach Selbstverwirklichung, sondern auch in dem Wunsch nach Rückzugsmöglichkeiten. Für zahlreiche Personen ist es wichtig geworden, einen Ort zu besitzen, wo sie allein sein, sich auf sich selbst zurückziehen, den Anforderungen der Umwelt vorübergehend entziehen können. Diese Anforderungen können in der Berufsarbeit, der Ausbildung, aber auch in der Partnerschaft und im Freundeskreis entstehen. Während einer Gruppe von Personen die Möglichkeit ausreicht, sich innerhalb der mit dem Partner oder anderen Personen gemeinsam bewohnten Wohnungen zurückzuziehen, sehen andere das Alleinwohnen als das geeignete Mittel an, ihr Rückzugsbedürfnis zu befriedigen.

Der Wunsch nach offener, kommunikativer Auseinandersetzung mit signifikanten Anderen kann zum Beispiel durch Leben in Wohngemeinschaften verwirklicht werden. Diese Lebensform verhindert jedoch tendenziell die Möglichkeit, sich zurückzuziehen. Um diesen Widerspruch aufzulösen, streben zahlreiche Personen unterschiedliche Formen der "Hausgemeinschaft" an. Darunter verstehen wir das Ziel, mit Freunden oder guten Bekannten zusammen in einem Haus, aber in getrennten, abgeschlossenen Wohnungen, zu leben. Auf diese Aspekte gehen wir unten noch näher ein (Abschn. 3.2.2).

3. RÄUMLICHE AUSWIRKUNGEN DES ENTSTEHENS UND DER AUSBREITUNG NEUER HAUSHALTE

Wie bereits gesagt, ist es kaum möglich, die Zahl der Personen, die in neuen Haushalten leben, mittels amtlicher Statistik zu erfassen. Noch geringere Kenntnisse bestehen bisher über die Wohnstandorte und die Wohnbedingungen dieser Personen.

3.1 Der Wohnstandort

Benützt man zur Schätzung der Zahl der Alleinwohnenden die Zahl der Einpersonenhaushalte, so befanden sich 1982 die Hälfte aller Alleinwohnenden in Großstädten (50,2%); zehn Jahre vorher waren es 48,8% (STATISTISCHES BUNDESAMT 1983:66; 1974:49).

Die in Tabelle 4 dargestellten Verläufe stützen die Hypothese, daß mit zunehmender Gemeindegröße der Anteil der Einpersonenhaushalte an allen Haushalten größer wird und daß im Zeitverlauf die absoluten Zuwächse ebenfalls mit zunehmender Gemeindegröße stärker werden. Zwischen den Großstädten gibt es jedoch erhebliche Unterschiede im Anteil der Einpersonenhaushalte, wie die Auswahl der sechs Großstädte mit den jeweils höchsten Anteilen zeigt (Tab. 5):

Tabelle 4: Anteil der Einpersonenhaushalte an allen Haushalten in der Bundesrepublik Deutschland, nach Gemeindegrößenklassen

	unter 5.000 E		5.000 - unter 20.000 E		20.000 - unter 100.000 E		100.000 E und mehr	
	in 1.000	%	in 1.000	%	in 1.000	%	in 1.000	%
4/1972*	906	17,1	989	21,8	1.183	25,6	2.936	34,4
5/1975**	648	18,3	1.117	22,2	1.479	26,5	3.309	34,5
4/1982***	631	20,3	1.380	24,1	1.934	29,2	3.981	40,3

Quellen: * STATISTISCHES BUNDESAMT 1974:49
** STATISTISCHES BUNDESAMT 1976:63
*** STATISTISCHES BUNDESAMT 1983:66

Tabelle 5: Anteil der Einpersonenhaushalte (EPH) an allen Haushalten und Anteil der Personen in Einpersonenhaushalten (EPH) an allen Personen der Wohnbevölkerung in ausgewählten Großstädten der Bundesrepublik Deutschland, VZ 1970

	Anteil der EPH an allen Haushalten	Anteil der Personen in EPH an allen Personen
Berlin	44,2	22,4
München	41,7	19,9
Frankfurt	38,2	17,7
Hannover	36,4	16,5
Hamburg	35,8	16,0
Stuttgart	35,7	15,6

Quelle: WOLLENHAUPT 1973:308f

Für die unverheiratet zusammenlebenden Paare gibt es solche Informationen nicht. Lediglich für die USA wurden bisher repräsentative Aussagen zu deren Verteilung nach Gemeindegröße gemacht. Aus einer Spezialauszählung des Zensus 1975 ermittelten GLICK & SPANIER (1980:23), daß über die Hälfte (50,5%) aller unverheiratet zusammenlebenden Paare der USA in SMSAs[3] mit über 1 Mio. Einwohner lebt; weitere 23,7% leben in SMSAs mit mindestens 250.000 Einwohnern bis 1 Mio. Einwohnern. Zu ähnlichen Ergebnissen kommen BRUNBORG (1979:17) für Norwegen und BROWN & KIERNAN (1981:6) für Großbritannien.[4]

Nach den wenigen vorliegenden Ergebnissen kann man davon ausgehen, daß der Anteil der unverheiratet zusammenlebenden Paare an allen Haushalten in Städten, insbesondere Großstädten, höher ist als in ländlichen Gebieten. Insgesamt gilt die Hypothese, daß mit zunehmender Gemeindegröße der Anteil unverheiratet zusammenlebender Paare wächst (vgl. DANGSCHAT 1983:89 f). Zusätzlich gibt es regionale Einflüsse, die auf die Art und die Intensität der religiösen Einflüsse zurückzuführen sind: in evangelischen Gebieten ist der Anteil höher als in katholischen Gebieten.

Für Wohngemeinschaften ist die Informationsbasis eher noch schlechter. Sieht man von den wenigen Landkommunen ab, dann konzentrieren sich die Wohngemeinschaften in Städten, insbesondere wohl in Universitätsstädten. Erst in jüngster Zeit nimmt der Anteil der Studenten in Wohngemeinschaften kontinuierlich ab und liegt z.Zt. bei etwa 50% (WAGNER 1983:157 f).

3.1.1 Die innenstadtnahen Wohngebiete am Beispiel Hamburgs

Innerhalb der Großstädte schwanken die Anteile der Einpersonenhaushalte stark. Am Beispiel Hamburgs zeigt die Abbildung 1 die Verteilung der Anteile der Einpersonenhaushalte über alle Stadtteile (1961 und 1970).

Die eher landwirtschaftlich strukturierten Räume im Südosten Hamburgs (Altes Land) und im Südwesten (Vier- und Marschlande) weisen Einpersonenanteile von gut 10% aus (1961 ist die niedrigste Konzentration in Francop mit 7,1% und in Tatenberg mit 9,9% Einpersonenhaushalte; 1970 in Altengamme mit 11,0% und in Tatenberg mit 11,3% Einpersonenhaushalten; vgl. Abb. 2). Die höchsten Konzentrationen liegen in der inneren Stadt:

Abbildung 1: Anteile der Einpersonenhaushalte an allen Privathaushalten in Hamburg nach Stadtteilen

1 a: Volkszählung 1961

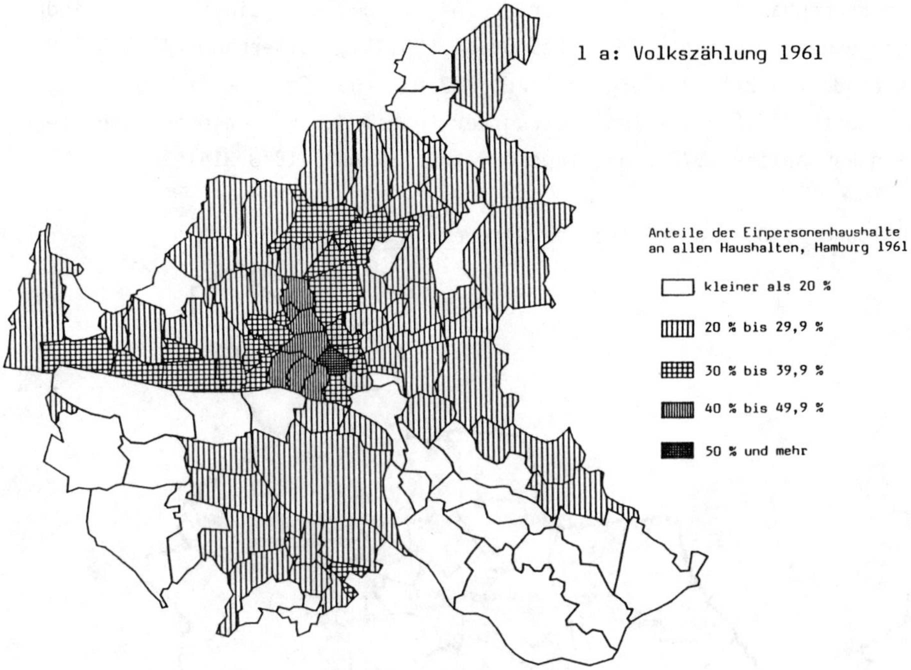

1 b: Volkszählung 1970

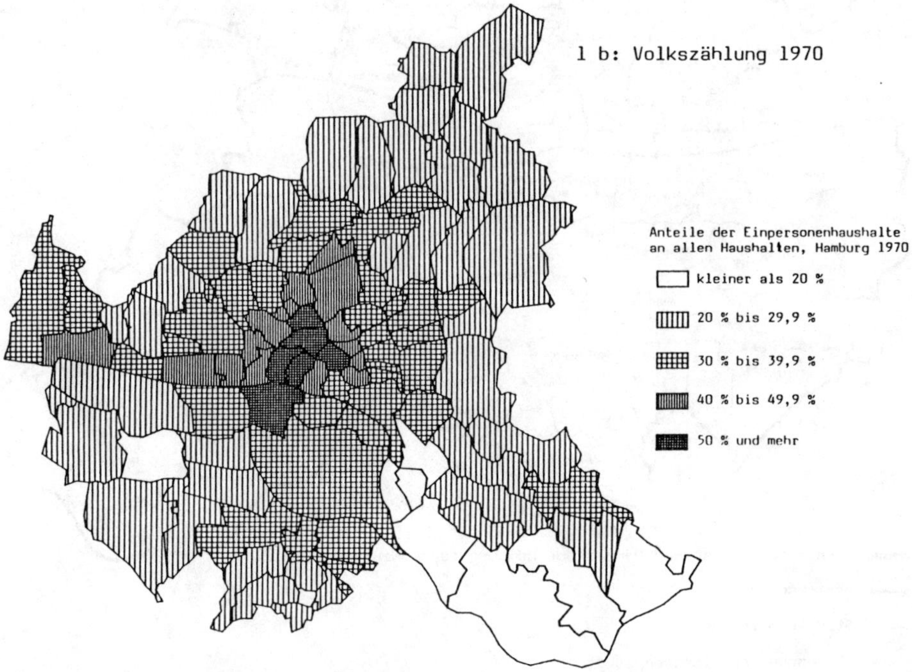

1961 lag St. Georg eindeutig an erster Stelle (51,4%), vor Rotherbaum (46,0%) und Harvestehude (45,3%); 1970 lag die höchste Konzentration der Einpersonenhaushalte in Steinwerder (64,2%, bei allerdings sehr niedriger Bevölkerungszahl), vor St. Georg (58,4%), Rotherbaum (55,7 %), Harvestehude (54,2%), Hamburg-Neustadt (52,0%) und St. Pauli (51,4%). In insgesamt 20 Stadtteilen betrug der Anteil der Einpersonenhaushalte an allen Haushalten 1970 mindestens 40% (WOLLENHAUPT 1973:314).

Abbildung 2: Die administrative Gliederung Hamburgs

Die Veränderungsraten zwischen den beiden Volkszählungen (vgl. Abb. 3) sind in den Gebieten am höchsten, die an die Stadtteile mit hoher Konzentration angrenzen: Steinwerder (50,8 Prozentpunkte), Hammerbrook (22,8 Prozentpunkte) und Waltershof (21,4 Prozentpunkte). Diese Stadtteile haben jedoch alle nur wenig Einwohner; zudem hat sich die Einwohnerzahl zwischen den Zensen stark verringert. Absolut gesehen, geht in den Stadtteilen mit hohem Anteil an Einpersonenhaushalten und mit hohen relativen Zuwachsraten die Zahl der Einpersonenhaushalte zurück (Ausnahme: Steinwerder).

Abbildung 3: Die Veränderung der Anteile der Einpersonenhaushalte an allen Privathaushalten in Hamburg, nach Stadtteilen, 1961 bis 1970

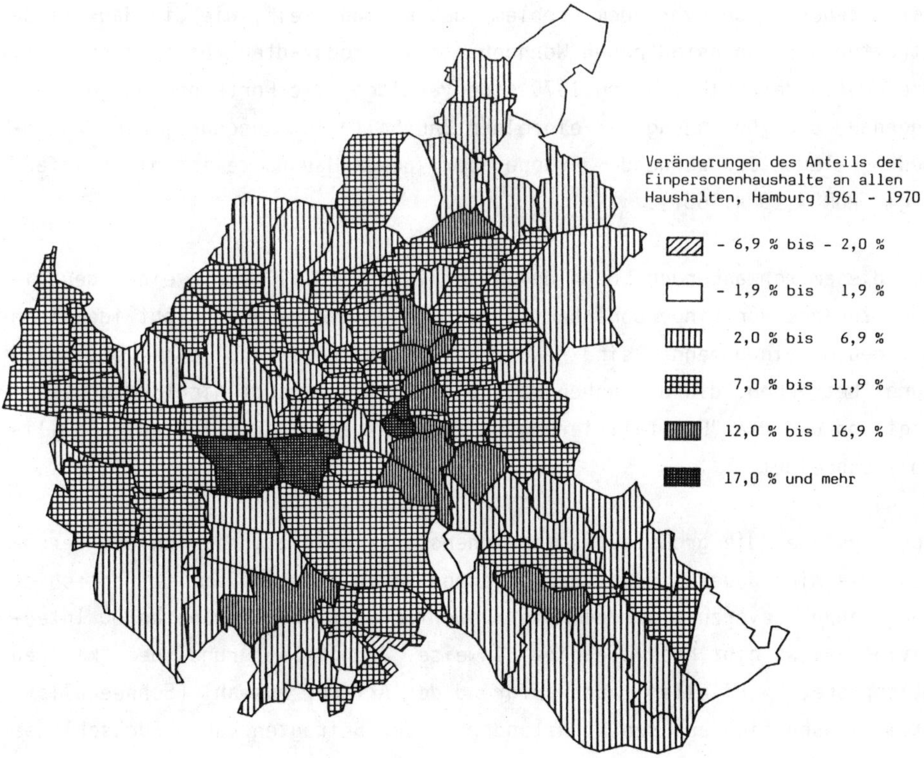

Für die unverheiratet zusammenlebenden Paare gibt es keine Information über eine stadtinterne Differenzierung der Konzentrationen der Wohnstandorte. Eine Untersuchung, die POHL für das Bundesinstitut für Bevölkerungsforschung u.a. in Hamburg durchgeführt hat, weist zum Beispiel für die Innere Stadt knapp niedrigere Anteile aus als für die Gesamtstadt.[5]

Über Wohngemeinschaften ist lediglich bekannt, daß sie sich auf den Altbaubestand der innenstadtnahen Wohngebiete konzentrieren. So ermittelten POHL & VOSS (1978) am Beispiel von Braunschweig und LANDWEHR (1980) am Beispiel von Dortmund, daß 70% bis 80% aller Wohngemeinschaften in den innenstadtnahen Altbauquartieren zu finden sind.

Wir stehen also vor dem Problem, daß niemand weiß, wie die Haushaltsstruktur der innenstadtnahen Wohngebiete in Großstädten beschaffen ist: die Daten der Volkszählung 1970 sind veraltet, die Fortschreibungen sind ungenau, die Abgrenzung der einzelnen Haushalte ist unscharf, die zunehmend relevanter werdende Gruppe der neuen Haushalte ist nicht erfaßt (vgl. PORST 1984:166f).

Auf diesem schwankenden Boden der Kenntnisse wird allgemein eine deutliche Zunahme von Einpersonenhaushalten - die, wie gesagt, nicht identisch mit den Alleinwohnenden sind - konstatiert und bewertet, eine Stadtplanung betrieben, die die neuen Haushalte fast überhaupt nicht berücksichtigt und die die "Revitalisierung" der Innenstädte vor allem auf Familien zuschneidet.

Doch gerade die großstädtischen Innenstädte sind es, die von den Personen, die sich dauernd oder vorübergehend gegen Ehe und Familie entschieden haben, bevorzugt werden. Die Auswertung der oben erwähnten 80 Intensivinterviews gibt hierzu einige Hinweise. Jedoch aufgrund der kleinen Stichprobe, vor allem aber aufgrund der Art der Auswahl (Schneeballsystem) lassen sich aus den Wohnstandorten der Befragten kaum Rückschlüsse ziehen. Aus den Nennungen der als "ideal" angesehenen Stadtteile lassen sich allerdings mit aller Vorsicht folgende Tendenzen ableiten:

Die Alleinwohnenden bevorzugen eindeutig die Innere Stadt (zur Abgrenzung siehe Abb. 2): "Alleinwohnen heißt für mich: so zu wohnen, daß ich viele Kontaktmöglichkeiten habe." "Ich wollte immer da wohnen, wo man zentral erreichbar ist." "Du kannst hier alles zu Fuß machen, das kostet alles keinen Aufwand."

Am häufigsten wurden genannt: Winterhude, Eppendorf, Eimsbüttel, mit einigem Abstand Harvestehude, Rotherbaum und Ottensen. Dieses sind Stadtteile mit hohem Anteil an Altbausubstanz und einer "kompletten" Infrastruktur (teilweise liegen hier die großen Stadtteil-Zentren). Die Stadtteile sind allerdings weder intern noch untereinander sozial homogen. Wenn Stadtteile der Äußeren Stadt oder Umlandgemeinden genannt wurden, so sind diese Angaben aufgrund der individuellen Wohnbiographie und/oder verwandtschaftlicher Verflechtungen erklärbar.

Die unverheiratet zusammenlebenden Paare lassen sich in zwei Gruppen unterteilen. Die deutlich größere Gruppe bilden diejenigen, die am liebsten in der Inneren Stadt wohnen wollen (sie überwiegen eindeutig in Eppendorf und Eimsbüttel) und die kleinere Gruppe besteht aus jenen, die an die Peripherie oder ins Umland ziehen wollen, meist im Zusammenhang mit dem Wunsch nach einem eigenen Haus, nach einem Garten, nach Leben im Grünen. Der genaue Standort hängt hier stark vom aktuellen Wohnstandort (sektorale Nutzung der Kernstadt und des Umlandes) und von Verwandtschafts- und Freundesbeziehungen ab. Die Personen der zweiten Gruppe sind auch eher diejenigen, die sich schon recht gut vorstellen können, ihren Partner, mit dem sie zusammenleben, auch zu heiraten und mit ihm Kinder zu bekommen.

Die Ehepaare bilden zwei etwa gleich starke Gruppen. Für diejenigen, die gern peripher wohnen wollen, steht jedoch das Eigenheim mit Terasse und Garten eindeutig im Vordergrund. Die anderen bevorzugen die Innere Stadt. Familien und kinderlose Ehepaare unterscheiden sich hier nicht wesentlich.

Die Wohngemeinschafts-Bewohner wiederum bevorzugen eindeutig die Innere Stadt als Wohnstandort; lediglich drei der Befragten streben an oder können es ich vorstellen, später in einer Land-Wohngemeinschaft zu leben. Für Wohngemeinschaften geht es bei der Begründung für Standorte in der Inneren Stadt weniger um die Kontaktnotwendigkeit wie bei den Alleinwohnenden, sondern mehr um den Wohnungsbestand an ausreichend großen Fünfbis Sechs-Zimmer-Altbauwohnungen. In der Inneren Stadt erhielten eindeutig die meisten Nennungen: Altona, Eimsbüttel und Eppendorf, die anderen Stadtteile fielen dagegen deutlich ab.

3.1.2 Die neuen Haushalte als Motor der Veränderung der innenstadtnahen Wohnquartiere

In den USA wurden Ende der 70er Jahre umfangreiche Untersuchungen durchgeführt, die sich mit der "Aufwertung" innenstadtnaher Nachbarschaftseinheiten befassen (vgl. z.B. die Beiträge in LASKA & SPAIN 1980). Wichtige Bereiche dieser Veränderungen sind dabei die Sozialstruktur und Altersstruktur der Bevölkerung und die Veränderung der Wohnbaustruktur. Diese Veränderungen beruhen auf zwei unterschiedlichen Prozessen:

1. Dem Eindringen bzw. der Rückwanderung von jüngeren Angehörigen der (oberen) Mittelschicht in heruntergekommene innenstadtnahe Altbauquartiere. Dabei werden diese besiedelten zentralen Flächen aufgefüllt, aber auch ein Teil der ursprünglichen Bewohner - eher Ältere, Angehörige der Unterschicht, oft auch Schwarze - verdrängt ("gentrification").

2. Dem Aufwerten der Wohnquartiere aufgrund von Investitionen und Modernisierungen durch die Besitzer und Bewohner selbst, unterstützt durch staatliche Hilfen ("incumbent upgrading").

Verschiedene Autoren sehen in dem ersten Prozeß eine Fortführung des Invasions-Sukzessions-Zyklus, dem alle Nachbarschaftseinheiten unterworfen seien, und infolgedessen erneut die Reichen die Armen verdrängen - jetzt aber mit anderer geographischer Richtung. LONDON (1980:79) spricht daher von einer "urban reinvasion". Beide Prozesse sind nach Meinung einer Reihe von Autoren dazu geeignet, die Entwicklung von Nachbarschaften, wie sie in den Arbeiten von VERNON beschrieben ist, fortzuführen.

CLAY fand, daß beide Prozesse in allen der 30 größten Städten der USA stattgefunden haben bzw. stattfinden. In die Einwanderungsgebiete ziehen vor allem Ledige und kinderlose Paare unter 45 Jahren mit hoher Berufsposition; die Partner sind oft beide erwerbstätig. Sie verdrängen dabei die angestammte Bevölkerung mit niedrigerem sozialen Status, was in der

Übergangsphase zu erheblichen Konflikten führt. Es entstehen durch das Einwandern kleinräumig scharfe Statusunterschiede in unmittelbarer Nachbarschaft. Solche Gebiete - in der Regel nur zwei bis drei pro Stadt (vgl. CLAY 1980:20 ff)

- liegen eher dicht am oder im CBD,
- liegen in topographisch attraktiven Gegenden (in der Nähe von Wasserläufen, öffentlichen Parks, in Hanglage),
- in historisch interessanten Gegenden,
- weisen eine interessante architektonische Gestaltung der Wohngebäude auf,
- sind ursprünglich im vorigen Jahrhundert erbaut worden,
- sind niedrig verdichtete Wohngebiete (Ein- bis Vier-Familien-Häuser herrschen vor), und
- sind flächenmäßig sehr klein (wenige Baublöcke).

Die Einwanderer in solche Wohnquartiere kommen jedoch nicht - wie anfänglich angenommen - aus den Suburbs der Mittelschicht, sondern aus anderen innerstädtischen Quartieren. Bei den mit "gentrification" bezeichneten Prozessen handelt es sich also eher um einen innerstädtischen Konzentrationsprozeß als um ein "back-to-the-city-movement" (vgl. SCHWIRIAN 1983:96).

LONDON (1980:77 ff) gibt unterschiedliche Erklärungsansätze, warum gerade seit den 70er Jahren eine solche "Reinvasion" stattfindet. Die Gründe, die er dabei anführt, sind weitgehend genau jene Gründe, die wir für das Entstehen der neuen Haushaltstypen und deren Ausbreitung innerhalb der 70er Jahre angeführt haben. Zusätzlich stellt LONDON einen Einstellungswandel gegenüber dem Wohnen in der Innenstadt fest, der sich zum "inner-city-chic" ausweitet und gerade solche Personen betrifft, für die bestimmte Mängel der Infrastruktur in innenstadtnahen Wohnquartieren (schlechte Schulen, wenig soziale Infrastruktur, wenig Grün) bedeutungslos sind (vgl. auch HALL 1981:125).

Doch wie weit sind solche Ergebnisse auf die Entwicklung in bundesdeutschen Innenstädten übertragbar? Die innerstädtische Bevölkerungs- und Wohnbaustruktur unterscheidet sich erheblich von der in den USA. Unter anderem sind die transitorischen Zonen der Städte der Bundesrepublik nicht so ausgeprägt, es finden andere politische Maßnahmen zur Revitalisierung statt.(So hat für die Revitalisierung amerikanischer Innenstädte das "Homesteading-Programm", das den Kauf eines alten Reihenhauses für einen Dollar erlaubte, eine zentrale Bedeutung.) Aufgrund unterschiedlicher historischer Entwicklungen sind die innenstadtnahen Wohnquartiere in der Bundesrepublik erheblich dichter bebaut. Es wohnen zudem meist bereits Angehörige gehobenerer sozialer Schichten in jenen innenstadtnahen Standorten, die CLAY für die USA als Ziel der Einwanderungen beschrieben hat, d.h. die hier vorherrschende soziale Schicht wird in solchen Gebieten nicht verdrängt, sondern allenfalls ergänzt.

Daneben gibt es noch einige weitere Unterschiede, auf die wir hier nicht eingehen wollen. Unabhängig davon kann man jedoch solche Veränderungen auch in den Großstädten der Bundesrepublik feststellen.

Alleinwohnende und Doppelverdiener, vor allem kinderlose Ehepaare und unverheiratete Paare, sind vermutlich jene Haushalte, die die Umwandlungsprozesse der innerstädtischen Altbauquartiere durch ihre höhere Mietzahlungsfähigkeit und -bereitschaft unterstützen. Diese zahlungskräftigen Gruppen der oberen Mittelschicht suchen sich Wohnquartiere, in denen sich ein ihrem Anspruchsniveau entsprechender Bestand an Wohnbauten (aus der Gründerzeit oder dem Jugendstil, in durchgrünten, relativ ruhigen Lagen) an Einzelhandelsgeschäften und Freizeiteinrichtungen (Lokale, Restaurants, Sportzentren) befindet. Davon weichen die Wohngemeinschaften etwas ab; sie verfügen zwar auch über eine hohe Mietzahlungsfähigkeit, ihre Bewohner stellen aber aufgrund geringer individueller Kapitalkraft andere Anforderungen an die Infrastruktureinrichtungen eines Quartiers.

Viele Großstädte können für ihre Einwohner aus der oberen Mittelschicht nur wenige bebauungsreife Einfamilienhaus-Grundstücke zur Verfügung stellen. Dieses gilt insbesondere für eine Stadt wie Hamburg, da die Stadt aufgrund ihres Status als Stadtstaat keine Eingemeindungen vornehmen kann. Also ist die räumliche Planung einer solchen Stadt darauf angewiesen, innenstadtnahe Wohngebiete insbesondere für kinderlose Angehörige der oberen Mittelschicht attraktiv zu machen (durch Verkehrsberuhigung, durch Begrünung, öffentliche Infrastruktureinrichtungen und bessere ÖPNV-Erschließungen), will sie deren Abwanderung und damit Steuerverluste verhindern.

Betreiber privatwirtschaftlicher Infrastruktureinrichtungen neigen dazu, "höherwertige" Nutzungen an solchen Standorten zu lokalisieren, an denen bereits eine gewisse Ansammlung ähnlicher Läden, Dienstleistungseinrichtungen, Professionen sowie entsprechende Kaufkraft vorhanden ist. Das führt zur Konzentration derartiger Nutzungen in bestimmten Quartieren.

Solche bestehenden oder sich abzeichnenden Konzentrationen rufen Wohnungsspekulanten auf den Plan. Zwei Strategien herrschen vor: Erstens ein frühzeitiger Aufkauf von Altbauten, in die dann sehr wenig zum Unterhalt investiert wird, die heruntergewohnt und am Ende abgerissen und durch Appartementhäuser ersetzt werden. Zweitens Aufkauf von recht gut erhaltenen attraktiven Mietshäusern (aus der Gründerzeit oder dem Jugendstil), die modernisiert werden und deren Wohnungen nach Einholen der Abgeschlossenheitserklärung als Eigentumswohnungen verkauft werden.

Diese Entwicklungen zeigen zweierlei: Erstens ist es nicht ausreichend, bei der Betrachtung der Veränderung innerstädtischer Nachbarschaftseinheiten ausschließlich die Bevölkerungs- und die Wohnbaustruktur zu betrachten, und zweitens lassen sich die Prozesse der "gentrification" und des "incumbent upgrading" - so richtig deren Unterscheidung ist - bei der Betrachtung der Veränderung bundesdeutscher Innenstädte nicht trennen. Beide Prozesse bedingen sich wechselseitig und beide wirken sich auf benachbarte Gebiete "ansteckend" aus. CLAY (1979:6f) spricht daher auch von "spot gentrification" innerhalb von "upgrading areas" und von "fringe upgrading" am Rande von "gentrifying areas".

Die Aussagen der von uns Befragten zu einzelnen Stadtteilen befassen sich auch mit den oben beschriebenen Prozessen. Dabei wird deutlich, daß die Veränderungen im Gebiet bis zu einer bestimmten Grenze mitgetragen bzw. positiv bewertet werden. Ab einer bestimmten Entwicklung tritt jedoch eine deutliche Kritik der Veränderungen ein. An welcher Stelle des Entwicklungsprozesses das "Umkippen" konstatiert wird, ist neben individuellen von sozio-ökonomischen und demographischen Faktoren abhängig.

Von vielen Befragten wurden "Schickeria"-Gegenden abgelehnt,

- weil die homogenere Sozialschicht als langweilig empfunden wird: "dieser Pöseldorf-Kreis - alles zu versnobt und oberflächlich", "weil ich das Mittelmaß, diese Spießbürgerlichkeit nicht wollte, bin ich von Winterhude weggezogen", "hier sind alle zufrieden, weil sie genug Geld haben", "völlig steril hier, überhaupt nicht lebendig";

- insbesondere weil die damit verbundene Umwandlung von Miet- in Eigentumswohnungen und das allgemeine Ansteigen des Mietniveaus als sehr negativ bewertet wird: "in Winterhude werden einzelne Häuser immer mal abgerissen und dann von Privatleuten wieder aufgebaut und als kleine Luxus-Komfortwohnungen vermietet", "die Tendenz geht in Eppendorf unübersehbar dorthin, daß immer mehr Eigentumswohnungen entstehen", "Alsterblick kostet dann gleich DM 1.000 mehr".

Diese Vorbehalte treffen vor allem auf das Gebiet rund um die Alster zu (Teile von Rotherbaum, Harvestehude, Eppendorf und Uhlenhorst; vgl. Abb. 2). Die Bewohner der Gebiete, die unter einem Umwandlungsdruck stehen, organisieren sich zunehmend, um Spekulationen zu verhindern bzw. ziehen fort. Gesuchte Quartiere sind dann Teile von Eppendorf, Hoheluft, Eimsbüttel und Ottensen, wo es halt "noch nicht so überkandidelt" ist. Hier setzen sie jedoch Gentrifikations-Prozesse erneut in Gang oder setzen sie fort.

3.2 Die Wohnung

3.2.1 Wohnsituation und Zielvorstellungen des Wohnens

Die Interpretation der Wohnungssituation der Befragten ist sicherlich sehr vorsichtig durchzuführen. Aufgrund der Auswahl ist die Stichprobe vermutlich derart verzerrt, daß eher höhere Schichten und Akademiker berücksichtigt wurden. Es ist daher zu vermuten, daß die Wohnbedingungen überschätzt werden. Dennoch ein paar vorsichtige Ableitungen:

Die Alleinwohnenden haben durchschnittlich zwei Wohnräume mit gut 50 qm Wohnfläche zur Verfügung. Sie zahlen im Durchschnitt eine Kaltmiete von deutlich unter DM 500,-, was etwa einem Anteil von knapp 25% des Netto-Einkommens entspricht. Die Schwankungen unter den Alleinwohnenden sind jedoch erheblich: die größte Wohnung eines Alleinwohnenden der Stichprobe hat 230 qm und sechs Räume, wird allerdings zur Hälfte vom Bewohner gewerblich genutzt; die kleinste Wohnung hat 25 qm und nur einen Raum. Je 10% aller Alleinwohnenden zahlen weniger als DM 200,- bzw. mehr als DM 1.000,- Miete. Die Hälfte aller Alleinwohnenden hat eine Mietbelastung unter DM 400,-. Frauen zahlen im Durchschnitt weniger Miete, doch ist ihre Mietbelastung höher als die der Männer, da ihr mittleres Einkommen niedriger ist.

Die unverheiratet zusammenlebenden Paare haben durchschnittlich drei Wohnräume mit etwa 85 qm Wohnfläche zur Verfügung. Die Miete (kalt, incl. Nebenkosten) beträgt etwa DM 650,-, was einem Anteil von 20% am Haushaltsnettoeinkommen entspricht. Auch unter den befragten Personen, die mit ihrem Partner unverheiratet zusammenleben, sind die Unterschiede der Wohnungssituation stark: Zwei Paare wohnen in lofts (jeweils 180 qm), die kleinste Wohnung ist eine 1 1/2-Zimmer-Wohnung mit 35 qm, in der eine Befragte ursprünglich allein wohnte und in die ihr Freund einzog, nachdem er sich scheiden ließ. Entsprechend schwanken die Miethöhen: 30% der Befragten zahlen mindestens DM 900,- ohne Heizung, 25% maximal DM 400,-. Die Unterschiede resultieren vor allem aus den unterschiedlichen Einkommenssituationen, die sich im Extremfall einerseits durch zwei in Ausbildung befindliche Partner und andererseits durch zwei Doppelverdiener ergibt. Bei zwei Dritteln aller Paare zahlt auch die Frau einen Anteil zur Miete; er ist jedoch absolut nur halb so groß wie der der Männer und relativ zum Individualeinkommen niedriger als bei den Männern.

Hierin unterscheiden sich die Ehepaare erheblich von den unverheirateten Paaren; die Ehefrauen zahlen praktisch keinen Beitrag zur Miete. Die Wohnungen verheirateter Paare sind größer als die der Unverheirateten (knapp 100 qm bei knapp vier Zimmern), aber etwa gleich teuer. Auch der Anteil des Einkommens, der für die Miete aufgebracht wird, liegt mit 21% nur knapp höher als bei den unverheirateten Paaren. Gleichzeitig streuen die Werte für die Ehepaare deutlich weniger als bei den unverheiratet zusammenlebenden Paaren. Das mag daran liegen, daß die Lebenssituationen der verheirateten Paare untereinander eher gleich sind als die der unverheirateten Paare.

Für Wohngemeinschaften ist es notwendig, alle Angaben auf die Zahl der Bewohner zu beziehen. Damit ergibt sich auch eine Vergleichbarkeit der einzelnen Haushaltstypen untereinander (Tab. 6).

Die größte Fläche pro Bewohner haben erwartungsgemäß die Alleinwohnenden, denn hier wird die Versorgungsfläche (Flur, Küche, Bad) auf nur eine Person umgelegt; entsprechend ist der Flächenanteil der Wohngemeinschaftsbewohner am geringsten. Die unverheirateten Paare haben nur deshalb eine größere Fläche pro Bewohner als die Ehepaare, weil bei ihnen nur zwei Paare jeweils ein Kind haben. Ein entsprechendes Ergebnis bringt die Betrachtung der Anzahl der Räume pro Bewohner.

Tabelle 6: Die Wohnsituation der Haushalte im Vergleich

		Anteile pro Bewohner (B)			
		Fläche/B in qm	Räume/B	Miete/B in DM, kalt	Miete/qm in DM; kalt
Alleinwohnende	ø	57,7	2,3	479,-	8,28
n = 19	S_D	49,9	1,0	306,4	2,7
unverheiratet zusammenlebende Paare	ø	41,4	1,5	307,-	8,15
n = 20	S_D	22,0	0,6	141,8	2,9
Ehepaare	ø	35,4	1,3	230,-	6,62
n = 15	S_D	14,4	0,5	113,0	1,9
Wohngemeinschaften	ø	31,1	1,2	257,-	8,80
n = 16	S_D	8,7	0,3	67,0	2,2

Analysiert man die Mietbelastung pro Bewohner, so fällt auf, daß Wohngemeinschafts-Bewohner die zweithöchste Mietbelastung - nach den Alleinwohnenden - aufweisen trotz niedrigstem Flächenanteil und Zahl der Räume pro Person. Das liegt daran, daß die Wohngemeinschaften die höchsten qm-Preise bezahlen. Eigentlich müßten sie die niedrigsten qm-Mieten bezahlen, denn sie bewohnen die größten Wohnungen und haben wegen der geringen Fluktuation der "Hauptmieter" häufig alte Mietverträge. Die vergleichsweise hohen Mieten dürften der "Preis auf dem Markt" sein, den Wohngemeinschaften zahlen müssen, um überhaupt Wohnungen zu bekommen.

Überraschend ist die niedrige qm-Miete der Ehepaare, wofür sich zwei Gründe anführen lassen: Erstens sind in der Stichprobe zwei Pastoren-Ehepaare, die in günstigen Dienstwohnungen leben, und zweitens scheinen Ehepaare wegen der Kinder größere und billigere Wohnungen nachfragen zu müssen.

Bei der Frage nach der realistischen "Idealwohnung" laufen die Vorstellungen weitgehend darauf hinaus, ein Zimmer mehr haben zu wollen, mehr Fläche, einen (größeren) Balkon, Zugang zu einem Garten und weniger Verkehrslärm. Gleichzeitig soll aber diese Wohnung nur etwa das gleiche an Miete kosten.

Interessante Unterschiede gibt es jedoch zwischen den einzelnen Haushaltstypen, was die Bestimmtheit der Vorstellung von der "Idealwohnung" betrifft. Am genauesten sind die Vorstellungen der Ehepaare; bei ihnen scheint die Möglichkeit, zu Ehe und Familie alternative Haushaltsformen wählen zu können, eben nicht mehr vorhanden zu sein. Ähnlich klare Vorstellungen hat auch ein Teil der unverheiratet zusammenlebenden Paare - nämlich diejenigen, die eher von einem weiteren Zusammenleben und/oder von einer zukünftigen Ehe und Familie ausgehen. Der andere Teil der unverheiratet zusammenlebenden Paare macht die "ideale" Wohnung eher von den Lebensumständen abhängig, z.B. ob man auch mit Freunden und Bekannten zusammenleben möchte (s.u.). Die weitgehende Unsicherheit über die zukünftige Lebensform verhindert vor allem klare Vorstellungen bei Alleinwohnenden. Sie machen dabei ihre "Idealwohnung" stark davon abhängig, ob der oder die "Richtige" noch komme oder nicht. Unabhängig davon war bei den Alleinwohnenden der Wunsch nach einer deutlich größeren Wohnung (mit drei oder vier Zimmern) am stärksten - ein Hinweis dafür, daß eine 1- oder 1 1/2-Zimmer-Wohnung von den Alleinwohnenden als vollkommen ungeeignet betrachtet wird.

Am unklarsten ist die Vorstellung der Bewohner von Wohngemeinschaften. Sie würden sich zwar häufig auch mehr als ein Zimmer wünschen, doch besteht hier eine größere Skepsis bezüglich der Realisierung. Da fast alle diese Wohnform beibehalten wollen, liegen die Vorbehalte wohl daran, daß die Wohnform weniger durch die Wohnung als vielmehr durch den menschlichen Zusammenhalt geprägt wird. Nach allen Informationen ist es schwierig, mit einer kompletten Wohngemeinschaft umzuziehen; sei es, weil die einzelnen Wohngemeinschaftsmitglieder sich nicht einigen können, sei es, weil der Wohnungsmarkt für diese Wohnform anscheinend sehr klein ist. Auf diese Weise gibt es zwar eine hohe Fluktuation der Wohngemeinschaftsmitglieder, hingegen aber ein großes Beharrungsvermögen der Wohnform in einer Wohnung.

3.2.2 Die Wohnfläche in ihrer Funktion zur Befriedigung der Ansprüche an die individuelle Selbstverwirklichung

Auf die Vermutung, daß die Neigung, in den zu Ehe und Familie alternativen Haushaltsformen zu leben, auf ein zunehmendes Bedürfnis nach individueller Selbstverwirklichung zurückzuführen ist, haben wir bereits hingewiesen. Zwei Aspekte der individuellen Selbstverwirklichung scheinen uns hier wichtig: der <u>Wunsch nach Rückzugsmöglichkeit</u> und <u>der Wunsch nach Offenheit</u>.

Für die Verwirklichung beider eher konträrer Ziele scheint es mittlerweile praktikable Wohnformen zu geben: das Alleinwohnen und die Wohngemeinschaft. So erwähnen Alleinwohnende als positiv für ihre Lebensfom, "daß man tun und lassen kann, was man will", "daß man sein eigener Herr ist", "daß man jederzeit die Tür hinter sich zumachen kann", "daß man sein eigenes Reich habe", in dem man "selbst bestimmen kann, was passiert", bzw. "wie es gestaltet ist". Bewohner von Wohngemeinschaften sehen eher als positiv an, "daß immer jemand da ist, wenn man jemanden braucht", "daß man sich immer ausquatschen kann", "daß man gemeinsamen Interessen nachgehen kann" und "daß man von anderen lernen und profitieren kann".

Ziel ist es jedoch eigentlich nicht, ausschließlich Rückzugsmöglichkeit oder Offenheit anzustreben, sondern vielmehr Lebensbedingungen, innerhalb derer man - je nach Stimmung - sowohl das eine als auch das andere verwirklichen kann.

So sehen sich die Alleinwohnenden unter dem Druck, sich nach außen zu öffnen ("man muß sich dauernd an's Telefon hängen, und was losmachen"), damit einem nicht "die Decke auf den Kopf fällt" oder man langsam "komisch und schrullig" werde. Umgekehrt ist es mit den Bewohnern der

Wohngemeinschaften; für sie ist es wichtig, "daß man auch die Tür hinter sich zumachen kann". Die Skeptiker, die nicht gerade allein oder in einer Wohngemeinschaft wohnen, lehnen vor allem deshalb diese Wohnformen ab, weil sie nicht glauben, daß diese Ausgleiche ausreichend möglich sind.

Die unverheiratet zusammenlebenden Paare sind diejenigen, die von der Organisation des Zusammenlebens her am ehesten den Ehepaaren entsprechen. Wir haben in unserer Untersuchung jedoch zwei Unterschiede zwischen verheirateten und unverheirateten Paaren in der räumlichen Organisation des Zusammenlebens festgestellt, die ebenfalls mit den beiden Aspekten der individuellen Selbstverwirklichung korrespondieren. Zum einen streben die unverheiratet Zusammenlebenden in deutlich stärkerem Maße individuelle Wohnräume an bzw. haben diese bereits. Damit ist nicht das Arbeitszimmer (meist des Mannes) gemeint, sondern komplett eingerichtete Räume (mit Bett, Sitzgelegenheiten und Schreibtisch) für jeden der beiden Partner. Im Extremfall ist die Aufteilung der Wohnung derart, daß es außer einem gemeinsamen Bad, einer Küche und einem Flur keine weiteren gemeinsamen Räume gibt und jeder zwei Räume für sich hat. Eine solche Aufteilung bedeutet jedoch nicht, daß diese Räume nicht gemeinsam genutzt werden. Sie ermöglicht es jedoch, die Tür hinter sich zumachen zu können, die Räume nach eigenem Geschmack zu gestalten und ungestört Besuch von eigenen Freunden und Bekannten zu erhalten. Zum anderen äußerten die unverheirateten Paare deutlich häufiger als die verheirateten den Wunsch, mit einem weiteren Paar ein Doppelhaus, ein Zwei-Familien-Haus o.ä. zu beziehen, um nicht "in der Zweierkiste zu versacken". Die Voraussetzung ist jedoch, daß jedes Paar zwei voneinander getrennte Wohnungen hat.

Beides deutet darauf hin, daß hier offensichtlich ein Kompromiß zwischen den unterschiedlichen Zielsetzungen der individuellen Selbstverwirklichung und der Möglichkeit, diese Individualisierung innerhalb der Partnerschaft anzustreben, gesucht wird.

Die größte Attraktivität für Alleinwohnende und für unverheiratet zusammenlebende Paare, hinsichtlich des Kompromisses aus Rückzugsmöglichkeit und Offenheit im Wohnbereich, hat die "große Hausgemeinschaft". Hiermit ist ein großes Mietshaus gemeint, in dem Freunde und Bekannte wohnen, in dem vieles gemeinsam unternommen wird; eben "ein Haus voller Gleichgesinnter".

Damit ergibt sich für das Kontinuum zwischen Rückzug einerseits und Offenheit andererseits eine Reihe von Wohn- und Lebensformen: Alleinwohnen, eigene Zimmer in einer gemeinsamen Wohnung, Zusammenwohnen mit einem weiteren Paar, "große Hausgemeinschaft", Wohngemeinschaft. Gegenüber den traditionellen Vorstellungen partnerschaftlichen Zusammenlebens besteht eine Fülle alternativer Formen.

4. SCHLUSSFOLGERUNGEN

Bis Mitte der 80er Jahre wird die Zahl der Haushalte in der Bundesrepublik Deutschland ansteigen. Innerhalb der Gesamtzahl aller Haushalte nimmt vor allem die Zahl der Alleinwohnenden, der unverheirateten Paare und - geringfügiger - die Zahl der Wohngemeinschaften zu. Da die Neigung, in solchen Haushalten zu leben, aufgrund gesellschaftlicher Veränderungen zunehmen wird, wird bei rückläufiger Gesamtzahl aller Haushalte der Anteil dieser Haushalte an allen Haushalten deutlich zunehmen. Das bedeutet jedoch keinesfalls eine durchgreifende Absage an Ehe und Familie: Sie werden weiterhin die dominierenden Haushaltsformen bleiben, denn die neuen Haushaltsformen werden von ihren Anhängern durchaus auch als Durchgangsstationen zu Ehe und Familie angesehen. Auf der anderen Seite haben Ehe und Familie wohl endgültig ihren Exklusivitätsanspruch eingebüßt.

Auf die sich abzeichnende Veränderung der Haushaltsstruktur müssen die Akteure des Wohnungsmarktes reagieren. Nicht der Wohnungsmarkt insgesamt wird betroffen sein, sondern bestimmte Wohnungsteilmärkte. Zuerst muß beachtet werden, daß es sich bei den vermuteten Zuwächsen um ein rein innerstädtisches, ja vorerst großstädtisches Phänomen handeln dürfte, was jedoch nicht ausschließt, daß im Laufe der Zeit diese Entwicklung, parallel mit der Ausbreitung der angesprochenen Aspekte des sozialen Wandels, auch auf Mittel- und Kleinstädte und schließlich auch den ländlichen Bereich übergreifen wird.

Aber auch der innerstädtische Wohnungsmarkt muß differenzierter betrachtet werden. Der größte Druck geht hier sicherlich von der Zunahme der

Zahl der <u>Alleinwohnenden</u> aus. Auch wenn diesbezüglich bereits ein gewisses Problembewußtsein verbreitet ist - aufgrund der erwähnten statistischen Bedingungen wird deren Zahl ja überschätzt -, soll auf den von Alleinwohnenden nachgefragten Teilmarkt hingewiesen werden. Die Nachfrage der Alleinwohnenden richtet sich vor allem auf innenstadtnahe Mischgebiete. Die angestrebten Wohnungen sind mit zwei bis drei Zimmern größer als lange vermutet.

Die Zahl der <u>Wohngemeinschaften</u> scheint aufgrund der Bedingungen am Wohnungsmarkt begrenzt. Zweifellos besteht ein zusätzlicher Bedarf an grossen Altbau-Wohnungen in den Gebieten der Inneren Stadt. Doch die Bereitschaft der Vermieter, Wohnungen mit Wohngemeinschaften zu belegen, scheint an Grenzen gestoßen zu sein, zumal deren Funktion als mietzahlungsfähige Gruppe in dem Maße abgelöst wurde, in dem eine neue Konkurrenz um diese Wohnungen entstanden ist, seitdem auch (kinderlose) Paare immer häufiger bereit und in der Lage sind, Mieten von deutlich über DM 1.000,- zu zahlen.

Hier spielen die unverheirateten Paare neben den kinderlosen Ehepaaren eine zentrale Rolle. Da es zwischen unverheirateten und verheirateten Paaren im Mittel nur geringe Unterschiede in der Standortwahl und der Wohnungsgröße zu geben scheint, ist eine differenziertere Betrachtung notwendig. Unter den unverheirateten Paaren läßt sich eine Subgruppe ausmachen, die eher älter, besser ausgebildet, in höheren Berufspositionen, meist als Doppelverdiener tätig ist und damit über ein hohes Einkommen verfügt. Diese Personen haben eine eindeutige Priorität für innenstadtnahe Wohnquartiere der oberen Mittelschicht. Sie sind in der Lage, für große Altbauwohnungen eine hohe Miete zu zahlen bzw. diese als Eigentumswohnungen zu erwerben. Diese Paare sind - neben den Alleinlebenden in neuerbauten Appartementhäusern - diejenigen, die die attraktiven Wohngebiete der Inneren Stadt unterwandern.

Und was ist nun mit den "Utopien"? Aus dem zunehmenden Anspruch auf Individualräume läßt sich ein Anwachsen der Nachfrage nach größeren Wohnungen (bezogen auf die Zahl der Räume) ableiten. Das Zusammenleben von zwei (oder drei) Paaren u.U. mit Kindern wird teilweise schon ausprobiert. Vorherrschend sind hier (ältere) Zwei- bis Drei-Familien-Häuser in den Außenbezirken der Stadt. In innerstädtischen Wohnquartieren sind solche Bauformen aufgrund der Verdichtungsprozesse zum Ende des vorigen Jahrhunderts kaum vorhanden. Dennoch gibt es auch hier ältere Stadthäuser in den "goldcoast"-Gebieten (in Hamburg z.B. in Harvestehude, in Bremen z.B. Schwachhausen) bzw. in Gebieten, die unter hohem Aufwertungsdruck stehen (in Bremen z.B. das Ostertor- und Steintorviertel), die für solche Wohnformen geeignet wären und bereits auch so genutzt werden. In solchen Häusern werden allerdings die höchsten qm-Mieten im innerstädtischen Wohnungsbau verlangt und gezahlt. Der "großen Hausgemeinschaft" stehen massive Schwierigkeiten entgegen. Auch wenn vereinzelt solche Ziele bereits umgesetzt werden (gemeinsamer Aufkauf eines alten Mietshauses durch mehrere Besitzer), in letzter Konsequenz bedeutet das hausinterne Umbauten, wenn die Anforderungen an die Kommunikationsräume erfüllt werden sollen. Also bleibt diese "heile Welt", dieses "Dorf in der Großstadt" ein weitgehend unerfülltes Ideal, dem man höchstens dadurch näher kommt, daß man versucht, bei Freiwerden einer Wohnung im Haus eigene Freunde und Bekannte einzuschleusen. Es gibt also deutliche Tendenzen dafür, daß innerstädtische Wohnquartiere auch deshalb bevorzugt werden, weil es offensichtlich immer noch oder bereits wieder Quartiere gibt, in denen eine Identifikation mit dem Wohnhaus, dem Block, der Nachbarschaft gesucht wird und auch möglich ist.

ANMERKUNGEN

(1) Die nachstehende Analyse stützt sich zum Teil auf eine Studie an der TU Hamburg-Harburg, in deren Rahmen wir im Jahre 1983 in Hamburg ca. 80 Intensivinterviews mit Alleinwohnenden, unverheiratet Zusammenlebenden und Mitgliedern von Wohngemeinschaften, sowie - als Kontrollgruppe - mit Ehepaaren führten.

(2) GLATZER (1983:3) weist darauf hin, daß der aufgrund zweier für die BRD repräsentativer Umfragen ermittelte Anteil Alleinlebender an allen Haushalten bei ca. 20 % liegt, während der Mikrozensus einen EPH-Anteil von ca. 30 % angibt.

(3) SMSA = Standard Metropolitan Statistical Area ist eine planerische und statistische Abgrenzung und umfaßt eine Kernstadt und ihr jeweiliges Umland.

(4) BRUNBORG H., 1979: Cohabitation without Marriage in Norway. Artikler fraa Statistik Sentralbyra, Nr. 116, Oslo. BROWN, K. & KIERNAN, K., 1981: Cohabitation in Great Britain: Evidence from General Household Survey. In: Population Trends, Vol. 25: 4-10.

(5) Hierbei handelt es sich um unveröffentlichtes Material einer zweistufigen Untersuchung zu den Lebensumständen von 18- bis 28jährigen Frauen.

Volker Kreibich

Wohnversorgung und Wohnstandortverhalten

1. KLISCHEEVORSTELLUNGEN

Der Stand der Wohnungsversorgung in den Verdichtungsräumen der Bundesrepublik wurde bis auf den heutigen Tag kontrovers diskutiert. Der zentralen gesellschaftlichen Bedeutung der Wohnungspolitik entsprechen die widersprüchlichen Bewertungen des Versorgungsgrades: während weite Teile der Wohnungswirtschaft und die Anhänger marktwirtschaftlicher Versorgungsstrategien schon lange eine Sättigung der Nachfrage nach preiswerten Mietwohnungen ausmachen und vom Staat die stärkere Förderung von Wohnungseigentum fordern, betonen Praktiker aus der kommunalen Wohnungsverwaltung und Verteilungstheoretiker, daß seit dem Ende der 70er Jahre die Zahl der einkommensschwachen Haushalte zunimmt, während gleichzeitig der Bestand und vor allem das Angebot an preiswerten Mietwohnungen schrumpfen.

In der kommunalen Tagespolitik der letzten Jahre wurde dieser Widerspruch mit klischeehaften Vorstellungen überdeckt. Als in der Mitte der 70er Jahre die Randwanderung deutschsprachiger Haushalte aus der Kernzone der Verdichtungsräume in die Umlandgemeinden durch den Zustrom ausländischer Haushalte nicht mehr ausgeglichen wurde und die Kernstädte einen Rückgang ihres Anteils an der Einkommensteuer befürchteten (zur damaligen Diskussion und ihrer Kritik vgl. FISCHER, GSCHWIND & HENCKEL 1978), kam das Klischee (zum Begriff des Klischees in Kommunalpolitik und Stadtforschung vgl. ARRAS 1981 und KREIBICH 1981) von der Stadtflucht auf. Mit düsteren Visionen von Überalterung, Ghettoisierung und schnell steigenden Soziallasten (Deutscher Städtetag: "Schrumpfen sich unsere Städte krank?") begründeten die Großstädte die radikale Wende ihrer Wohnungs- (und Stadtentwicklungs-)politik von der Ausrichtung auf die Wohnungsversorgung "der breiten Schichten des Volkes" (Grundgesetz) zur Konzentration auf die Eigentumsförderung. Sie unterstützten die Umwandlung von Mietwohnungen in Wohneigentum und legten "Eigenheimprogramme" auf, die einen großen Teil der kommunalen Wohnungsbauförderungsmittel in Anspruch nahmen, die Planungskapazitäten banden und den Ausverkauf der letzten Flächenreserven der Kernstädte einleiteten (z.B. in München). Die Bedeutung des konstant steigenden Verbrauchs an Wohn- und Siedlungsflächen als Folge neuer Konsumgewohnheiten bei steigendem Wohlstand und geänderten sozialen Normen und Lebensgewohnheiten wurde dabei nicht angemessen berücksichtigt, und eine politische Lösung für die rapide zunehmende Verzerrung der Bodenmärkte in den Verdichtungsräumen nicht ernsthaft gesucht.

Der Apell des Deutschen Städtetages unterstützte auch die Entscheidung der Bundesregierung, die steuerlichen Abschreibungsmöglichkeiten nach § 7b EStG im Jahre 1977 auf Altbauten auszudehnen. In Verbindung mit der Ausweitung der Absetzbarkeit von Verbesserungsmaßnahmen nach § 82a EStDV auf Eigentümer erwies sich bald der Kauf einer Eigentumswohnung in der Kernstadt als wesentlich günstiger als der Bau eines Einfamilienhauses im Umland.

Die Umwandlung von Miet- in Eigentumswohnungen, Mietsteigerungen nach Modernisierungsmaßnahmen, das Auslaufen von Zinssubventionen und Belegungsbindungen bei Sozialwohnungen und andere Maßnahmen führten zu Beginn der 80er Jahre bei sinkenden Realeinkommen und stark ansteigender Arbeitslosigkeit zu einem schnellen Rückgang der Zahl preiswerter Mietwohnungen in den Kernstädten der Verdichtungsräume (die billigen Mietwohnungen, die dem Markt entzogen werden, können durch Neubauwohnungen nicht mehr ersetzt werden, vgl. z.B. LANDESHAUPTSTADT STUTTGART o.J.). Die Warteschlangen vor den Wohnungsämtern wurden immer länger (GEWOS 1980), die Sozialhilfeetats der Kommunen immer stärker durch Mietbeihilfen belastet und die Hausbesetzer machten Schlagzeilen (und verschafften den Disparitäten auf den großstädtischen Wohnungsmärkten damit mehr Aufmerksamkeit als die wissenschaftlichen Analysen). Das Klischee für das scheinbar neue Phänomen war schnell zur Hand: "Die neue Wohnungsnot", das Motto einer wohnungspolitischen Fachkonferenz des Deutschen Städtetages 1980. Hatten denn Ausländer, kinderreiche Familien, alleinerziehende Mütter, Jungerwachsene, unverheiratete Paare in den Jahren davor keine Probleme bei der Wohnungssuche? (Belege für die großstädtischen Wohnungsmarktdefizite in der zweiten Hälfte der 70er Jahre finden sich z.B. bei KREIBICH, MEINECKE & NIEDZWETZKI 1980).

Inzwischen hat sich die kommunalpolitische Aufmerksamkeit neueren (Tages-) Themen zugewandt (z.B. Entsorgung, Energieplanung). Die Wohnungswirtschaft sorgt sich jetzt um Wohnungsleerstände, die als Folgen einseitiger Investitionsentscheidungen (ungünstige Standorte, Hochhausarchitektur) und ungünstiger, aber teilweise voraussehbarer Rahmenbedingungen (Mietsteigerungen nach Wegfall der Zinssubventionen) in einigen Teilmärkten und vor allem in norddeutschen Verdichtungsräumen auftreten. Die wohnungswirtschaftliche und kommunalpolitische Diskussion dieses Phänomens (das anders erklärt werden muß als die "Wohnungshalde" um die Mitte des letzten Jahrzehnts) zeigte ein Defizit auf, das auch schon bei den Kontroversen um die "Stadtflucht" und um die "neue Wohnungsnot" festzustellen war: eine unzureichende Differenzierung, die zwischen einzelnen Marktsegmenten und verschiedenen Typen des Wohnungsmarktes in den Verdichtungsräumen mit schrumpfenden und wachsenden Ökonomien zu wenig unterscheidet (vgl. die Forderung von PFEIFER 1984:75).

Die Stadtforschung hat die kommunalpolitischen Klischeevorstellungen, besonders den Topos der "Stadtflucht", nicht sofort hinterfragt, z.T. sogar noch gestützt. Sie folgte damit einer Tradition der deutschsprachigen Mobilitätsforschung, die Entscheidungen über den Wohnungstandort unter den Bedingungen freier Wahl untersuchte und die Entscheidungszwänge, die von den "Anbietermärkten" der Verdichtungsräume gesetzt werden, zu wenig beachtete (so z.B. die meisten geographischen Mobilitätsuntersuchungen, aber z.B. auch ALBRECHT 1972, während z.B. JESSEN u.a. 1979 oder KREIBICH 1979 auf dieses Defizit aufmerksam machten).

Sie war deshalb auch nicht in der Lage, Wohnungs- und Sozialpolitiker auf die vielfältigen Strategien hinzuweisen, mit denen sich Haushalte mit niedriger bis mittlerer Nachfragestärke an die Versorgungsdefizite der großstädtischen Wohnungsmärkte anpassen. (Diesem Defizit sollte das Stadtforschungsprogramm der Robert Bosch Stiftung abhelfen; vgl. dazu SCHULTES u.a. 1985). Diese Unkenntnis ist, wie gezeigt werden wird, eine Ursache für die mangelnde Effizienz staatlicher Wohnungspolitik in der Bundesrepublik Deutschland.

2. VERSORGUNGSDISPARITÄTEN DURCH IMMOBILITÄT

Im statistischen Durchschnitt sind die Wohnungsmärkte selbst in den Großstädten der Bundesrepublik ausgeglichen, denn die Zahl der Wohnungen entspricht ungefähr der Zahl der Haushalte (Tab. 1). Genauere Analysen der Wohnungsversorgung ergeben aber ein ganz anderes Bild. Wohnungs- und Haushaltsgröße weichen auf den einzelnen Wohnungsteilmärkten erheblich voneinander ab. Tab. 2 zeigt am Beispiel einer Erhebung in der Region Mittlerer Neckar, daß noch jede fünfte Altbau- und Sozialwohnung überbelegt ist. Größere Haushalte sind besonders häufig unterversorgt, kleine Haushalte dagegen eher überversorgt. Etwa 16% aller Stuttgarter Haushalte wohnen, gemessen an der Zahl der Haushaltsmitglieder, in zu kleinen Wohnungen. Jede vierte dieser Wohnungen ist außerdem mangelhaft ausgestattet. Ungefähr die Hälfte aller Stuttgarter Haushalte wohnt dagegen in "zu großen" Wohnungen (GSCHWIND 1983:60). Die Verschiebung der wohnungspolitischen Aufgabe vom Mengenproblem zur Verteilungsfrage, die dieses Mißverhältnis andeutet, ist das eigentlich Neue an der "neuen Wohnungsnot".

Tabelle 1: Versorgung der Haushalte mit Wohnungen in ausgewählten Städten der Bundesrepublik (Stand 1980)

...räumige Wohnungen	1 + 2	3	4	5	6	7 und mehr	insges.
...Personenhaushalte	1	2	3	4	5	6 und mehr	
Bundesgebiet	35%	83%	175%	125%	210%	210%	101%
Hamburg	28%	96%	125%	215%			97%
Düsseldorf	68%	109%	154%	95%	95%		101%
Braunschweig	15%	147%	147%	188%	188%		90%
Göttingen	16%	85%	240%	236%	236%		80%
Köln	59%	107%	156%	94%	94%		98%
Bonn	30%	76%	174%	138%	260%	260%	89%
Frankfurt	39%	106%	199%	116%	126%	126%	97%
Darmstadt	31%	83%	221%	155%	155%		97%
Offenbach	41%	113%	192%	69%	58%		95%
Ulm	20%	36%	244%	170%	233%	452%	97%
München	46%	105%	194%	135%	246%	246%	92%
Rosenheim	58%	92%	157%	135%	171%	171%	101%
Karlsruhe	25%	91%	244%	157%	157%		99%
Baden-Baden	24%	78%	173%	188%	280%	280%	99%
Pforzheim	27%	99%	223%	145%	145%		98%
Freiburg	30%	85%	220%	113%	313%	313%	90%

* $\text{Versorgungsgrad} = \dfrac{\text{Anzahl der Wohnungen} \times 100}{\text{Anzahl der Haushalte}}$

(Quelle: GERTH 1982:19)

Tabelle 2: Wohnungsversorgung in ausgewählten Wohnungsteilmärkten in der Region Mittlerer Neckar

Belegung	Mieter im Altbau	Mieter im frei fin. Neubau	Mieter im öff.gef. Neubau	Mieter Total	Eigentümer Total	Eigentümer in Einfamilienhaus
überbelegt	19	12	21	16	8	6
normal belegt	28	31	35	31	18	13
unterbelegt	53	57	44	53	74	81

Quelle: GEWOS 1981

Abbildung 1: Wohnungsversorgung nach dem Alter des Haushaltsvorstandes in öffentlich geförderten Wohnungen

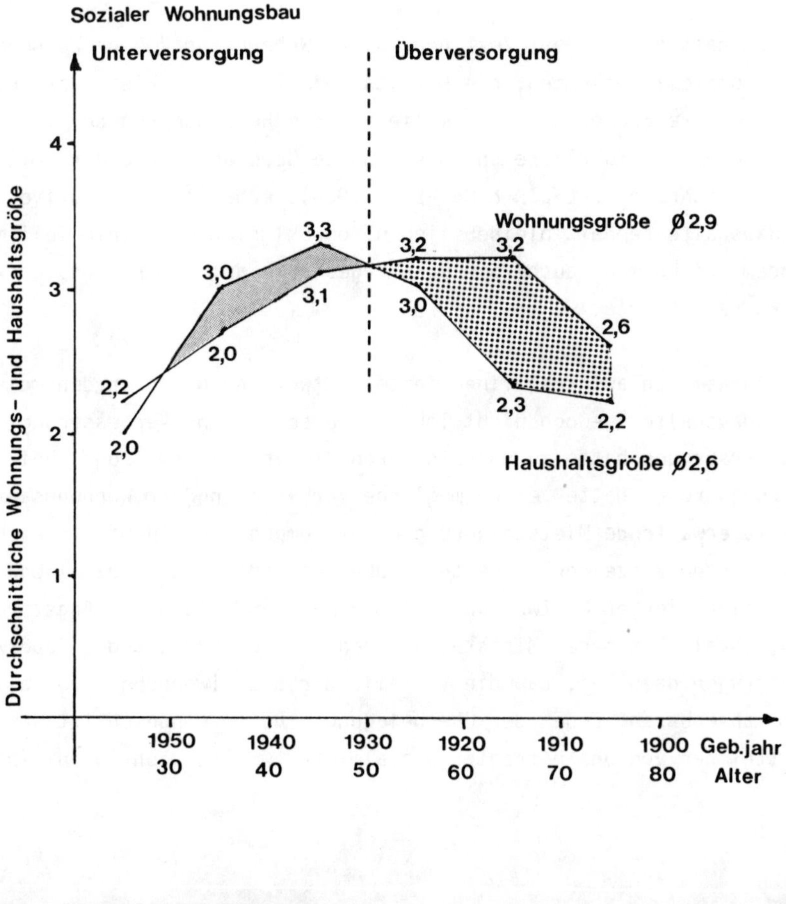

Die Unterversorgung ist auf dem Teilmarkt der öffentlich geförderten Wohnungen besonders stark ausgeprägt (Tab. 2). An einer repräsentativen Stichprobe von Mieterhaushalten in einem Sektor der Stadtregion Stuttgart (KREIBICH u.a. 1984) konnten wir nachweisen, daß die überdurchschnittlichen Versorgungsdisparitäten auf diesem Teilmarkt auf wohnungspolitische Rahmenbedingungen zurückgeführt werden können, die Immobilität bzw. Seßhaftigkeit fördern.

Der Vergleich der Haushalts- mit der Wohnungsgröße nach dem Alter des Haushaltsvorstandes (Abb. 1) zeigt, daß eine lange Periode der Unterversorgung mit Wohnraum erst nach der Lebensmitte, wenn die Kinder den elterlichen Haushalt verlassen haben, in Überversorgung umschlägt.

Nur wenige Mieter in Sozialwohnungen sind offenbar in der Lage, die Wohnungsgröße an die wachsende Haushaltsgröße anzupassen. Sie behelfen sich vielmehr in einer zu engen Wohnung, bis sich das Problem sozusagen von selbst löst (vgl. die "Wohnstandortgeschichte" in KREIBICH 1982).

Viele hatten in der Zeit der "alten Wohnungsnot" eine Wohnung bezogen bzw. zugeteilt bekommen, die bereits beim Einzug zu klein war oder sich mit der Vergrößerung der Familie und dem Heranwachsen der Kinder als zu eng erwies. Ausführliche und wiederholte Gespräche, die wir mit Sozialmietern führten (ELLWEIN & MEINECKE 1984), erhellten die Motive, die diese Haushalte seßhaft bleiben ließen, obwohl sich bei einem Teil mit steigendem Einkommen auch die Nachfragestärke auf dem regionalen Wohnungsmarkt verbesserte.

Ein Ausweichen auf frei finanzierte Mietwohnungen schien den meisten dieser Haushalte jedoch nicht lohnend zu sein. Eine Verbesserung der Wohnraumversorgung hätte zu unbezahlbaren Mieten geführt, und bei gleicher Wohnungsgröße hätte eine mögliche Verbesserung der Wohnungsausstattung die zu erwartende Mietsteigerung nicht kompensiert (Heute gleichen sich die Mieten einzelner Segmente in den Beständen neuer Sozialwohnungen und frei finanzierter Mietwohnungen immer mehr an). Auch die Angst vor weiteren, unkalkulierbaren Mietsteigerungen und der Verlust des Dauerwohnrechtes trugen dazu bei, daß die Vorteile der Sozialwohnung - vor allem nach dem absehbaren Ende der Überbelegung - höher eingeschätzt wurden. Zwei Drittel der von uns befragten Sozialmieter wollen deshalb in ihrer Wohnung bleiben.

Die eigene Marktfähigkeit wurde bei diesen Überlegungen nicht sehr hoch bewertet. Die als tragbar angesehene Mietbelastung orientierte sich am "permanenten Einkommen" (Wohngeld spielt bei dieser Entscheidung nur eine untergeordnete Rolle; vgl. KREIBICH u.a. 1984:15), und die Bereitschaft zu einer Erhöhung der Mietbelastung war gering.

Bei der Hälfte unserer Untersuchungsfälle dienten Flächenverzicht und niedrige Mieten dem Ansparen auf Wohneigentum. Trotzdem gelingt es bei den gegenwärtigen Baukosten nur noch wenigen Mietern von Sozialwohnungen, Wohneigentum zu erwerben. Durch die früher enger als heute gefaßten Bedingungen für die Zuteilung einer Sozialwohnung sind die Startchancen für den Erwerb von Wohneigentum bei Sozialmietern besonders ungünstig. Spätere Ansparleistungen, die eine günstige Miete ermöglichen, können diesen Nachteil vor allem bei schnell steigenden Immobilienpreisen nicht mehr ausgleichen. Der Zugang zur staatlichen Wohnungsbauförderung führt bei Sozialmietern daher in der Regel nur über den Erwerb von Vermögen (zur Bedeutung von Erbschaften vgl. GUSTAFSSON & HOPPE 1983:38).

Wenn sich die Pläne für den Eigentumserwerb hinauszögern, schwindet die Bereitschaft, den erreichten Lebensstandard für die Finanzierung von Wohneigentum einzuschränken; die Vorteile des Lebens im eigenen Heim werden im Vergleich zur wahrscheinlichen Restlebensdauer als zu gering eingeschätzt. Sie wäre auch zu kurz, um die Finanzierung abzusichern. Da auch die Kinder in dieser Phase des familiären Lebenszyklus bereits eigene Wege gehen und die Standortgebundenheit mit dem Alter zunimmt, ist der Verbleib in der alten Sozialwohnung das Ergebnis eines rationalen Abwägungsprozesses. Der Forderung der Wohnungspolitiker nach einem Ausgleich für die inzwischen aufgetretene Unter- bzw. Fehlbelegung der öffentlich geförderten Wohnung halten diese Haushalte die lange Periode entgegen, in der sie in einer zu engen Wohnung leben mußten.

Die zunehmende Investitionskraft vieler Sozialmieter führt zu charakteristischen Ersatzstrategien, wenn ein Umstieg in Wohneigentum trotzdem nicht möglich scheint. Das Dauermietrecht sichert eigene Investitionen zur Verbesserung der Wohnungsausstattung ab. Der Erwerb eines Gartens oder einer Wochenend-, Ferien- oder Alterswohnung trägt dazu bei, die Enge der Wohnung und Standortnachteile auszugleichen. Die Unterstützung der Kinder beim Erwerb von Wohneigentum ("Generationenvertrag") bietet eine weitere Möglichkeit für den Einsatz freien Sparkapitals.

Unsere Untersuchungsergebnisse belegen die besonders hohe sozialpolitische Sensibilität dieses Wohnungsmarktsegmentes. Dem vermeintlichen Anspruch auf eine knapp überdurchschnittliche Wohnraumversorgung nach jahrelanger, oft bedrückender Enge, und der "immobilen" Verbesserung der Wohnsituation durch den Einsatz von Mieteinsparungen steht die ständig steigende Nachfrage nach älteren und deshalb billigen Sozialwohnungen gegenüber. Die Bewältigung dieses Verteilungsproblems ist eine zentrale Aufgabe der Wohnungspolitik der 80er Jahre.

3. VERTEILUNGSDISPARITÄTEN DURCH DIE WOHNUNGSVERGABEPRAXIS

In Stadtregionen mit angespanntem Wohnungsmarkt wird die Verteilung der Wohnbevölkerung innerhalb des vorhandenen Wohnungsbestandes von der Zugänglichkeit der Bestandssegmente für die einzelnen Nachfragegruppen bestimmt. Das gilt insbesondere für die öffentlich geförderten Wohnungen, deren Bewerberkreis durch gesetzliche Bestimmungen (§25 WoBauG) eingeengt wird. In Städten mit einem hohen Anteil öffentlich geförderter Mietwohnungen (vor allem in Norddeutschland, vgl. Tab. 1) wird die Verteilung einkommensschwacher Haushalte und anderer "Problemgruppen" der Wohnungsversorgung deshalb in erster Linie von den Standorten der öffentlich geförderten Wohnsiedlungen (und innerstädtischen Altbaubestände) und von den Regeln bestimmt, nach denen diese Wohnungen zugeteilt werden. Auch in der Diskussion um die "Zukunft der Großsiedlungen" spielt die Frage eine entscheidende Rolle, ob die zunehmenden Vermietungsschwierigkeiten nicht zu einer Konzentration von Problemfällen führen werden, die mit der bisher geübten Belegungspraxis gerade vermieden werden sollte.

In vielen Städten der Bundesrepublik werden das "private Modell" der Wohnungsbelegung, bei dem der Vermieter den Mieter im Rahmen der gesetzlichen Vorgaben (Berechtigungsschein der Wohnungsbehörde) selbst auswählt, und das "gemischte Modell", bei dem die Wohnungsbehörde eine begrenzte Zahl (meist drei) von Bewerbern nach einem bestimmten Verfahren aussucht und an den Vermieter überweist, nebeneinander eingesetzt. WINTER (1983) untersuchte die Praxis bei der Zuteilung von Sozialwohnungen; seine Ergebnisse werden durch weitere Untersuchungen in Großstädten der Bundesrepublik ergänzt (MÖLLERS & OSENBERG 1984; MÖLLERS & SCHLARB 1984).

Beim privaten Modell der Wohnungsvergabe wählen die Wohnungsunternehmen ihre Mieter nach den Gesichtspunkten der Mietzahlungssicherheit und der "Bestandspflege" aus. Die Sachbearbeiter der Wohnungsvergabestellen richten sich dabei nach Leitbildern zur Bestandsbelegung, die "die Sichtweise des deutschen Mittelstandes übernehmen" (WINTER 1983:434), um die Vermietbarkeit der Bestände auch für die Zukunft zu sichern. Sie versuchen, ein "Absinken der Quartiere" zu verhindern, indem sie den Ausländeranteil auf höchstens 30% (z.B. nicht mehr als zwei Ausländerfamilien pro Hauseingang bei vier Geschossen) begrenzen und möglichst gleichmäßig über die Siedlung verteilen. Wohnungssuchende, die anderen Problemgruppen zugeordnet werden (Alkoholikerfamilien, alleinstehende Mütter, Strafentlassene, ehemals Drogenabhängige, inzwischen auch längerfristig Arbeitslose) werden meist nur akzeptiert, wenn eine Vertrauensbeziehung zum Wohnungsunternehmen hergestellt werden kann (Empfehlung bzw. Bürgschaft von Sozialarbeitern, Pfarrern, auch Altmietern).

Die Wohnungsgenossenschaften achten besonders stark auf soziale Homogenität in ihren Beständen, sind aber auch bereit, Bewerber aus "Problemgruppen" aufzunehmen, die von ihren Mitgliedern empfohlen werden. Kleinere Wohnungsunternehmer mit überschaubaren Beständen und guten Kontakten zwischen Wohnungsvergabestelle und Hausmeistern scheinen noch am ehesten bereit zu sein, Bewerbungen ohne Vorbehalte und vielleicht sogar nach der Bedürfnislage zu behandeln.

Bei der Vorauswahl der Wohnungsbewerber durch das Wohnungsamt ("gemischtes Modell") ist die Bedürftigkeit, nicht die Erträglichkeit, das entscheidene Kriterium. Dazu entwickelten vor allem die Großstädte Verwaltungsrichtlinien mit Dringlichkeitskriterien; in einigen Städten, z.B. in München, wird ein Punktsystem verwendet, um die Rangfolge der Bewerber in der langen Warteliste (1983 ca. 12.000 Bewerber, davon ca. 8.000 als "besonders dringlich" eingestuft) möglichst objektiv festzulegen. Das Kriterium der Zumutbarkeit wird durch Vorbehaltsklauseln berücksichtigt, so z.B. im "Bremer Modell", das die Zuteilung von Sozialwohnungen in einem Vertrag zwischen dem Senat und den städtischen und privaten Wohnungsunternehmen in vorbildlicher Weise regelt.

Wohnungsbewerber, die den privaten Wohnungsunternehmen, für deren Sozialwohnungen die Stadt ein Belegungsrecht ausüben kann, nicht (mehr) "zugemutet" werden können, müssen von städtischen Wohnungsunternehmen übernommen werden. Eine Reihe von Faktoren deutet darauf hin, daß deren Bestände bald als letzte Zuflucht oder - unter anderer Perspektive - als "Auffangbecken" der "Problemmieter" (zum Begriffsgebrauch vgl. die Kritik bei WINTER 1983:45) herhalten müssen, während die Sozialwohnungsbestände privater Wohnungsunternehmen zu Mittelschichtquartieren aufgewertet werden (Die Einkommensgrenze des §25 WBauG umfaßt nach der letzten Anhebung fast 75% aller Haushalte). Um diese Entwicklung zu korrigieren, beschloß der Münchener Stadtrat, daß Sozialwohnungen nur noch vom Wohnungsamt vergeben werden dürfen (SZ 12./13.1.1985).

Die Eigentümer von Sozialwohnungen können diese durch die vorzeitige Rückzahlung der Darlehensschuld von der Belegungsbindung befreien; in einigen Bundesländern, z.B. in Baden-Württemberg, werden sie dabei sogar vom Staat unterstützt. Die Folge ist, daß in Stuttgart z.Z. die Menge der Wohnungen, die aus der Belegungsbindung fallen, wesentlich größer ist als die Zahl der neu errichteten Sozialwohnungen, und die Stadt das indirekte Belegungsrecht und den Ankauf von Belegungsbindungen praktizieren muß (GSCHWIND 1983:450), um die schwerwiegenden sozialpolitischen Folgen der staatlichen Maßnahme einzudämmen. Sowohl der Abbau der Belegungsbindungen als auch die städtischen Gegenmaßnahmen führen aber zur Konzentration einkommensschwacher Sozialmieter in alten, nicht modernisierten und deshalb billigen Sozialwohnungsquartieren der städtischen Wohnungsbaugesellschaften und der großen Wohnungsbaugenossenschaften.

Große Teile der Sozialwohnungsbestände der gewerblichen Wohnungswirtschaft sind in Großsiedlungen konzentriert, die in den 70er Jahren errichtet wurden. Durch den gesetzlich vorprogrammierten Abbau der Zinssubventionen (Die Darlehnsförderung wurde seit 1966 durch die Vergabe degressiver Aufwandssubventionen abgelöst) steigen die Mieten für diese Wohnungen so schnell, daß sie sich in einigen Städten bereits den Mieten für frei finanzierte Mietwohnungen mit höherem Wohnwert angenähert haben. Die Folge sind wachsende Leerstände in diesen Siedlungen und eine weitere Konzentration einkommensschwacher Sozialmieter in den verbleibenden Sozialwohnungsbeständen der Kommunen. Die Absicht vieler privater Wohnungsunternehmen, für diese schwer vermietbaren Sozialwohnungen Freistellungsgenehmigungen zu beantragen, um sie wie frei finanzierte Wohnungen vermieten oder als Wohneigentum verkaufen zu können, wird diese Entwicklung noch beschleunigen.

Der Ausverkauf der Sozialwohnungen, der z.Z. stattfindet und von einigen Ländern und vom Bund gefördert wird, führt in einer Zeit, in der die Zahl der Mieter mit geringer Nachfragestärke zunimmt, zur weiteren Verschärfung der Polarisierung auf den großstädtischen Wohnungsmärkten und zur Konzentration sozial benachteiligter Bevölkerungsgruppen in Wohnungsbeständen, die den heutigen Flächen- und Ausstattungsnormen nicht mehr genügen, und deren Standorte unter städtebaulichen Gesichtspunkten häufig als bedenklich bewertet werden müssen. Die unschätzbare Bedeutung des sozialen Wohnungsbaus für die gleichmäßige Verteilung der Bevölkerung in den Großstädten der Bundesrepublik, die Verhinderung einseitiger sozialräumlicher Strukturen und die Versorgung benachteiligter Bevölkerungsgruppen mit zentralen oder verkehrsgünstigen Wohnstandorten ist durch die neuen Entwicklungstendenzen ernsthaft in Frage gestellt.

4. FUNKTIONSWANDEL DER WOHNUNGSTEILMÄRKTE

Die Entwicklung der Wohnungsnachfrage wird in den Verdichtungsräumen der Bundesrepublik seit dem Beginn dieses Jahrzehnts nicht mehr von der regionalen Mobilität, sondern von neuen Tendenzen bei der Bildung und Zusammensetzung der privaten Haushalte bestimmt (vgl. den Beitrag von Dangschat und Droth). Die Mobilitätsbereitschaft scheint als Folge des Verlaufs der Wirtschaftskonjunktur zurückzugehen, so daß die Wanderungsbilanzen vieler Großstädte im Durchschnitt der ersten Hälfte der 80er Jahre ausgeglichen sind und auch die Zahl der innerstädtischen Umzüge zurückgeht. GSCHWIND (1983:61) folgert daher aus der Beobachtung der Stuttgarter Entwicklungen, daß "es heute in der lokalen Wohnungspolitik nicht mehr darum geht, die Flucht in die Neubau-Oase zu verhindern, sondern eher darum, die 'neue Seßhaftigkeit' erträglich zu machen".

Die regionale und lokale Wohnungsnachfrage wird heute und in der absehbaren Zukunft vor allem von der wachsenden Zahl der Haushalte bestimmt. So wird z.B. in der Region Mittlerer Neckar damit gerechnet, daß in den 80er Jahren rund 60.000 Haushalte mehr gegründet als aufgelöst werden (GSCHWIND 1983:60). Im Großraum Hannover wird die Zahl der Privathaushalte bis zum Ende dieses Jahrzehnts um knapp 10.000 zunehmen (REGIONALE WOHNUNGSMARKTUNTERSUCHUNG GROSSRAUM HANNOVER, 1985).

Die geburtenstarken Jahrgänge der 60er Jahre (zu den übrigen Faktoren vgl. Beitrag von Dangschat und Droth) werden in den 80er Jahren ihre Elternhäuser, die zum großen Teil in der Umlandzone der Verdichtungsräume liegen, verlassen, um eigene Haushalte zu bilden. Diese jungerwachsenen Einsteiger in die regionalen Wohnungsmärkte verfügen nur über geringe Kaufkraft, da sie sich noch in der Ausbildung befinden (auch die Dauer der Ausbildung nimmt zu, z.B. durch Zusatz- oder Zweitstudium), bereits ohne Arbeit sind oder als Berufsanfänger noch wenig verdienen. Ihre Wohnstandortwünsche sind vorwiegend auf die schrumpfenden Bestände preiswerter Mietwohnungen in den Kernstädten ausgerichtet. Auf dieselben Wohnungsmarktsegmente ist auch die weiter wachsende Zahl der großstädtischen Arbeitslosen (so wird z.B. in Hannover bis 1995 mit 120.000 Erwerbslosen bzw. 87.000 Arbeitslosen gerechnet, REGIONALE WOHNUNGSMARKTUNTERSUCHUNG GROSSRAUM HANNOVER 1985) und der Sozialhilfeempfänger angewiesen.

Die Polarisierung der großstädtischen Arbeitsmärkte in eine Gruppe, die in Wachstumssektoren beschäftigt ist und ihre bereits hohen Realeinkommen weiter steigern kann, und ein wachsendes Heer von Rationalisierungsopfern mit sinkendem Realeinkommen hat auch eine weitere Polarisierung der Wohnungsnachfrage zur Folge: Die Nachfrage nach hochwertigem Wohnraum und die Nachfrage nach Billigwohnungen werden steigen. Da das Neubauvolumen wegen der Baulandknappheit im Kernstadtbereich und der hohen Bau- und Finanzierungskosten begrenzt ist, wird sich die zusätzliche Nachfrage nach hochwertigen Wohnungen nur durch Eingriffe in den Bestand der preiswerten Wohnungen befriedigen lassen (Der Umfang des Ersatzbedarfes wird bald den des Neubedarfs erreichen: vgl. REGIONALE WOHNUNGSMARKTUNTERSUCHUNG GROSSRAUM HANNOVER 1985 oder ARRAS 1983).

Die Polarisierung der Wohnungsnachfrage hat einen Funktionswandel der

Wohnungsteilmärkte ausgelöst, der sich in den 80er Jahren noch weiter fortsetzen wird. Der Bestand der öffentlich geförderten Mietwohnungen, der bisher die "breiten Schichten des Volkes", in den letzten Jahren auch immer mehr "Durchschnittsverdiener" mit Wohnraum versorgte, wird weiter schrumpfen und für die wachsende Zahl der einkommensschwachen und sozial benachteiligten Haushalte bereitgestellt werden müssen.

Die nicht preisgebundenen Altbaumietwohnungen werden das bevorzugte Ziel der kaufkräftigen Nachfrage. Billigwohnungen werden nur noch in Beständen, deren Modernisierung sich (noch) nicht lohnt, und in Lagen mit belastetem Wohnumfeld erhalten bleiben.

Auf dem Teilmarkt des Wohneigentums wird die weiterhin bestehende Nachfrage immer stärker aus dem Bestand befriedigt werden. Nach 1990 werden im Zuge eines auf breiter Front einsetzenden Generationswechsels Freisetzungen in schnell wachsendem Umfang auftreten, deren Auswirkungen auf den gesamten Wohnungsmarkt noch nicht abzusehen sind.

Die Polarisierung der Wohnungsmärkte in den Verdichtungsräumen wird zu einer weiteren Administrierung der Wohnungsversorgung (das Wohnungsamt weist ein, das Sozialamt übernimmt die Miete) führen, wenn es nicht gelingt, das Wohnungsangebot am unteren Ende der Preisskala zu erweitern oder wenigstens zu erhalten.

5. POLARISIERUNG DER VERDICHTUNGSRÄUME

Die rapide Suburbanisierung der Verdichtungsräume führte noch nicht zu einer durchgreifenden "Vergroßstädterung" der Wohnungsmärkte in den Umlandgemeinden. Die Polarisierung der Wohnungsnachfrage und der von ihr ausgelöste Funktionswandel der Wohnungsteilmärkte, der die Wohnungsversorgung in den Kernstädten bestimmt, hat sich noch nicht in allen Umlandgemeinden durchgesetzt. Die Ursachen sind in dem kleinen Anteil an Miet- und vor allem Sozialwohnungen in vielen Umlandgemeinden zu suchen, der mit dem traditionell hohen Anteil kaufkräftiger Nachfrage korrespondiert. Auch der Anteil der Arbeitslosen und der Sozialhilfeempfänger ist dort bisher noch niedriger als in den Kernstädten. In den nächsten Jahren ist allerdings - wie bereits ausgeführt - mit einer steigenden Nachfrage nach billigen Mietwohnungen durch jungerwachsene Haushaltsgründer zu rechnen, die aber im vorhandenen Wohnungsbestand dieser Gemeinden nicht befriedigt werden kann.

Viele Anzeichen sprechen deshalb für eine beginnende "Rezentralisierung" der Wohnungsnachfrage. Bei sinkender Neubautätigkeit verlieren die Baulandvorräte ihre Bedeutung für die Bevölkerungsverteilung. Der allerorten registrierte Rückgang der Randwanderungen steht im ursächlichen Zusammenhang mit der wachsenden Bedeutung des Wohnungsbestandes, besonders der Altbaumietwohnungen, für die Wohnungsnachfrage und im zunehmenden Maße auch für die Eigentumsbildung. Die stetig wachsende Zahl der kleinen Haushalte, besonders der neu gegründeten "Einsteiger", die kleine und billige Wohnungen in zentraler Lage suchen und die wachsende Empfindlichkeit für Fahrtkosten lassen die Nachfrage nach "großstädtischen" Wohnungen ansteigen. (Inner-)städtisches, zentrales Wohnen wurde gesellschaftlich stark aufgewertet (auch in den einschlägigen populären Zeitschriften) und neben die Randwanderung der 70er Jahre ist in den 80er Jahren eine neue "Stadtwanderung" getreten.

Führt die "Rezentralisierung" der Wohnungsnachfrage auch zur Zentralisierung der wachsenden sozialen Lasten in den Kernstädten? Bereits jetzt weisen sie wesentlich höhere Arbeitslosenquoten als die Umlandgemeinden auf. Dieses Gefälle wird aber noch weiter zunehmen, da die stärksten Rationalisierungseffekte im Dienstleistungssektor auftreten werden, vor allem in den Büroberufen, die in den Kernstädten besonders stark vertreten sind. Dort konzentrieren sich auch die Bildungs- und Ausbildungsabsolventen, die vor dem Berufseinstieg mit Arbeitslosigkeit rechnen müssen, und die Berufsanfänger mit niedrigem Einkommen. Auch der Anteil älterer Menschen, der Ausländer und der Sozialhilfeempfänger ist dort überproportional hoch.

Die zunehmende Polarisierung der großstädtischen Wohnungsmärkte hat die Pauperisierung verdrängter Mieter zur Folge, die von Sozialhilfe abhängig werden. Der Anteil der Mietbeihilfen an den Sozialhilfeetat der Städte steigt stetig an.

Die wichtigste Frage ist aber: Vergrößert eine sozialpolitisch ausgerichtete Wohnungspolitik der Kernstädte ihre soziale Lasten noch zusätzlich zugunsten der Umlandgemeinden? Die Leiter der Wohnungsämter einiger Großstädte haben auf diesen Zusammenhang bereits hingewiesen, um zu begründen, warum sie eine stärkere Beachtung der besonderen Schwierigkeiten fordern, denen sich die Großstädte in den 80er Jahren ausgesetzt sehen. Sie kritisieren an der staatlichen Wohnungpolitik, daß sie nicht mehr zu allererst dem Ziel verpflichtet ist, alle Schichten des Volkes mit angemessenem Wohnraum zu versorgen, sondern konjunktur-, steuer- und vermögenspolitischen Zielen ein bedenklich hohes Gewicht beimißt. Und sie beklagen ihre unzureichende soziale und räumliche Treffsicherheit, die trotz des gewaltigen Gesamtaufwandes der Wohnförderung (vgl. u.a. BECKER 1981) die sozialpolitischen Aufgaben der Wohnungspolitik ungelöst läßt.

Die "Kommunalisierung" der Wohnungspolitik, die zu Beginn dieses Jahrzehnts gefordert und ausgearbeitet worden ist (vgl. HELLSTERN & WOLLMANN 1979; EVERS, LANGE & WOLLMANN 1983) hat sich als "Tropfen auf den heißen Stein" erwiesen, weil die staatlichen Rahmenbedingungen nicht geändert wurden. Inzwischen wird bereits davor gewarnt, "den Anspruch an die Kommunen zu überziehen und am Ende nur wieder einen neuen bürokratischen Apparat zu schaffen" (GSCHWIND 1983:62). Statt dessen wird vorgeschlagen, "eine zweckmäßige und sozial verträgliche Belegung von Wohnraum über 'kleine Netze' zu organisieren, also vor Ort, im Quartier selbst, um zu verhindern, daß sich lediglich die Zwangsmobilität konkurrenzschwächerer Nachfrager verstärkt" (ebenda). Andere Autoren weisen "der Selbstverantwortung der Bewohner eine Schlüsselrolle zu" und wollen "die Selbsthilfebereitschaft von Bewohnergruppen mobilisieren" (NOVY 1983:28).

Die zusätzlichen Lasten, die auf die Kernstädte der Verdichtungsräume, aber auch auf die Mittelzentren im ländlichen Bereich, in den 80er Jahren noch zukommen werden, weisen aber noch auf ein drittes Strategiefeld hin, um das die "Kommunalisierung" der Wohnungspolitik - zum Ausgleich staatlicher Politikdefizite - zu ergänzen ist: die Regionalisierung der Wohnungspolitik in den Verdichtungsräumen. Zu Zeiten des Wachstums konnten sich die Kernstädte mit den Umlandgemeinden z.B. über die Verteilung von staatlichen Fördermitteln für den Bau von Sozialwohnungen verständigen. In den kommenden Jahren, wennn es darum gehen wird, den Mangel zu verwalten und Lasten zu verteilen, wird die interkommunale Abstimmung der Wohnungs- und Sozialpolitik in den Verdichtungsräumen dringend notwendig werden.

Dietrich Henckel und Erwin Nopper

Einflüsse der Informationstechnologie auf die Stadtentwicklung

1. STELLENWERT DER INFORMATIONSTECHNOLOGIE IN DER RÄUMLICHEN ENTWICKLUNG

Viele der mit der Informationstechnologie in Verbindung gebrachten Prophezeiungen sind Wunsch- oder Angstvisionen, die sich aus gegenwärtigen gesellschaftlichen Schwächen erklären lassen. Die Technologie wird entweder als Instrument der Erlösung mit Hoffnungen oder als Teufelswerkzeug mit Befürchtungen überladen.

Ähnlich ist auch schon die Verheißung zu sehen, die bei der Einführung des Telefons, also in einer Zeit, als überall der Nationalismus vorherrschend war, gegeben wurde: "Eines Tages werden wir ein weltweites Telephonsystem aufbauen, das für alle Völker eine gemeinsame Sprache oder ein gemeinsames Verständnis erforderlich macht und das alle Menschen der Erde zu einer großen Familie vereint... Wenn mit Hilfe von Wissenschaft, Philosophie und Religion sich die Menschen darauf vorbereitet haben, die Botschaft zu empfangen, können wir darauf vertrauen, daß aus dem Äther eine mächtige Stimme auf der ganzen Welt gehört wird, die verkünden wird 'Friede auf Erden und den Menschen ein Wohlgefallen.'" (General Carthy nach: de SOLA POOL 1977:129).

Diese Prophezeiungen sind nicht eingetreten; ebensowenig werden viele der neuen Erwartungen eintreten. Die Informationstechnologie wird weder die Gesellschaft noch das räumliche Gefüge direkt verändern, sondern vor allem die Bedingungen der zukünftigen Entwicklungen beeinflussen.

Die Wirkungsweise läßt sich mit folgendem Bild beschreiben. Die Dynamik bei der Entwicklung der Technik kann als die materielle Basis für Veränderungen angesehen werden. Wir betrachten sie als die Komponente, die die Entwicklung insgesamt schiebt. Zielsetzungen, Gestaltungsvorstellungen von Individuen und Gruppen stellen dann die ziehende Komponente dar. Insofern sind, zumal es sich bei der Informationstechnologie um eine Basistechnologie handelt, die die meisten Lebensbereiche durchdringen wird, widersprüchliche, gegenläufige Wirkungen wahrscheinlich. Schon das Telefon hat räumlich sowohl Konzentration (Hochhauskonzentrationen in den Innenstädten) wie auch Dekonzentration (Suburbanisierung) ermöglicht.

Die räumlichen und gesellschaftlichen Entwicklungen und Veränderungen sind als Resultat aus den schiebenden und ziehenden Komponenten anzusehen.

2. DIE SCHIEBENDE KOMPONENTE: DIE ENTWICKLUNG DER TECHNIK

Information, ihr Austausch, ihre Übertragung oder auch Zurückhaltung war schon immer ein wesentlicher Faktor auch für die räumliche Entwicklung. Die Mikroelektronik brachte eine Dynamik in die Entwicklung der Informationsverarbeitungs- und Übertragungstechnologie, die diese zu einem der hervorstechendsten Innovationsfelder der Gegenwart werden ließ. Viele Nutzungsmöglichkeiten sind heute noch völlig unbekannt. Insofern eilt die Technik der Nachfrage voraus und schafft Möglichkeiten.

Entscheidend für die zukünftige Entwicklung ist der qualitative Sprung in Verarbeitungskapazität und -geschwindigkeit.

Die Speichertechnologie und Chipentwicklung sind noch nicht an ihre physikalischen Grenzen gestoßen. Typisch für die Entwicklung ist, daß die Herstellung von Chips und Mikroprozessoren weitgehend vollautomatisch erfolgt und daß diese beim Einsatz geringste Energiemengen verbrauchen. Daraus resultiert eine billige Herstellung und eine schnelle Verarbeitungskapazität bei geringer Größe. Dieses Verhältnis von Preis zu Leistung verbessert sich ständig. Es wird erwartet, daß noch einmal eine Verbesserung des Preis-Leistungs-Verhältnisses wie in den letzten 15 Jahren möglich sein wird, wenn man auch davon ausgeht, daß die Entwicklung langsamer verläuft.

Die Leistungssteigerung, verbunden mit dem Preisverfall und der Miniaturisierung, hat eine Reihe von Konsequenzen, die für die Durchsetzung der Informationstechnologie wie auch für ihre räumlichen Folgen von erheblicher Bedeutung sind:

- Die Technik wird "granulierbar"; d.h. sie kann in beliebig kleine Portionen für spezielle Zwecke "aufgeteilt" werden. Für jede Problemgrößenordnung sind technische Lösungen möglich.

- Die Technik wird "personalisierbar"; d.h. die Datenstation wird programmierbar auf spezifische Anforderungen einzelner Arbeitsplätze.

- Die "Aufrüstzeiten" sind extrem niedrig; d.h. eine Datenstation kann mit der in der Elektronik üblichen Zeit "neu personalisiert" werden.

- Der Zwang zur Vollauslastung entfällt. Die rapide sinkenden Kosten, das steigende Preis-Leistungs-Verhältnis entheben der Notwendigkeit, die vorhandene Technik aus ökonomischen Gründen voll auszulasten.

Diese Trends bedingen, daß Computing Power, die in den 60er Jahren nur zentral, in den 70er Jahren zentral oder dezentral verfügbar war, ab den 80er Jahren überallhin verteilt werden kann, sich also überallhin ausbreiten kann.

In der Informationstechnologie erfolgt eine Integration bislang getrennter Technikfelder: Die Entwicklungen in den Bereichen Bürotechnik, Datenverarbeitung, Telekommunikation/Nachrichtentechnik wachsen zusammen, schaukeln sich gegenseitig hoch und erschließen neue Märkte. Es entsteht ein einheitlicher Technologiebereich, der auch mit dem Begriff "Telematik" umschrieben wird. In der Nutzung wirkt sich diese technische Integration in der Integration unterschiedlicher Informationstypen aus. Sprache, Text, Daten und (Bewegt-)Bild können in einem Gerät gesendet, empfangen, gespeichert und bearbeitet werden. Das hat zur Folge, daß die (räumlichen) Wirkungen nicht einer oder einzelnen Techniken zugeschrieben werden können, sondern nur der Informationstechnologie (Telematik) insgesamt. Daraus ergibt sich, daß auf einzelne Techniken nicht näher eingegangen wird.

Da die Information in immer stärkerem Maße zum "Rohstoff" betrieblicher Prozesse wird, steigt auch der Anwendungsdruck. Durch Veränderungen der Technik und durch ihren Einsatz werden alte Organisationskonzepte in Frage gestellt. "Was sich künftig einstellen wird, ist eine Balance zwischen den zentralen und dezentralen Möglichkeiten der Systeme, dirigiert von den Bedürfnissen der Anwendung und nicht mehr nur von der Technik." (LUTZ 1982). Die Flexibilität des Handelns wird insofern deutlich zunehmen, die technischen Sachzwänge werden an Bedeutung verlieren.

Eine wesentliche Voraussetzung für die Nutzung aller Flexibilitäten wird allerdings auch der Ausbau der Telekommunikationsinfrastruktur sein. Der Ausbau der Netze, zunächst der Ausbau des Telefonnetzes zum digitalisierten, diensteintegrierten Netz (ISDN) hat an sich auch den Charakter von Großtechnologie. Deutlicher wird dieser Aspekt bei einer Breitbandverkabelung auf Glasfaserbasis, mit der erst die volle Integration aller Informationstypen mit riesigen Kapazitätserweiterungen möglich ist (vgl. POST 1984).

Die alleinige Betrachtung der Infrastruktur, also der Digitalisierung der vorhandenen Netze und des Aufbaus eines Breitbandglasfasernetzes, verstellt allerdings zuweilen den Blick auf die "kleintechnologischen" Aspekte. Büroautomation ist vielfach auch mit isolierten Systemen, nur innerhalb der Firmen installierten Netzen möglich, und schließlich bieten auch die bereits vorhandenen Netze schon weitreichende Möglichkeiten.

3. DIE ZIEHENDE KOMPONENTE: ZIELE UND TRENDS

Ziele und Gestaltungsvorstellungen äußern sich in Entscheidungen und im Verhalten von Einzelpersonen und Gruppen. Ausdruck, inwieweit die Informationstechnologie solche Zielsetzungen begünstigt, ist die Akzeptanz und die Diffusionsrate. Welche Zielsetzungen letztlich auf die Raumentwicklung durchschlagen, hängt ab von der Stärke der gesellschaftlichen Gruppen, die bestimmte Ziele durchsetzen wollen und/oder dem gleichsinnigen Verhalten vieler Individuen oder Unternehmen. Die Ausprägung der Ziele, die für den Einsatz der Technologie bestimmend ist, kann sich zwischen folgenden, beispielhaft aufgeführten Polen bewegen:

Ökonomie	-	nichtökonomische Ziele
Vormachtinteressen	-	Mitbestimmungsinteressen

Zentralisierung	-	Dezentralisierung
Stadt	-	Land/Peripherie
Arbeitsorientierung	-	Freizeitorientierung
Massenproduktion/-konsum	-	individualisierte(r) Fertigung/Konsum
Materielle Werthaltungen	-	ideelle Werthaltungen
Anonymität/Manipulation	-	Durchschaubarkeit
Isolation	-	Kommunikation
Taylorisierung	-	Integration.

Informationstechnologie ist für alle diese gegensätzlichen Zielsetzungen einsetzbar. Insofern ist es denkbar, daß sie langfristig nicht eine Polarisierung in der Gesellschaft begünstigt, weil sie überallhin diffundiert (vgl. Telefon heute). Mittelfristig dagegen dürfte eine Polarisierung eintreten, weil bestimmte Gruppen und Individuen durch die Technologien begünstigt werden, was in den Schlagworten von Informationsbesitzern und Informationshabenichtsen und dem Computeranalphabetismus zum Ausdruck kommt. Auf jeden Fall werden gesellschaftliche Prozesse dadurch beschleunigt. Ein Indiz dafür ist, daß selbst Kritiker der Technologie sie ebenfalls schon längst nutzen.

Ausgangspunkt der Nutzung der Informationstechnologie werden bis in die 90er Jahre hinein deutlich ökonomische Interessen, vor allem Rationalisierungsinteressen, sein. Die Wirkungen werden damit mittelfristig vor allem durch den Abbau von alten, der Schaffung von neuen und der Umstrukturierung von bestehenden Arbeitsplätzen gekennzeichnet sein, in der dadurch verursachten räumlichen Verschiebung sowie in der Veränderung von Standortbedingungen auftreten. Dabei erfolgt der Ausbau der Telekommunikationsinfrastruktur auch nach betriebswirtschaftlichen Gesichtspunkten der Post, also nachfrageorientiert.

Ein wesentlicher Faktor für die Durchsetzung der Informationstechnologie ist auch, daß ihre Förderung mittlerweile zu einem politischen Programm geworden ist. Die Bundesregierung fördert sie, um die internationale Wettbewerbsfähigkeit der Bundesrepublik zu sichern, einzelne Bundesländer treten massiv für den breiten Einsatz und den Ausbau der Netze ein (z.B. Baden-Württemberg), um in der interregionalen Konkurrenz der Bundesrepublik die Nase vorne zu behalten.

Da die Informationstechnologie für nahezu beliebige Ziele einsetzbar ist, verstärkt sie vielfach nur ohnehin vorhandene Trends. Räumlich wird in der Dezentralisierung (Suburbanisierung) der Verdichtungsräume implizit deutlich, welche Wohn- und Standortvorstellungen vorherrschen. Die räumliche Orientierung der Bewohner oder Betriebe geht immer weiter über den näheren Umkreis des eigenen Standorts hinaus (z.B. Pendeln in Zentren, Freizeitangebote in Zentren). Informationstechnologie schafft Bedingungen, die einen Teil der gegenseitigen räumlichen Abhängigkeiten der Standorte aufheben und diese Tendenz noch weiter verstärken.

Andererseits wird es durch die Informationstechnologie auch möglich, die Nahbereichsorientierung wieder zu verstärken, weil auch Informationsbedürfnisse in diesem Bereich schneller abgedeckt werden können. In der Extremversion gibt es Vorstellungen von stärkerer bürgerschaftlicher Beteiligung durch die neuen Medien vor allem auf lokaler Ebene.

4. MANIFESTATIONEN: WAHRSCHEINLICHE RÄUMLICHE AUSWIRKUNGEN

4.1 Informationstechnologie und Rationalisierung

Mittelfristig wird die Informationstechnologie weitgehend als Rationalisierungsinstrument wirksam (vgl. RÜRUP & CREMER 1981/82; LEONTIEF 1982). Die Rationalisierungs- und Automatisierungsprognosen aus den 50er Jahren können heute Realität werden. Betroffen sind potentiell alle sogenannten Informationstätigkeiten, also alle Tätigkeiten, die Informationen erzeugen, weitergeben, behandeln, sammeln etc. Die Informationsbeschäftigung hat seit Kriegsende deutlich zugenommen. 1950 waren 27% aller Erwerbstätigen in Informationsberufen tätig, 1980 war dieser Anteil auf 42% gestiegen, und er wächst weiter. Besonders nachhaltig ist der Anteil der Informationsbeschäftigten im sekundären Sektor (Zunahme planender, verwaltender, arbeitsvorbereitender Tätigkeiten) gewachsen, sehr viel deutlicher als im Durchschnitt der gesamten Wirtschaft (vgl. SEETZEN & PFAB 1981). Einen Überblick über die Beschäftigung insgesamt, die Informations- bzw. Routineinformationsberufe und die Betroffenheit nach Wirtschaftsabteilungen gibt die Tabelle 1.

Der Bundesdurchschnitt täuscht jedoch über die räumlich ungleiche Vertei-

Tabelle 1: Beschäftigte, Beschäftigungsfolgen und Betroffenheit durch Informationstechnologie nach Wirtschaftsabteilungen

Wirtschaftsabteilung	Beschäftigte 1980 in Tsd. insges.	Beschäftigte 1980 in Tsd. Informationsberufe insges.	Beschäftigte 1980 in Tsd. Informationsberufe Routine	Beschäftigtenentwicklung 1970-1980 in % insges.	Beschäftigtenentwicklung 1970-1980 in % Informationsberufe insges.	Beschäftigtenentwicklung 1970-1980 in % Informationsberufe Routine	Betroffenheit in Büro- und Verwaltungsbereich nach 10er Skala ungewichtet	Betroffenheit in Büro- und Verwaltungsbereich nach 10er Skala gewichtet Rangf.	Terminalisierung	prognostizierter Rationalisierungseffekt
Verarbeitendes Gewerbe	11.489	3.049	1.878	-11,1	- 1,1	- 6,5	4	2	Terminals pro 100 Arbeitsplätze 1978 = 4 1985 = 8	Bei konstantem Arbeitsvolumen: 2,2-3,5 % jährliche Personaleinsparung. Aber Wachstum des Arbeitsvolumens kann positiven Nettoeffekt bedingen.
Handel	3.459	2.485	2.207	+ 6,6	+ 0,8	- 3,4	6	1	Terminals pro 100 Arbeitsplätze 1978 = 2 1985 = 5	-313 Tsd. Beschäftigte im Bereich Groß- und Einzelhandel. Handelsvermittlung
Banken	557	516	506	+29,5	+28,0	+30,0	8	4	Terminals pro 100 Arbeitsplätze 1978 = 7 1985 =10	Reduzierung der Beschäftigten um 30 % in den nächsten 10 Jahren. Rückgang um 43 % im Bereich Bartransaktionen. 20 - 40 % im kundennahen Bereich.
Versicherungen	270	256	243	+ 9,4	+ 8,5	+ 9,2	8	6	Terminals pro 100 Arbeitsplätze 1978 =10 1985 =14	Reduzierung der Beschäftigten um 30 % in den nächsten Jahren. Beispiel (1970-75) Produktivitätszuwachs 22 % jährlich.
Sonstige Dienstleistungen	1.033	738	451	+63,5	+49,7	+51,0	5	5	Terminals pro 1000 Arbeits plätze 1978 = 2 1985 = 5	Da sehr weiter Bereich, sehr unterschiedliche Auswirkungen. teilweise Abbau, teilweise neue Arbeitsplätze.
Öffentliche Verwaltung	2.557	1.304	851	+16,5	+22,8	+27,7	4	3	Terminals pro 1000 Arbeitsplätze 1978 = 2 1985 = 5	Personaleinsparung durch DV in Gemeinden mit ≥ 50.000 Einw. Einwohnermeldewesen 58 % Steuer- u. Kasenwesen 27-35 % Personalwesen 46 %

aus: Henckel, Nopper & Rauch 1984:41.

Quelle: Ifo Institut für Wirtschaftsforschung u.a., Technischer Fortschritt - Auswirkungen auf Wirtschafts- und Arbeitsmarkt, Materialband I, o.O. 1980; Expertengespräche der Projektgruppe; Dorsch Consult, Beschäftigungswirkungen struktureller und technologischer Veränderungen, München 1979; Prognos und Mackintosh Consultants, Technischer Fortschritt. Auswirkungen auf Wirtschafts- und Arbeitsmarkt. Basel 1979; Uwe Grünewald und Richard Koch, Informationstechnik in Büro und Vertung, Berlin 1981; Handelsblatt vom 28./29.5.1982; Silke Wenk und Joachim Mücke. Entwicklung und Humanisierung der Büroarbeit, Stuttgart 1981 (Dokumentation einer Ausstellung der ÖTV) lung der Informationsbeschäftigung hinweg. Die Verdichtungsräume und insbesondere die Kernstädte verzeichnen sehr viel höhere Informationsquoten, die 1980 bei vorsichtiger Schätzung zwischen 47% (München/Stuttgart) und rund 51% (Frankfurt) lagen. Die tatsächliche Betroffenheit eines Raumes durch den Einsatz wird erst deutlich, wenn auch die Branchentypen und Betriebstypen mit in die Betrachtung einbezogen werden. Der hohe Besatz mit "rationalisierungsverdächtigen" Betrieben wie z.B. bestimmte Banktypen oder Versicherungen läßt die Arbeitsmarkterwartungen für die Zukunft düsterer erscheinen (Köln) als für Räume, die deutlicher durch Hauptverwaltungen, Konzernzentralen etc. gekennzeichnet sind (Frankfurt) (HENCKEL, NOPPER und RAUCH 1984:143ff).

Neben diesen großräumig ungleichen (negativen) Arbeitsmarktwirkungen des Einsatzes neuer Informationstechnologie werden auch kleinräumig, innerhalb der Verdichtungsräume, räumliche Polarisierungen entstehen, wenn einzelne Stadtteile durch besonders hohe Rationalisierungen gekennzeichnet sind oder die Rationalisierungsopfer überproportional in bestimmten Gegenden wohnen.

4.2 Informationstechnologie und neue Tätigkeiten

Die Informationstechnologie wird nicht nur negative Beschäftigungseffekte haben. Völlig neue Berufsfelder entstehen und werden wachsen. Ein aktuelles Beispiel dafür sind Btx-Beratungsagenturen, die in den letzten Jahren zahlreich entstanden sind. In dem Maße, wie durch die neuen Systeme Informationen immer zugänglicher werden, müssen auch die Tätigkeiten, die die Informationsbanken aufbauen, warten, deutlich zunehmen. Mit der Informationsflut ist auch immer schwieriger zu entscheiden, welche Informationen wichtig und welche unwichtig sind. Informationsberatung und -aufbereitung könnten insofern neue Tätigkeitsfelder werden. Diese positiven Effekte werden die negativen nicht kompensieren können. Auch bei den positiven Beschäftigungseffekten sind räumliche Ungleichgewichte zu erwarten. Regionen, die schon heute einen Vorsprung in der Nutzung der Technologien haben und ihre Nutzung fördern, haben gute Chancen, zu einem größeren Anteil am positiven Teil der Beschäftigungsentwicklung zu partizipieren.

Rund 60% der im Bereich Informationstechnologie einschlägigen Beratungsunternehmen haben ihren Standort südlich der Mainlinie. Noch deutlicher wird die räumliche Ungleichverteilung bei der Produktion von Informationstechnologie. Von den Produzenten haben rund 75% ihren Hauptstandort südlich der Mainlinie. Die Räume Stuttgart und München haben sich als deutsche Zentren der Mikroelektronik und Informationstechnologie bereits etabliert und ziehen immer weiteres Wachstumspotential an. Sie haben sich als Regionen dieses Technologieschubes bereits herausgebildet (GSCHWIND, HENCKEL 1984).

Entscheidend für diesen Effekt räumlicher Schwerpunktverschiebung sind Strukturveränderungen der Wirtschaft, die durch neue Industrien und neue Wachstumsfelder in Gang gebracht werden. Selektives Wachstum, selektive Investitionen und selektives Schrumpfen wirken viel nachhaltiger als die eine oder andere Verlagerung eines Betriebes. Nicht zufällig baut die Firma Nixdorf zur Zeit vor allem den Münchner Standort aus.

Ähnliche Prozesse der räumlichen Verschiebung von wirtschftlicher Aktivität werden für den Produktionsbereich eintreten. Auch hier sind die durch Roboterisierung betroffenen Tätigkeiten räumlich ungleich verteilt, kozentrieren sich überproportional auf die durch alte Großindustrien gekennzeichneten Länder Nordrhein-Westfalen und Saarland sowie auf die eher durch mittelständische Firmen gekennzeichnete Industrie in Baden-Württemberg. Fast immer haben mittelständische Firmen sehr viel flexibler reagiert als alte Industrien, die sich häufig zu lange durch hohe Subventionen am Strukturwandel vorbeimogeln konnten.

4.3 Veränderung der Standortfaktoren

Mit der Zunahme von Informationsbeschäftigten im sekundären Sektor nimmt zwangsläufig auch die Bedeutung von Standortfaktoren zu, die nicht an spezifische Produktionserfordernisse oder Rohstoffvorkommen gebunden sind. Die Standortwahl richtet sich für solche Betriebsteile wesentlich nach den Kriterien, die für typische "Informationsbetriebe" gelten. Die vorhandene Nord-Süd-Drift in der Bundesrepublik wird durch die neuen Technologien verschärft und verteilt die Chancen zugunsten des Südens neu.

Die Zunahme der Informationszugänglichkeit nach Umfang und Qualität eröffnet neue Freiheitsgrade: Traditionelle Bindungen, die auf "Fühlungsvorteilen" begründet waren, verlieren teilweise an Gewicht, vor allem, soweit es um die Kommunikation von Standardinformationen geht. Und diese betreffen einen ganz wesentlichen Anteil des Informationsaustausches.

Lediglich in Fällen, in denen es um "sperrige" Informationen geht, bleiben Faktoren räumlicher Nähe nach wie vor von großer Bedeutung. Sperrige Informationen sind in Analogie zu sperrigen Gütern Informationen, die nicht ohne weiteres über Datenträger kommuniziert werden können, sondern in hohem Maße face-to-face-Kontakte erfordern. Für Orientierungskontakte und Planungskontakte ist in höherem Maße persönliche Nähe erforderlich, so daß diese Typen von Kontakten eher zu räumlicher Ballung neigen als Programmkontakte (BRANDT 1983). Da diese Nähe erfordernden Kontakttypen jedoch vom quantitativen Umfang geringer sind, ist das theoretische Dezentralisierungspotential erheblich.

Eine Gegenüberstellung zentralisierungsfördernder und dezentralisierungsfördernder Faktoren (vgl. Tabelle 2) macht deutlich, daß die direkt von der Informationstechnologie abhängigen Faktoren eine räumliche Dezentralisierung begünstigen. Die zusätzlichen Freiheitsgrade der Standortwahl werden nicht zwangsläufig mit ihrem Auftreten in Anspruch genommen. Mit jeder Standortentscheidung, die aus betrieblichen Gründen ansteht, oder bei der Gründung neuer Betriebe werden diese zusätzlichen Freiheitsgrade relevant. Bei weiterem technischen Fortschritt und Ausbau der Telekommunikationsnetze werden mögliche ökonomische Vorteile einer Verlagerung oder Auslagerung von Teilfunktionen wachsen, so daß auch von daher eine Begünstigung dezentraler Standorte vorliegt.

Diese Tendenz bleibt aber auf mittlere Sicht noch auf die Verdichtungsräume und ihre Ränder beschränkt. Eine weiträumige Dezentralisierung ist vor Ende des Jahrhunderts unwahrscheinlich, weil auch die Ausbaupolitik der Bundespost auf die Verdichtungsräume ausgerichtet ist und Standortfaktoren wie überörtliche und internationale Verkehrsanbindung nach wie vor große Bedeutung behalten. Die Verdichtungsräume - nicht die Kernstädte - behalten also noch auf längere Sicht ihre auch informationstechnischen Standortvorteile. Der vielfach ersehnte Ausgleich zwischen Verdich-

Tabelle 2: Zentralisierungs- und dezentralisierungsfördernde Faktoren

Faktoren, die zentrale Standorte fördern	Faktoren, die dezentrale Standorte fördern
unabhängig von der Informationstechnologie	
Beharrungsvermöge bestehender Strukt. Bedeutung der City Kundenorientierung vieler Unternehmen Arbeitsmarkteinzugsbereich Cityorientiertes Verkehrsnetz Prestigefaktoren Verlagerungskosten Bedeutung von face-to-face Kontakten Starre Arbeitsformen und -organisation Verkehrszunahme bei Dezentralisierung Energieverknappung Substanzerhalt getätigter Investitionen	Flächenknappheit in der City Flächenreserven am Rand Suburbanisierungstrend Ausbau des Verkehrssystems Energieverknappung
indirekt abhängig von der Informationstechnologie	
Begünstigung zentral orientierter Großbetriebe durch die Informationstechnologie	Geringe Standortempfindlichkeit von Neugründungen
Abnahme von Verlagerungsdruck durch Freisetzung von Beschäftigung	Wachsende Bedeutung von Kleinbetrieben
Trend zur Mehrfachbeschäftigung	Ausweitung büroartiger Tätigkeiten
	Zunehmende Bedeutung attraktiver Wohnstandorte
	Möglichkeit der Reintegration von Wohnen und Arbeiten
direkt abhängig von der informationstechnologie	
Erhöhung der Steuerungskapazität bei zentraler Organisation	Zunahme der Standortabhängigkeit
Diffusionshemmnisse der Informationstechnologie	Erleichterung von Teilauslagerung
	Möglichkeit von Teleheimarbeit
	Ubiquität von Informationen
	Ausweitung des Arbeitsmarktes
	Nutzungsmöglichkeit der Technologie durch Verlagerung

Quelle: HENCKEL, NOPPER & RAUCH 1984:100

tungsraum und ländlichem Raum findet nicht statt, wenn nicht unerwartete politische Umbewertungen den Anschluß der ländlichen Räume nach sich ziehen. Da in den Verdichtungsräumen die Freiheitsgrade der Standortwahl ausgeschöpft werden können, ist in der Tendenz der weitere Zug in die Fläche angelegt.

4.4 Teleheimarbeit

Die extreme Form einer räumlich dezentralen Standortwahl ist die Heimarbeit am Bildschirm. Eine solche Auslagerung von Tätigkeiten aus Büros in die Wohnungen der Mitarbeiter findet heute schon im gewissen Umfang statt. Teilweise sind es Pilotanwendungen innerhalb großer Firmen (vgl. WEGENER 1983), teilweise handelt es sich um verkappte Rationalisierungsstrategien, bei denen Mitarbeiter nicht ganz entlassen werden, sondern eine Heimarbeit als Trostpflaster erhalten. Schließlich dient die Heimarbeit als Kapazitätspuffer bei zeitlich sehr ungleich verteilten Tätigkeiten wie etwa der Bestellungsannahme im Versandhandel.

Ungeachtet der erheblichen rechtlichen und sozialen Probleme wie den Fragen der Isolation, des Datenschutzes, der Entlohnung, der Kontrolle u.ä. wird Heimarbeit erhebliche räumliche Auswirkungen haben. Zunächst werden Flächen in den traditionellen Bürogebäuden in dem Maße eingespart, wie ehemals dort Arbeitende ihren Arbeitsplatz verlegen. Dagegen entstehen völlig neue Anforderungen an die Wohnung, wenn ein oder zwei Familienmitglieder ständig zu Hause arbeiten. Die meisten Wohnungen sind gegenwärtig nicht darauf zugeschnitten. Es ist daher zu erwarten, daß die Flächennachfrage pro Kopf der Wohnbevölkerung in Zukunft durch die Zunahme von Heimarbeitsplätzen steigen wird.

Es ist unwahrscheinlich, daß Teleheimarbeit in Reinkultur auftreten wird. Vielmehr ist davon auszugehen, daß ein Teil der Tätigkeit nach wie vor im Büro und ein anderer Teil zu Hause erledigt wird. Dadurch nimmt die Zahl der erforderlichen Arbeitsplätze zu, ein weiterer Faktor zusätzlichen Flächenverbrauchs.

Die Teleheimarbeit eignet sich nicht nur für Routinetätigkeiten wie Schreibarbeiten, die ohnehin in absehbarer Zeit weitgehend durch Maschinen übernommen werden können, sondern auch für qualifizierte Tätigkeiten wie z.B. Software-Entwicklung oder Arbeitsvorbereitung. In welchem Maße sich unterschiedliche Tätigkeiten für Teleheimarbeit eignen, ist in Tabelle 3 zusammengefaßt.

Tabelle 3: Teleheimarbeitspotentiale

---

60 % aller Tätigkeiten mit Wiederholungscharakter

- Schreib- und Übersetzungsarbeiten
- Auskunftsdienst/Beratung
- Sachberarbeitung bei Versicherungen
- Bestellwesen
- Versandverwaltung beim Versandhandel
- Kundenbetreuung

30-40 % der Beschäftigten in den Bereichen Organisation und Datenverarbeitung

- Planung
- Gutachtertätigkeiten
- Softwareentwicklung (20-30 % der Beschäftigten)
- Fertigungsvorbereitung/Ingenieursarbeiten (in geringem Umfang)

(aus: HENCKEL, NOPPER & RAUCH 1984:108)

Quelle: Eigene Erhebung

In dem Maße, wie solche hochverdienenden Schichten auch Ferienhäuser "anschließen" und als Arbeitsplatz nutzen, wird eine Tendenz zum Drittarbeitsplatz erkennbar. Ferienhaussiedlungen in der Schweiz sind schon eindeutig mit dieser Blickrichtung erstellt worden. Durch die Begünstigung des Ferienhausarbeitsplatzes erfolgt ein abermaliger Schub für den Flächenverbrauch. Allerdings ist ein Teil dieses Flächenverbrauchs bereits schon internationalisiert, sei es in der Schweiz, in Österreich, Italien oder sonstwo.

4.5 Substitution von materiellem Verkehr

Die Substitutionsmöglichkeiten materiellen Verkehrs durch Telekommunikation wecken große Hoffnungen, daß das Verkehrsaufkommen reduziert, dadurch Energie eingespart und schließlich langfristig Verkehrsinvestitionen eingeschränkt werden können. HARKNESS (1979) ging schon 1977 davon aus, daß bis 1985 durch Heimarbeit 1,5% des täglichen Benzinverbrauchs in den USA eingespart werden könnten. In eigenen Modellrechnungen kamen wir zu dem Schluß, daß bis 1995 rund 3,5% des 1980 im Pendlerverkehr verfahrenen Benzins durch Teleheimarbeit eingespart werden könnten (HENCKEL, NOPPER & RAUCH 1984:125). Solche Einsparungen im Pendelverkehr sind selbst dann realistisch, wenn Heimarbeit nicht in vollem Umfang erfolgt, sondern teilweise in traditionellen Büros und teilweise zu Hause gearbeitet wird.

Deutlich unterscheiden muß man bei der Analyse der Wirkungen des Einsatzes von Telekommunikation auf den Verkehr zwischen den einzelnen Verkehrsarten und den einzelnen Verkehrsträgern sowie ihren wechselseitigen Verflechtungen (vgl. HEINZE 1983). In Tabelle 4 sind die Wirkungen einzelner informationstechnologisch (mit)bedingter Veränderungen auf die Verkehrsnachfrage differenziert nach Berufsverkehr und sonstigen Verkehrsströmen zusammengefaßt.

Im Nettoeffekt erscheint eine Abnahme der Verkehre insgesamt dabei lediglich bei Arbeitslosigkeit, bei teleconferencing und bei teleshopping in größerem Umfang wahrscheinlich. Geht man von den bisherigen Erfahrungen bei der Bürodezentralisierung aus, muß man dabei mittelfristig mit einer Zunahme des Verkehrs rechnen. Erst wenn eine Auflösung in Nachbarschafts-

Tabelle 4: Mögliche Auswirkungen auf die Verkehrsnachfrage durch informationstechnologisch bedingte Veränderungen

		Wirkungen auf den Berufsverkehr	Wirkungen auf sonstige Verkehrsnachfrage	Nettoeffekte
Beschäftigungseffekte		Abnahme	Abnahme (?)	Abnahme
Dezentralisierung von Bürostandorten		Kurzfristig Zunahme, durch Anpassung der Wohnstandorte länger-fristig Reduzierung der Zunahme	unklar	Zunahme des Verkehrs
Heimarbeit		Abnahme	Evtl. Zunahme des Freizeitverkehrs	unklar
Tele-Conferencing		Substitution von Reisen	-	Abnahme des Reiseverkehrs
Tele-Shopping, Tele-Banking		Abnahme durch Abbau von Beschäftigten	Zunahme von Lieferverkehr Abnahme des Einkaufs-verkehrs	Abnahme des Verkehrs, wenn Tele-Shopping in größerem Umfang realisiert wird
Arbeitszeit-veränderungen	Arbeitszeit-verkürzung	keine Auswirkungen	Evtl. Zunahme des Freizeitverkehrs	unklar
	Job-Sharing	Konstanz: Zunahme bei Teilzeitarbeit		
	Arbeitszeit-flexibilisierung	zeitliche Entzerrung		

Quelle: HENCKEL, NOPPER & RAUCH 1984: 125

büros und wohnnahe Bürostandorte erfolgte, wäre eine Reduzierung denkbar.

Unklar bleiben zunächst die Auswirkungen der Heimarbeit und veränderter oder reduzierter Arbeitszeiten. In dem Maße, wie bislang im Büro ausgeübte Tätigkeiten in Heimarbeit erledigt werden, reduziert sich zwangsläufig der Pendlerverkehr. Dies und neue Flexibilitäten führen zu einem Abbau der Verkehrsspitzen.

Verstärkt sich die Tendenz nicht nur zum Zweitarbeitsplatz zu Hause, sondern auch zum Drittarbeitsplatz in der Ferienwohnung, so kann deren Auslastung steigen, was zu einer deutlichen Erhöhung des Fern- und Freizeitverkehrs führen muß, dessen Ausmaß u.U. erheblich sein könnte.

Bei Routinetätigkeiten in Heimarbeit können Isolierungsprobleme dazu führen, daß in der Freizeit Kompensationen gesucht werden, die ebenfalls das Verkehrsaufkommen insgesamt wieder erhöhen. Auch die Analysen der Vergangenheit lehren, daß Verkehrseinsparungen durch Zuwachs meist schnell wieder kompensiert werden und daß sich Telekommunikation und Verkehr bislang eher stimuliert als kompensiert haben (HARKNESS 1973, MÖLLER 1975, HEINZE 1983). Auch die Überlegungen zu den neuen Technologien deuten an, daß hier ähnliche Kompensationen und Stimulierungseffekte eintreten können: die Verkehrsspitzen werden abgebaut, aber der eingesparte Verkehr kommt durch die Hintertür des Freizeitverkehrs, des Verkehrs zu den Zweitwohnsitzen u.ä. wieder rein, so daß im Nettoeffekt das Verkehrsvolumen zunimmt.

Die Zunahme vollzieht sich unter den dargestellten Bedingungen vor allem im Individualverkehr, während die Einsparungen auch im öffentlichen Verkehr erfolgen. Damit tut sich eine Verschärfung von Entwicklungsproblemen auf, denn die öffentlichen Verkehrsträger sind schon heute von riesigen Defiziten belastet, die sich durch sinkende Inanspruchnahme nur erhöhen können, wodurch die negative Spirale von sinkender Auslastung, steigenden Defiziten, reduzierten Taktzeiten und damit Schwinden der Attraktivität eine Runde weitergedreht wird.

5. SCHLUSSFOLGERUNGEN

1. Die Informationstechnologie ist sowohl Mittel als auch Ursache von Strukturveränderungen in der Wirtschaft, im Privatleben und in der Raumentwicklung. Aufgrund ökonomischer Interessen wird sie sich voraussichtlich relativ schnell durchsetzen. Der Aufbau der für die Raumentwicklung wichtigen Netze wird allerdings sehr viel langfristiger erfolgen als die Durchsetzung von Rationalisierungsinstrumenten.

2. Die Informationstechnologie als Trendverstärker trifft auf einen räumlichen Dezentralisierungstrend. Sie wird die weitere Auflösung und Zersiedlung der Verdichtungsräume fördern.

3. Räumliche Disparitäten werden durch die Informationstechnologie eher wieder zunehmen. Der Stadt-Land-Gegensatz wird mittelfristig wieder verstärkt, der Netzaufbau der Bundespost begünstigt die Verdichtungsräume, ein Ausgleich wird lange auf sich warten lassen. Einzelne Verdichtungsräume werden aufgrund ihrer unterschiedlichen Ausgangssituation nicht gleich betroffen, eine Verstärkung der wirtschaftlichen Nord-Süd-Verschiebung in der Bundesrepublik ist wahrscheinlich.

4. Die durch die Informationstechnologie mitgetragenen Tendenzen deuten in eine Richtung von zunehmender Besiedlung und zunehmendem Flächenverbrauch. Allenfalls wenn radikale Umsteuerungen erfolgten, könnte dem Einhalt geboten werden.

5. Die Steuerung der Raumentwicklung beurteilen wir eher skeptisch. Die Vergangenheit gibt nicht zu übertriebenen Hoffnungen Anlaß. Darüberhinaus wird die Konkurrenz der Städte und Regionen - wie heute bei dem Kampf um High-tech-Firmen schon ablesbar - wieder zunehmen.

6. Die Informationstechnologie schafft auch für die Planung eine bessere Informationsbasis, ermöglicht im Prinzip schnellere Rückkopplung bei Fehlentwicklungen. Die Frage bleibt jedoch, ob die Information der entscheidende Engpaßfaktor ist. Wir vermuten, daß ökonomische Vormachtinteressen, die durch die Schnelligkeit der Entwicklung beschränkte Lernfähigkeit und der Glaube an die Rationalität der Systeme viel nachhaltigere Beschränkungen bewirken als angebliche Informationsengpässe.

7. Die Stadt verliert als ökonomischer Informationsträger (Fühlungsvorteile) an Bedeutung. Die Frage ist, ob dieser Bedeutungsverlust kompensiert werden kann durch immaterielle Vorteile wie persönliche Kontakte, die Möglichkeit sozialer Experimente, Freizeitmöglichkeiten und eine stärkere - sich ausbreitende - lokale Orientierung.

Hans-Peter Gatzweiler

Die Entwicklung in den Regionen des Bundesgebietes

1. AUSGANGSSITUATION IN DEN REGIONEN DES BUNDESGEBIETES

Der Prozeß der räumlichen Entwicklung hat im Bundesgebiet zu erheblichen regionalen Disparitäten geführt. Einige offenbar sehr hartnäckige räumliche Fehlentwicklungen prägen seit längerem das Grundmuster regionaler Disparitäten und bestimmen die raumordnungspolitische Diskussion in der Bundesrepublik: Die zentralen Probleme vieler Verdichtungsregionen sind die Bewältigung der negativen Verdichtungsfolgen (Umweltprobleme) und die Versorgung der Bevölkerung mit familiengerechtem und preiswertem Wohnraum. In einigen Verdichtungsregionen, wie dem Ruhrgebiet, kumulieren Umwelt-, Wohnungsmarkt- und Arbeitsmarktprobleme. In vielen peripheren ländlichen Regionen, z.B. im norddeutschen Küstenraum und ostbayerischen Grenzraum, mangelt es nach wie vor an Arbeitsplätzen, insbesondere qualifizierten Arbeitsplätzen. Alle Teilräume im Bundesgebiet lassen sich mehr oder weniger eindeutig im Rahmen solcher charakteristischen Problemlagen verorten.

Für die folgende Analyse der Entwicklung in den Regionen des Bundesgebietes ist es angebracht, das Bundesgebiet in Teilräume unterschiedlicher Struktur zu gliedern (1). Damit wird ein räumliches Betrachtungsraster geschaffen werden, das es ermöglicht, Regionen mit jeweils vergleichbaren Bedingungen, Entwicklungen und Problemen allgemein darzustellen. Die Abgrenzung regionaler Strukturtypen stützt sich für die Zwecke dieser Darstellung auf einige zentrale Bestimmungsfaktoren bzw. Merkmale der räumlichen Entwicklung wie: Zentralität, Verdichtung, Urbanisierungsintensität, Suburbanisierungsintensität, Einkommensniveau, Wirtschaftsstruktur und Arbeitsmarktsituation. Diese komplexen Merkmale können durch Indikatoren operationalisiert werden (2). Auf der Grundlage solcher Indikatoren ergibt sich eine Gliederung des Bundesgebietes in folgende regionale Strukturtypen (vgl. Karte 1):

<u>Strukturstarke Verdichtungsregionen</u>: Hochverdichtet, meist monozentri-

Übersicht: Räumliche Gliederung des Bundesgebiets in Strukturtypen

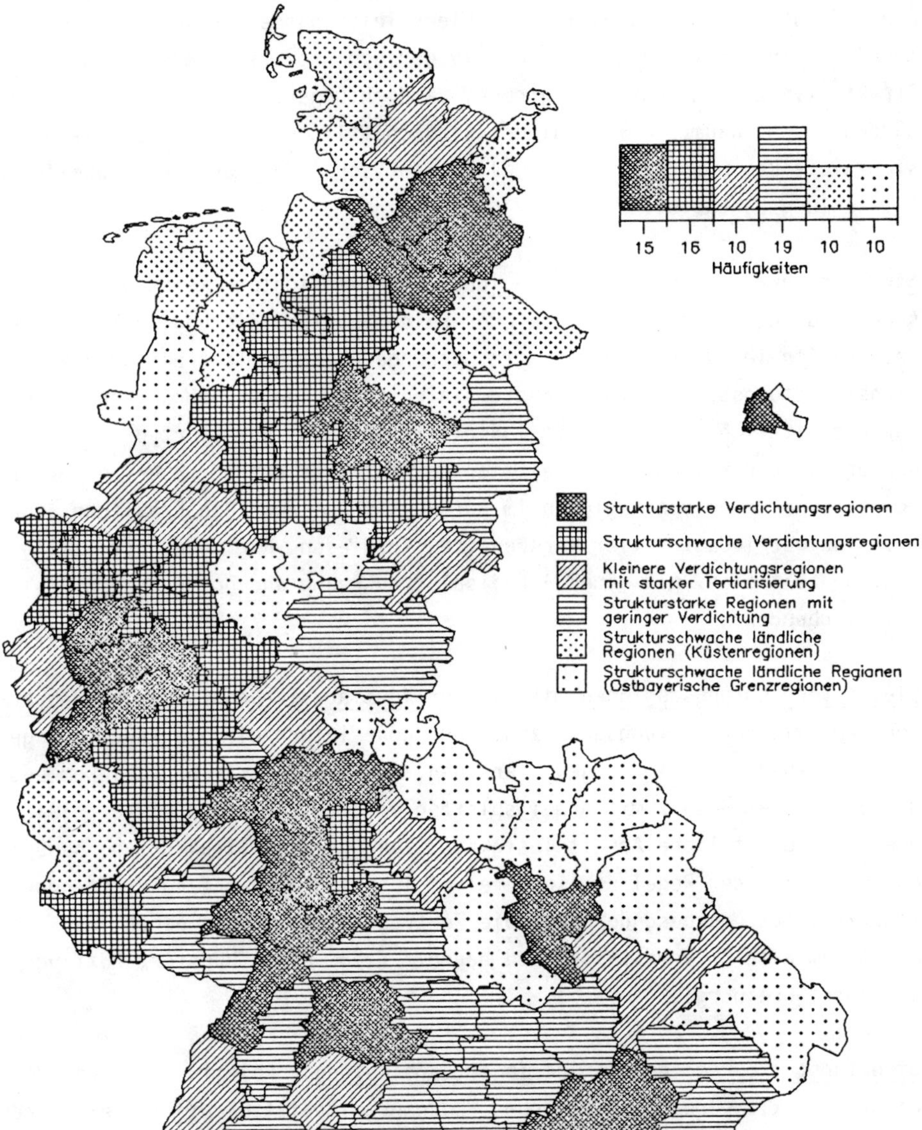

Quelle: Laufende Raumbeobachtung der BfLR

sche Siedlungsstruktur, starke bis mittlere Suburbanisierungsintensität, hohes Einkommensniveau, z.T. hohe interregionale Wanderungsgewinne, sehr hoher Besatz mit Arbeitsplätzen im Dienstleistungssektor und wachstumsintensiven Industriebranchen, relativ geringe Arbeitslosigkeit. Zu diesem Strukturtyp zählen fast alle großen Verdichtungsräume, insbesondere im süddeutschen Raum. Im Verlauf des wirtschaftlichen Strukturwandels haben sich diese Regionen fast alle als motorische Zentren der räumlichen Entwicklung behauptet.

Strukturschwache Verdichtungsregionen: Hochverdichtet, meist polyzentrische Siedlungsstruktur, geringe oder keine Suburbanisierung, z.T. starke interregionale Wanderungsverluste, geringer Besatz mit Arbeitsplätzen im Dienstleistungssektor und wachstumsintensiven Industriebranchen, überdurchschnittlich hohe Arbeitslosigkeit. Diesen Strukturtyp prägen in erster Linie die frühindustrialisierten Montanreviere an Ruhr und Saar sowie eine Reihe von Regionen im norddeutschen Raum. Die Erhaltung funktionsfähiger industrieller Kernbereiche in diesen Regionen ist zwangsläufig zeitweise mit einem Arbeitsplatzrückgang und hoher Arbeitslosigkeit verbunden.

Kleine Verdichtungsregionen mit starker Tertiärisierung: Größeres Oberzentrum mit Verdichtungsansätzen, sehr hohe interregionale Wanderungsgewinne, insbesondere an jungen Menschen, durchschnittliches Einkommensniveau, hoher Besatz mit Arbeitsplätzen im Dienstleistungssektor, leicht überdurchschnittliche Arbeitslosigkeit. Bei diesem Strukturtyp handelt es sich in der Regel um kleinere Verdichtungsräume mit hoher Standortattraktivität, insbesondere was die Zentren betrifft, bei denen es sich meist um alte Universitätsstädte handelt (z.B. Kiel, Münster, Göttingen, Würzburg, Freiburg).

Strukturstarke Regionen mit geringer Verdichtung: Relativ geringe Verdichtung, kleineres Oberzentrum, hohe Arbeitsplatzdichte im sekundären Sektor, z.T. überdurchschnittlicher Besatz mit Arbeitsplätzen in wachstumsintensiven Branchen, sehr geringe Arbeitslosigkeit. Die Regionen dieses Strukturtyps verteilen sich fast ausschließlich auf Baden-Württemberg und das südliche Bayern (Alpenvorland). Eine dezentral angelegte, mittelständisch orientierte Wirtschaft, in der die industrielle Verarbeitung und Veredelung vorherrscht, garantiert die heutige Strukturstärke dieser Regionen.

Strukturschwache ländliche Regionen, (Küstenregionen): Ländlich geprägte Siedlungsstruktur, Wanderungsverluste an jungen Menschen, sehr geringer Besatz mit Arbeitsplätzen im sekundären Sektor, sehr hohe Arbeitslosigkeit. Zu diesem Strukturtyp zählen bis auf die Region Kiel alle norddeutschen Küstenregionen. Hervorstechendes Merkmal dieser Regionen ist die überaus hohe Arbeitslosigkeit. Sie hat ihre Ursachen im geringen Industrialisierungsgrad und im Vorherrschen strukturschwacher Branchen (Grundstoffindustrie, Werften, Stahl, Fischverarbeitung).

Strukturschwache ländliche Regionen (Ostbayerische Grenzregionen): Ländlich geprägte Siedlungsstruktur, sehr hohe Wanderungsverluste an jungen Menschen, sehr geringes Einkommensniveau, überdurchnittlicher Besatz mit Arbeitsplätzen im sekundären Sektor, sehr wenig Arbeitsplätze in wachstumsintensiven Branchen und im Dienstleistungssektor, sehr hohe Arbeitslosigkeit. Dieser Strukturtyp ist vor allem im nordostbayerischen Grenzraum ausgeprägt.

Die unterschiedliche Bedeutung der einzelnen Teilräume im gesamten regionalen Gefüge des Bundesgebietes kann mit den in der Tabelle 1 aufgeführten Zahlen quantitativ belegt werden [1]: So lebt heute z.B. weit über ein Drittel, 36% bzw. 22,1 Mio. Personen, in den strukturstarken Verdichtungsräumen. Über 40% aller abhängig Beschäftigten haben hier ihren Arbeitsplatz und 43% des gesamten Bruttoinlandsprodukts werden hier erwirtschaftet. Der Anteil der Arbeitslosen ist mit 33,8% im Verhältnis zum Anteil der Erwerbsfähigen mit 36,6% gering. In den strukturschwachen Verdichtungsregionen leben dagegen 27,6% aller Arbeitslosen, bei einem Anteil von lediglich 22,9% aller Erwerbsfähigen. Gering ist auch der Anteil dieses Strukturtyps an Arbeitsplätzen in Wachstumsbranchen, gemessen am Anteil dieses Strukturtyps an allen Arbeitsplätzen für abhängig Beschäftigte.

Eine Reihe weiterer aktueller Strukturmerkmale sind in der Tabelle 2 zusammengestellt. Sie belegen, daß sich die einzelnen Teilräume im Bundesgebiet unterscheiden in der Bevölkerungsstruktur und -entwicklung, in den Erwerbsmöglichkeiten, in der Wirtschafts- und Finanzkraft sowie der Bau- und Siedlungstätigkeit.

Tabelle 1: Merkmale der regionalen Strukturtypen

Merkmale	Zeitbezug	Struktur-starke Verdicht.-regionen	Struktur-schwache Verdichtg.-regionen	Kleinere Verdichtg.-regionen m. starker Ter-tiärisierg.	Struktur-starke Reg. mit geringer Verdichtg.	Struktur-schwache ländl.Reg., "Küsten-regionen"	Struktur-schwache ländl.Reg., "Ostbayer. Grenzregionen"
Bevölkerungsbestand in 1000	31.12.82	22.144,0	14.096,6	7.523,1	9.823,6	3.518,8	4.440.0
Anteil am Bundesgebiet in %	31.12.82	36,0	22,9	12,2	16,0	5,7	7,2
Erwerbsfähige in 1000	31.12.82	15.439,1	9.650,6	5.187,6	6.608,0	2.352,0	2.953,6
Anteil am Bundesgebiet in %	31.12.82	36,6	22,9	12,3	15,7	5,6	7,0
Abhängig Beschäftigte in 1000	30.6.83	8.168,3	4.388,0	2.235,4	3.109,0	942,9	1.303,0
Anteil am Bundesgebiet in %	30.6.83	40,5	21,8	11,1	15,4	4,7	6,5
Abhängig Beschäftigte in wachstumsintensiven Branchen in 1000	30.6.83	5.047,7	2.093,2	1.158,9	1.710,8	503,9	595,7
Anteil am Bundesgebiet in %	30.6.83	45,4	18,8	10,4	15,4	4,5	5,4
Arbeitslose in 1000	April 1984	761,1	621,1	257,9	287,9	160,5	164,9
Anteil am Bundesgebiet in %	April 1984	33,8	27,6	11,4	12,8	7,1	7,3
Bruttoinlandsprodukt in Mrd.DM	1980	642,2	325,8	153,5	214,2	69,5	83,7
Anteil am Bundesgebiet in %	1980	43,1	21,9	10,3	14,4	4,7	5,6
Steueraufkommen in Mio. DM	1982	21.573,0	10.684,6	5.034,6	7.278,2	2.122,1	2.643,6
Anteil am Bundesgebiet in %	1982	43,7	21,7	10,2	14,8	4,3	5,4

Quelle: Laufende Raumbeobachtung der BfLR

Tabelle 2: Merkmale der regionalen Strukturtypen

Indikator	Jahr/ Zeit-raum	Struktur-starke Verdicht.-regionen	Struktur-schwache Verdicht.-regionen	Kleinere Verdicht.-reg. mit starker Tertiäris.	Struktur-starke Reg. mit geringer Verdichtg.	Struktur-schwache, ländl.Reg. "Küsten-regionen"	Struktur-schwache ländl.Reg. "Ostbayer.-Grenzregion"
Bevölkerungsstruktur und -entwicklung							
Bevölkerungsentwicklung in %	1978-82	0,55	-0,87	1,4	1,1	0,38	0,03
Nicht- und nicht mehr Erwerbsfähige je 100 Erwerbsfähige	1982	43	46	45	49	50	50
Ausländerquote	1983	10,6	6,9	5,1	6,2	2,7	3,0
Interregionale Wanderungen							
Binnenwanderungssaldo der 18- bis unter 25jährigen je 1000 dieser Altersgruppe	Ø 1981/82	11,6	-11,7	16,5	-9,7	-6,9	-21,1
Binnenwanderungssaldo der 25- bis unter 30jährigen je 1000 dieser Altersgruppe	Ø 1981/82	2,6	-3,2	-8,9	5,2	2,6	1,3
Binnenwanderungssaldo der Einwohner im Alter von 50 und mehr Jahren je 1000 dieser Altersgruppe	Ø 1981/82	-1,6	-1,5	1,4	2,2	3,2	3,2
Arbeitsplatzangebot und -struktur							
Abhängig Beschäftigte je 1000 Erwerbsfähige	1983	529	455	431	470	401	441
Beschäftigtenentwicklung in %	1978-83	0,49	-3,15	1,7	3,61	0,25	1,85
Abh.Beschäftigte in wachstumsträchtigen Wirtschaftszweigen je 1000 Erwerbsfähige	1983	327	217	224	259	214	202
Arbeitsmarktsituation							
Arbeitslosenquote	1983	8,4	12,2	10,5	8,8	14,3	13,2
Arbeitlose mit Arbeitslosigkeit länger als 1 Jahr je 1000 Arbeitn.	1983	22	38	28	19	37	29
Arbeitslose unter 25 Jahren je 1000 erwerbsfähige Personen unter 25 Jahren	1983	53	75	58	50	79	65
Wirtschaftskraft und kommunale Finanzsituation							
Bruttoinlandsprodukt in DM je Einwohner	1980	28.943	22.934	20.487	21.838	19.782	18.813
Einkommensteueranteil der Gemeinden in DM je Einwohner	1982	444	360	334	351	285	294
Realsteuerkraft in DM je Einwohner	1982	477	353	320	366	292	292
Wohnungsbautätigkeit							
Fertiggestellte Wohnungen je 1000 Whg. des Bestandes	1982	12	11	16	17	13	16
Anteil fertiggestellter Ein- und Zweifamilienhäuser an den fertiggestellten Wohngeb. insg.	1982	88	87	93	93	93	95
Baulandpreis in DM je m^2	Ø 1980-82	176	94	91	78	51	45
Siedlungsstruktur							
Einwohner je km^2 Siedlungsfläche	1981	3.316	2.629	2.239	1.879	1.644	1.756
Verhältnis bebaute Fläche zu Freiflächen	1981	0,17	0,17	0,11	0,09	0,09	0,08
Freifläche in m^2 je Einwohner	1981	1.677	2.233	4.312	5.923	7.644	8.123

Quelle: Laufende Raumbeobachtung der BfLR

2. PHASEN DER RÄUMLICHEN ENTWICKLUNG IM BUNDESGEBIET

Die heutigen regionalen Strukturtypen sind das Ergebnis längerfristig verlaufender räumlicher Entwicklungsprozesse. Die Strukturtypen markieren dabei jeweils bestimmte Stadien der räumlichen Entwicklung. Wie kommt es aber zu diesen charakteristischen Stadien? Nach einer weit verbreiteten Meinung gibt es offenbar einen Zusammenhang zwischen Innovationszyklen der Industrie und Lebenszyklen von Regionen (3). Die jeweilige räumliche Konzentration der Industrie stellt danach die Weichen für die Raumentwicklung. Die Industrie ist sozusagen der Motor, der die räumliche Entwicklung in Gang hält und vorantreibt.

Die Ausgangslage im 18. Jahrhundert vor der Industrialisierung war bestimmt durch die vorwiegend flächenbezogen ausgerichtete sowie nahbereichsorganisierte landwirtschaftliche und handwerkliche Produktion sowie Konsumtion wirtschaftlicher Güter. Mit Beginn der Industrialisierung setzte eine tiefgreifende Umverteilung der wirtschaftlichen und sozialen Kräfte ein. Entscheidend für die räumliche Entwicklung war dabei, daß Maschine, Motor und Schiene im Verein mit neuen Energien die flächenbezogen wirtschaftenden und nahbereichsorientierten Existenzen der merkantilistischen Gesellschaft ablösten und die Entwicklung zu einer standortorientierten, beruflich spezialisierten und auf Verbund angelegten, arbeitsteiligen industriellen Gesellschaft ermöglichten.

Das Aufblühen der industriellen Produktion brachte die Konzentration von Fabriken und Arbeitsplätzen auf engem Raum und mit ihnen die der Wohnplätze. Dörfer wurden in kurzer Zeit zu Städten und Städte zu Großstädten. Um 1870 war die erste Phase der Auffüllung der Industriestädte mit der zuströmenden Bevölkerung aus dem nahen Umland abgeschlossen. Der sich steigernde Arbeitskräftebedarf löste interregionale Wanderungen aus ländlichen Räumen in die schnell aufblühenden städtischen Industriezentren aus. Für die Jahre 1860 - 1925 schätzt man, daß insgesamt 22 - 24 Mio. Menschen an diesen Wanderungen beteiligt waren. Neue Siedlungsstrukturen bildeten sich heraus: Verdichtungsräume. Diese Phase der räumlichen Entwicklung bezeichnet man allgemein als Urbanisierung (4).

Die räumliche Konzentration von Wirtschaft, Infrastruktur und Bevölkerung hat sich als das raumwirksame Grundprinzip der industriellen Gesellschaft herausgestellt. Mit der Industrialisierung ging ein politischer Wandel mit dem Ziel der Erringung individueller und gesellschaftlicher Freiheiten Hand in Hand. Wirtschaft und Bevölkerung konnten sich dort ansiedeln, wo die Standortvoraussetzungen am günstigsten waren. Das waren zunächst die Standorte, wo Bodenschätze, Lage- und Verkehrsgunst mit persönlicher und öffentlicher Initiative zusammentrafen. Die polaren und widerstreitenden räumlichen Auswirkungen dieses Prozesses sind auf der einen Seite die "Verdichtung" und auf der anderen "Entleerung" bzw. Stagnation.

Im Laufe von 1 1/2 Jahrhunderten hat sich somit im Bundesgebiet durch die Dynamik der Prozesse Verdichtung und Entleerung ein Raummuster herausgebildet, das auf die beiden Pole Verdichtungsraum und ländlicher Raum ausgerichtet ist. Diese Entwicklung ist mit einer fortschreitenden Arbeits- und Funktionsteilung zwischen den verschiedenen Raumtypen, sowie einer Stagnation oder gar einem Zurückbleiben der ländlichen Räume in bezug auf die Arbeits- und Lebensbedingungen der dort lebenden Bevölkerung verbunden.

Unterschiedliche Ausgangssituationen und Entwicklungsbedingungen haben zu einer Differenzierung im räumlichen Entwicklungsprozeß geführt. Sie machen bis heute die Individualität einzelner Regionen aus und bestimmten maßgeblich, ob sich monozentrische oder polyzentrische, auf mehrere Kernstädte orientierte Verdichtungsräume, herausbildeten. Sie entschieden auch über den Typ der frühen industriewirtschaftlichen Prägung und die jeweils dominierenden Wirtschaftssektoren. Besonders die historisch "alten" Verdichtungsräume spiegeln noch die anfängliche Materialorientierung und Grundstofferzeugung in der früh- und hochindustriellen Phase wider.

Seit Beginn der Industrialisierung verschieben sich aber im langfristigen Auf und Ab industrieller Innovationszyklen die regionalen Wachstumsimpulse. Das Ruhrgebiet z.B. erhielt seine charakteristische Ausprägung im räumlichen Zusammenspiel von Kohlelagerstätte, Zeche und Hüttenstandort und hat sich in seinen siedlungsstrukturellen Grundzügen seit Anfang des 20. Jahrhunderts nicht mehr wesentlich verändert. Nach dem 2. Weltkrieg wird das Wachstum von der Expansion der Verarbeitungsindustrie, insbesondere der spezialisierten Investitionsgüterindustrie, bestimmt.

Mit ihr wachsen nunmehr Verdichtungsräume wie Stuttgart, München oder Nürnberg. Die Nähe zum Rohstoff verliert als Standortfaktor an Bedeutung. Das erklärt sich aus der mit zunehmender Automatisierung veränderten Produktionskostenstruktur und aus dem Vordringen kohleunabhängiger Energiearten. Die ehemaligen Führungssektoren Bergbau (Energie) und eisenschaffende Industrie dagegen mußten diese Rolle an andere Branchen in anderen Regionen abgeben. Sie waren damit im Ruhrgebiet und im Saarland, beides Verdichtungsräume der ersten Generation, für einen wirtschaftlichen Stagnationsprozeß verantwortlich, der mit einem erheblichen Strukturwandel verbunden sein wird.

Begünstigt sind also heute die revierfernen und zugleich auf große Dienstleistungszentren orientierten, historisch jüngeren Verdichtungsräume, insbesondere im süddeutschen Raum. Zu deren Vorteilen zählt oft noch eine nicht überlastete Umweltsituation, die hochrangige Infrastruktur einer leistungsfähigen Zentralstadt, ein qualifizierter Arbeitsmarkt, ein hoher Anteil von Wachstumsindustrien sowie ein hoher Wohn- und Freizeitwert. Daneben gewinnen auch kleinere Verdichtungsräume in vergleichsweise zentraler Lage und mit guter Infrastrukturausstattung an Standortattraktivität. Sie profitieren u.a. auch von den seit Jahren anhaltenden Verlusten an Entwicklungspotential der altindustrialisierten Verdichtungsräume und deren geringer Attraktivität für Zukunftsindustrien. Nach wie vor zurück in der Entwicklung bleiben vor allem strukturschwache ländliche Regionen in Randlagen des Bundesgebietes.

Diese Entwicklungstendenzen erklären sich zusätzlich aus der Tatsache, daß die Industrie schon seit längerem nicht mehr allein die Wirtschaftskraft und Bedeutung einer Region bestimmt. Die eigentliche überregionale Bedeutung, die Zentralität einer Region, resultiert vielmehr zu einem großen Teil aus der Konzentration von tertiären Funktionen. Der tertiäre Sektor erweist sich zunehmend auch als stärker zentrumsorientiert als die Standorttendenzen des sekundären Sektors. Dies gilt im übrigen auch für die dispositiven, tertiären Bereiche innerhalb des industriellen Sektors.

Ergänzend ist anzumerken, daß parallel zum großräumigen Prozeß der Urbanisierung, der räumlichen Konzentration von Wirtschaft und Bevölkerung, kleinräumig, d.h. innerhalb der Regionen, ein Prozeß der Suburbanisie-

Tabelle 3: Urbanisierung von Bevölkerung, Industrie und Wirtschaftskraft

Regionstypen	Bevölkerung Urbanisierungsgrad 1960	1970	1982	Urbanisierungsprozeß 1960-1970	1970-1982
Strukturstarke Verdichtungsregionen	34,9	35,9	36,0	1,03	1,00
Strukturschwache Verdichtungsregionen	24,5	23,4	22,9	0,95	0,98
Kleinere Verdichtungsregionen mit starker Tertiarisierung	11,9	12,1	12,2	1,02	1,01
Strukturstarke Regionen mit geringer Verdichtg.	15,3	15,5	16,0	1,01	1,03
Strukturschwache ländliche Reg.(Küstenregionen)	5,9	5,7	5,7	0,97	1,00
Strukturschw.ländl. Re. (Ostbayr.Grenzreg.)	7,5	7,4	7,2	0,99	0,97

Regionstypen	Industrie Urbanisierungsgrad 1960	1970	1982	Urbanisierungsprozeß 1960-1970	1970-1982
Strukturstarke Verdichtungsregionen	37,7	38,7	37,6	1,03	0,97
Strukturschwache Verdichtungsregionen	29,2	25,6	24,3	0,88	0,95
Kleinere Verdichtungsregionen mit starker Tertiärisierung	10,2	10,5	10,2	1,03	0,97
Strukturstarke Regionen mit geringer Verdichtung	14,2	15,8	17,5	1,11	1,11
Strukturschwache ländl. Reg. (Küstenregionen)	2,6	2,9	3,2	1,11	1,10
Strukturschwache ländl. Reg.	6,2	6,6	7,2	1,06	1,09

Tabelle 3 (Fortsetzung)

Regionstypen	Wirtschaftskraft Urbanisierungsgrad 1961	1970	1980	Urbanisierungsprozeß 1961-1970	1970-1980
Strukturstarke Verdichtungsregionen	42,1	43,1	43,1	1,02	1,00
Strukturschwache Verdichtungsregionen	24,5	22,6	21,9	0,92	0,97
Kleinere Verdichtungsregionen mit starker Tertiarisierung	10,1	10,3	10,3	1,02	1,00
Strukturstarke Regionen mit geringer Verdichtung	13,3	14,0	14,4	1,05	1,03
Strukturschwache ländl. Reg. (Küstenregionen)	4,4	4,4	4,7	1,00	1,07
Strukturschwache ländl. Reg. (Ostbayr.Grenzreg.)	5,6	5,5	5,6	0,98	1,02

Erläuterung:

Der Urbanisierungsgrad bezeichnet den Stand des Urbanisierungsprozesses. Er entspricht dem prozentualen Anteil der einzelnen Strukturtypen am Bundesgebiet hinsichtlich der Merkmale Bevölkerung, Industriebeschäftigte und Bruttoinlandsprodukt. Der Urbanisierungsprozeß wird erfaßt, indem die Anteile zu jeweils zwei Zeitpunkten ins Verhältnis gesetzt werden. Werte oberhalb von 1,0 deuten eine relative Zunahme, Werte unterhalb von 1,0 dagegen eine relative Abnahme der Prozesse an. Wesentlich ist dabei, daß selbst bei einem absoluten Rückgang der Werte vom Gesamtraum eine relative Zunahme der Prozesse stattfinden kann (5).

Quelle: Laufende Raumbeobachtung der BfLR

rung abläuft. Die Entwicklung des Individualverkehrs mit dem PKW lieferte dazu die notwendige Voraussetzung. In einer ersten Phase wurde diese Entwicklung noch durch Stadterweiterungen (Eingemeindungen) aufgefangen. Der Prozeß der Suburbanisierung heute kann im wesentlichen damit erklärt werden, daß Haushalte und Betriebe in der Region dort ihren Standort beziehen, wo ihre Flächenansprüche befriedigt werden. Geringe Flächenreserven, hohe Boden- und Wohnkosten und erhebliche Umweltbelastungen sind die treibenden Kräfte der Abwanderung von Haushalten und Betrieben aus der räumlichen Enge der Kernstädte in den weiteren Verdichtungsraum, das Umland. Die Suburbanisierung greift dabei in dem Maße räumlich weiter aus, wie sich in den Randgemeinden der Kernstädte ähnliche Engpässe im Flächenangebot abzeichnen und sich die negativen Folgen zunehmender Verdichtung bemerkbar machen.

Die Beobachtung der räumlichen Entwicklung in den letzten zwanzig Jahren belegt weitgehend den o.a. Verlauf der räumlichen Entwicklung für das Bundesgebiet. Die Ergebnisse der Tabelle 3 zeigen, daß sich bei der Bevölkerung der großräumige Entwicklungsprozeß in den 60er und 70er Jahren eindeutig auf die kleineren Verdichtungsregionen und strukturstarke Regionen verlagert hat. Verstärkt wird diese Tendenz noch durch die Entwicklung der Verteilung der industriellen Arbeitsplätze sowie der Wirtschaftskraft. Die Krise der strukturschwachen Regionen zeigt sich in einem starken Bedeutungsverlust im Zeitraum 1961 - 1970 und einem weiteren Bedeutungsrückgang in den 70er Jahren. Auch in den strukturstarken Verdichtungsregionen macht sich der wirtschaftsstrukturelle Wandel durch eine starke Abnahme der industriellen Arbeitsplätze bemerkbar. Auf ihre wirtschaftliche Bedeutung bleibt dies jedoch ohne Einfluß.

Die strukturschwachen ländlichen Regionen haben im wirtschaftlichen Bereich an relativer Bedeutung gewonnen. Unterstützt durch die regionale Wirtschaftspolitik waren sie offenbar überdurchschnittlich erfolgreich bei der Sicherung industrieller Arbeitsplätze. Allerdings dürfte diese Entwicklung vor dem Hintergrund eines tendenziell schrumpfenden sekundären Sektors zum Großteil auf den nur schleppenden Abbau von Arbeitsplätzen in langfristig schrumpfenden Sektoren zurückzuführen sein. Die großen Agglomerationen haben sich vorzeitiger und in stärkerem Umfang aus veralteten Industriezweigen zurückgezogen. Die ländlichen Gebiete müssen diesen Anpassungsprozeß wahrscheinlich erst noch bewältigen (6).

3. ZUR AKTUELLEN ENTWICKLUNG IN DEN REGIONEN

3.1 Aktuelle Rahmenbedingungen

Die Entwicklung der einzelnen Teilräume des Bundesgebietes vollzieht sich in Abhängigkeit vom wirtschaftlichen, technologischen und sozialen Wandel. Die aktuelle Entwicklung in den Regionen ist nur zu verstehen vor dem Hintergrund der erheblichen Veränderungen dieser Einflußfaktoren in den siebziger Jahren. Dies gilt für den Wandel im generativen Verhalten, die damit verbundene Bevölkerungsabnahme und den Trend zu kleineren Haushalten. Es betrifft die Sensibilisierung der Bevölkerung gegenüber Umweltbeeinträchtigungen, verbunden mit einer Wiederentdeckung der eigenen Einbindung in die Natur und der Sparsamkeit z.B. mit natürlichen Ressourcen. Der wirtschaftliche Strukturwandel ist mit schrumpfendem Produktionswachstum, anhaltenden Arbeitsplatzverlusten sowie abnehmender Konsumfähigkeit aufgrund nur noch wenig steigender Einkommen verbunden.

In den letzten Jahren sind zweifellos die Veränderungen auf dem Arbeitsmarkt am gravierendsten: In den letzten zehn Jahren stieg die Zahl der Arbeitslosen von 150.000 (1973) auf weit über 2 Mio. im Jahr 1983. Ursachen hierfür sind auf der Arbeitsangebots- wie auf der -nachfrageseite zu finden.

Für die dramatische Verschlechterung der Arbeitsmarktsituation, insbesondere nach 1980, war auf der Angebotsseite die seit 1977 stark ansteigende Zahl der Erwerbspersonen entscheidend. Dabei addierten sich zwei demographische Komponenten bzw. Trends in ihrer Wirkung: Einerseits drängen die geburtenstarken Jahrgänge der fünfziger und frühen sechziger Jahre auf den Arbeitsmarkt. Andererseits scheiden nur relativ wenige Arbeitnehmer aus dem Erwerbsleben aus, weil die jetzt zur Pensionierung anstehenden bzw. in das Rentenalter kommenden Jahrgänge 1915 bis 1925 als Folge der beiden Weltkriege sehr schwach besetzt sind. Zudem nahm die Zahl der Ausländer zwischen 1978 und 1982 als Folge der konjunkturellen Erholung Ende der siebziger Jahre und begünstigt durch eine liberale Ausländerpolitik stark zu.

Auf der Nachfrageseite führt die vom ersten Ölpreisschock 1973 ausgelöste Rezession der Jahre 1974/75 im Bundesgebiet zu einem Verlust von ca. 1 Mio. Arbeitsplätzen. Zahlreiche Strukturveränderungen im Produktionsbereich bewirkten auch während der konjunkturellen Erholung 1976 bis 1979/80 nur eine abgeschwächte Nachfrage nach Arbeitsplätzen. Der zweite Ölpreisschock 1979 verstärkte dann nochmals den Strukturanpassungsdruck und leitete eine erneute wirtschaftliche Rezessionsphase ein. Preissteigerungen infolge hoher Energiepreise, aber auch langsam beginnende Sättigungstendenzen im Bereich der langfristigen Konsumgüter führten zu Nachfrageausfällen oder aber zu so geringen Nachfragesteigerungen, daß deren Produktion leicht über die gestiegene Arbeitsproduktivität erreicht wurde und einen zusätzlichen Arbeitskräfteeinsatz überflüssig machte. Statt Erweiterungsinvestitionen zur Schaffung neuer Arbeitsplätze wurden vielmehr durch die Einführung neuer Technologien mit arbeitssparendem technischen Fortschritt zahlreiche Arbeitsplätze wegrationalisiert.

Die ungünstige Wirtschafts- und Arbeitsmarktentwicklung führte in den Regionen nicht nur zu Steuerausfällen, sondern auch zu vermehrten Ausgaben, vor allem im sozialen Bereich: Mit der Zahl der Arbeitslosen und hier vor allem der Dauerarbeitslosen, stieg z.B. auch die Zahl der Sozialhilfeempfänger. Denn Arbeitslosengeld und Arbeitslosenhilfe decken bei immer weniger Arbeitslosen den notwendigen Lebensunterhalt ab. Viele junge Erwerbsfähige (Haushalte) können wegen fehlender Erwerbstätigkeit oft gar keine Leistungsansprüche auf Arbeitslosengeld und -hilfe geltend machen.

Zusätzliche Belastungen entstanden auf den regionalen Wohnungsmärkten: Die Zahl der Haushalte nahm - trotz rückläufiger Bevölkerungsentwicklung - in den letzten Jahren im Bundesgebiet stark zu, in den Jahren 1979 und 1980 allein um 590.000 Haushalte. Dies ist sowohl auf die stark besetzte Altersklasse der 20- bis unter 25jährigen zurückzuführen als auch auf die starke Zuwanderung von Ausländern, zu der 1980 vor allem Asylanten beigetragen haben. Die wachsende Zahl von Haushalten, meist einkommensschwachen Haushalten, führte zusammen mit einer anhaltenden Investitionsschwäche im Wohnungsneubau zu einer Verschärfung des Wettbewerbs um das knappe Angebot an preisgünstigen Wohnungen. Sozial schwache Bevölkerungsgruppen wurden in schlechtere Wohnungsbestände verdrängt.

Ganz entscheidende Rahmendaten für die Entwicklung der Regionen und vor allem deren Zentren in den letzten Jahren setzte schließlich die staatliche Haushalts- und Finanzpolitik. Die besorgniserregenden Wachstumsraten der öffentlichen Haushaltsdefizite Ende der siebziger Jahre zwangen Bund und Länder zu energischen Kurskorrekturen in der Haushaltspolitik. Die Finanzierungsdefizite wurden energisch zurückgeschraubt. "Konsolidierung" lautete die aktuelle Handlungsmaxime für die kurz- und mittelfristige Haushaltspolitik. Konsolidierungserfolge wurden einmal erzielt, indem allgemeine (Schlüsselzuweisungen im Rahmen des kommunalen Finanzausgleichs) und zweckgebundene Zuweisungen an die Kommunen prozyklisch gekürzt oder eingefroren wurden. Zum anderen wurden auf die Kommunen zusätzliche Lasten abgewälzt, indem Bund und Länder ihre sozialen Leistungen an den privaten Sektor einschränkten. Schließlich liegt seit 1977 auch das Wachstum der gemeindlichen Steuereinnahmen deutlich unter dem Wachstum der staatlichen Steuereinnahmen. Neben der rezessiven bzw. stagnierenden Wirtschaftsentwicklung ist dies vor allem auf staatliche steuerpolitische Eingriffe zurückzuführen. Vor allem die Gewerbesteuer hat durch diverse Rechtsänderungen seit 1975 ständig an Bedeutung verloren und ist mehr und mehr zu einer Großbetriebssteuer degeneriert. Besondere räumliche Auswirkungen hatte die Abschaffung der Gewerbesteuer nach der Lohnsumme, da nur ein Teil der Gemeinden diese Steuer erhoben hatte. Die für alle Gemeinden wirksame Erhöhung des Gemeindeanteils an der Einkommensteuer von 14% auf 15% und eine Senkung der Gewerbesteuerumlage konnten die Einnahmeverluste in diesen Gemeinden nicht ausgleichen.

3.2 Aktuelle Trends in der räumlichen Entwicklung

Wie haben sich die angeführten Rahmenbedingungen auf die aktuelle Entwicklung der Regionen ausgewirkt? Welche Signale vermitteln die Indikatoren zur Bevölkerungsentwicklung, zur Arbeitsplatzentwicklung und zur wirtschaftlichen Entwicklung? Diese Fragen sollen im folgenden für die regionalen Strukturtypen beantwortet werden. Darüber hinaus interessiert aber auch die innerregionale Differenzierung der Entwicklung, d.h., die Bedeutung der Zentren einerseits und des Umlandes andererseits für die regionale Entwicklung. Damit soll der Tatsache Rechnung getragen werden, daß räumliche Entwicklung sich auf verschiedenen räumlichen Ebenen vollzieht, zwischen denen zahlreiche Wechselwirkungen bestehen.

Der Bestand und die Entwicklung der Zahl der Personen im erwerbsfähigen Alter ist allgemein ein Indikator für den Bedarf an Arbeitsplätzen, Wohnungen und Infrastruktur (vgl. Abb. 1). In allen Strukturtypen ist in dem letzten eine stetige, starke Zunahme der Zahl der Erwerbsfähigen festzustellen. Dies hat u.a. zur Verschärfung der Probleme am Arbeitsmarkt und z.T. am Wohnungsmarkt geführt. Innerregional ist die Zunahme im Umland eindeutig am höchsten. Insbesondere trifft dies für die strukturstarken Verdichtungsregionen zu. Einmal wachsen hier die geburtenstarken Jahrgänge der fünfziger und frühen sechziger Jahre am stärksten nach, und zum anderen schlägt sich die Kern-Rand-Wanderung nach wie vor in Wanderungsgewinnen nieder.

Wanderungsgewinne bei jungen Menschen gelten als Indiz für Urbanität, für Entwicklungsdynamik, für ein attraktives Angebot an Ausbildungs- und Arbeitsmöglichkeiten. Binnenwanderungen junger Menschen sind also ein aussagekräftiger Indikator, um das tatsächliche strukturelle Gefälle zwischen verschiedenen Regionen und die dadurch in Gang gehaltene Urbanisierung deutlich zu machen. Die Beobachtung der Entwicklung in den letzten Jahren zeigt, daß sich auch unter veränderten wirtschaftlichen Rahmenbedingungen am bekannten Wanderungsgefälle nichts geändert hat. Seit Jahren machen die strukturstarken Verdichtungsregionen und kleinere Verdichtungsregionen, bzw. genauer, die Kernstädte dieser Regionen, hohe Gewinne auf Kosten von Verlusten aller übrigen Regionen. Betroffen von starken Wanderungsverlusten sind neben den strukturschwachen Verdichtungsregionen vor allem die peripher gelegenen, strukturschwachen ostbayerischen Grenzregionen.

Binnenwanderungsgewinne bei mittleren und älteren Jahrgängen zeigen in erster Linie befriedigende Wohnmöglichkeiten an. Betrachtet man hier die Entwicklung in den letzten Jahren, treten deutlich zwei Tatbestände hervor. Zum einen schneiden im interregionalen Vergleich die Regionen mit geringerer Verdichtung, die ländlich geprägten Regionen eindeutig günstiger ab. Zum anderen wird die Wohnstandortattraktivität des Umlandes im Vergleich zu den Kernstädten ungebrochen weitaus höher eingeschätzt. Dies gilt insbesondere für die strukturstarken Verdichtungsregionen, obgleich sich hier mit der Ende 1980 wieder einsetzenden Rezession und ei-

Abbildung 1: Bevölkerungsentwicklung 1978 bis 1982

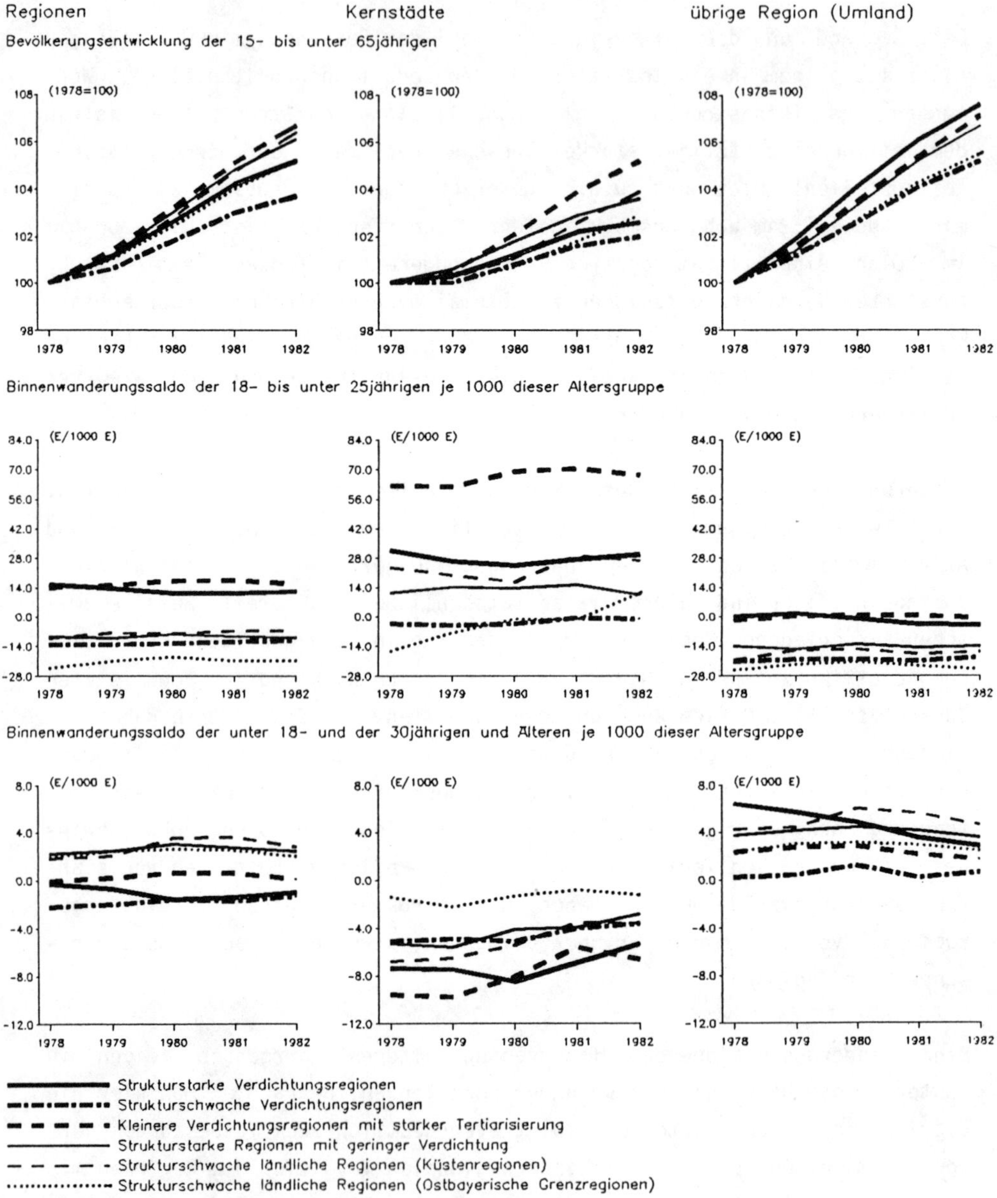

Quelle: Laufende Raumbeobachtung der BfLR

nem damit verbundenen verstärkten Rückgang der Stadt-Rand-Wanderung eine Abnahme der Prozeßintensität anzudeuten scheint. Für die strukturschwachen Verdichtungsräume ist charakteristisch, daß es offenbar keine innerregionalen Wahlmöglichkeiten gibt und deshalb eine Abwanderung aus dem Gesamtraum stattfindet.

Die Beschäftigtenentwicklung zeigt - unabhängig vom jeweiligen Strukturtyp - eine hohe Konjunkturabhängigkeit (vgl. Abb. 2). In der konjunkturellen Erholungsphase bis 1980 verzeichnen alle Strukturtypen eine Arbeitsplatzzunahme, die Ende 1980, bei wieder einsetzender Rezession, in eine starke Arbeitsplatzabnahme umschlägt. Zudem führt der konjunkturelle Einbruch zu einer sich weiter öffnenden Schere in der Arbeitsplatzentwicklung zwischen den Strukturtypen, insbesondere zwischen den strukturstarken Regionen mit geringer Verdichtung und den strukturschwachen Verdichtungregionen. Innerregional verlief die Beschäftigtenentwicklung im Umland jeweils günstiger als in den Kernstädten und der Beschäftigtenrückgang setzte hier auch zeitlich verzögert ein.

Für die regionalen Unterschiede in der Beschäftigten- bzw. Arbeitsplatzentwicklung gibt es eine Reihe von Ursachen: Einmal spielt die industrielle Branchenzusammensetzung eine Rolle, also der unterschiedliche Anteil wachsender und schrumpfender Industriezweige. Von Bedeutung ist auch die Relation zwischen Produktionsbetrieben einerseits und Verwaltungs-, Forschungs- und Entwicklungsabteilungen andererseits innerhalb des Industriesektors. Schließlich bestimmt auch die spezifische zentralörtliche Struktur der Kernstädte in den Regionen, also das Verhältnis von "zentralörtlichen Wachstumsbranchen" wie Gebietskörperschaften, Banken und Kultur gegenüber weniger wachsenden Bereichen wie Handel und Verkehr die Arbeitsplatzentwicklung. In den strukturschwachen Verdichtungsregionen kumulieren sich die Ursachen für eine negative Arbeitsplatzentwicklung.

Unabhängig von den regionalen Unterschieden in der Arbeitsplatzentwicklung haben sich die regionalen Unterschiede im Arbeitsplatzangebot für potentiell Erwerbsfähige nicht verändert. Nach wie vor sind die Erwerbsmöglichkeiten in den strukturstarken Verdichtungsräumen bei weitem am günstigsten und in den strukturschwachen Küstenregionen am ungünstigsten. Innerregional sticht die Arbeitsplatzzentralität der Kernstädte

Abbildung 2: Beschäftigtenentwicklung 1978 bis 1983

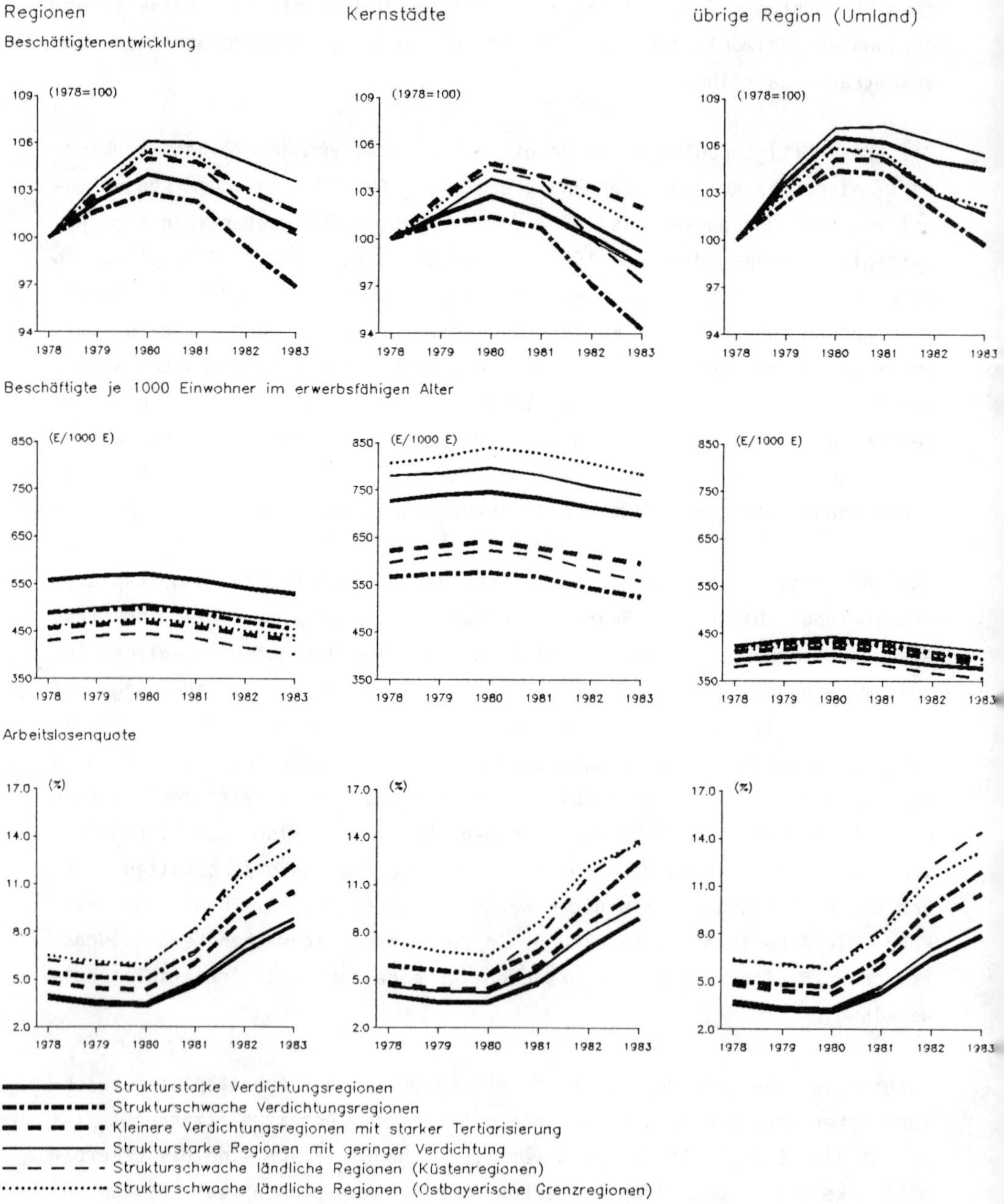

Quelle: Laufende Raumbeobachtung der BfLR

heraus. Sie bestimmen überwiegend die Unterschiede in den Erwerbsmöglichkeiten zwischen den Strukturtypen.

Die ungünstige Arbeitsplatzentwicklung führte in Verbindung mit einer starken Zunahme der Zahl der Erwerbsfähigen in allen Regionen nach 1980 zu einem dramatischen Anstieg der Arbeitslosenquoten. Gleichzeitig verschärften sich die regionalen Disparitäten auf dem Arbeitsmarkt. In den ohnehin bereits schwer von Arbeitslosigkeit betroffenen strukturschwachen ländlichen Regionen und Verdichtungsregionen nahm die Arbeitslosigkeit stärker zu als in allen anderen Regionen. Für diese Entwicklung lassen sich unterschiedliche Ursachen ausmachen. In den strukturschwachen Verdichtungsregionen schlägt vor allem die ungünstige Arbeitsplatzentwicklung durch. In den strukturschwachen ländlichen Regionen reichte dagegen auch die günstige Arbeitsplatzentwicklung nicht aus, um den überproportionalen Anstieg der Arbeitsplatznachfrage auszugleichen.

Nach dem heutigen empirischen Wissensstand über die Zusammenhänge der wirtschaftlichen Entwicklung muß wirtschaftliches Wachstum im wesentlichen als Ergebnis der Veränderung der Zahl der Beschäftigten sowie insbesondere der Produktivitätssteigerung gesehen werden. Letztere wiederum ist abhängig von der regionalen Branchenstruktur und der Höhe von Rationalisierungsinvestitionen. Dies bedeutet, daß regionale Unterschiede in der Entwicklung dieser beiden Wachstumsfaktoren zwangsläufig auch zu einem regional unterschiedlichen Wirtschaftswachstum führen.

Gemessen am Indikator "BIP in DM je Einwohner" zeigen sich enorme wirtschaftliche Produktionsunterschiede zwischen den Strukturtypen (vgl. Abb. 3). Im interregionalen Leistungsvergleich nehmen die strukturstarken Verdichtungsräume eine herausragende Stellung ein. Sie weisen das mit Abstand stärkste Produktionswachstum auf, ungetrübt von wirtschaftlichen Rezessionsphasen. Diese Entwickung ist in erster Linie ein Ergebnis forcierter Modernisierungs- und Rationalisierungsmaßnahmen und der dadurch bedingten Produktivitätssteigerungen. Eindrucksvoll zeigt sich auch, daß die Kernstädte die maßgebenden Zentren wirtschaftlicher Produktion sind. Sie allein prägen die interregionalen Unterschiede im wirtschaftlichen Wachstum. Ein interregional ungleichmäßiges wirtschaftliches Wachstum ist offenbar auch eine unvermeidliche Begleiterscheinung des Wachstums selbst. Die gegebenen Standortstrukturen beeinflussen we-

Abbildung 3: Wirtschaftskraft und Steuereinnahmen

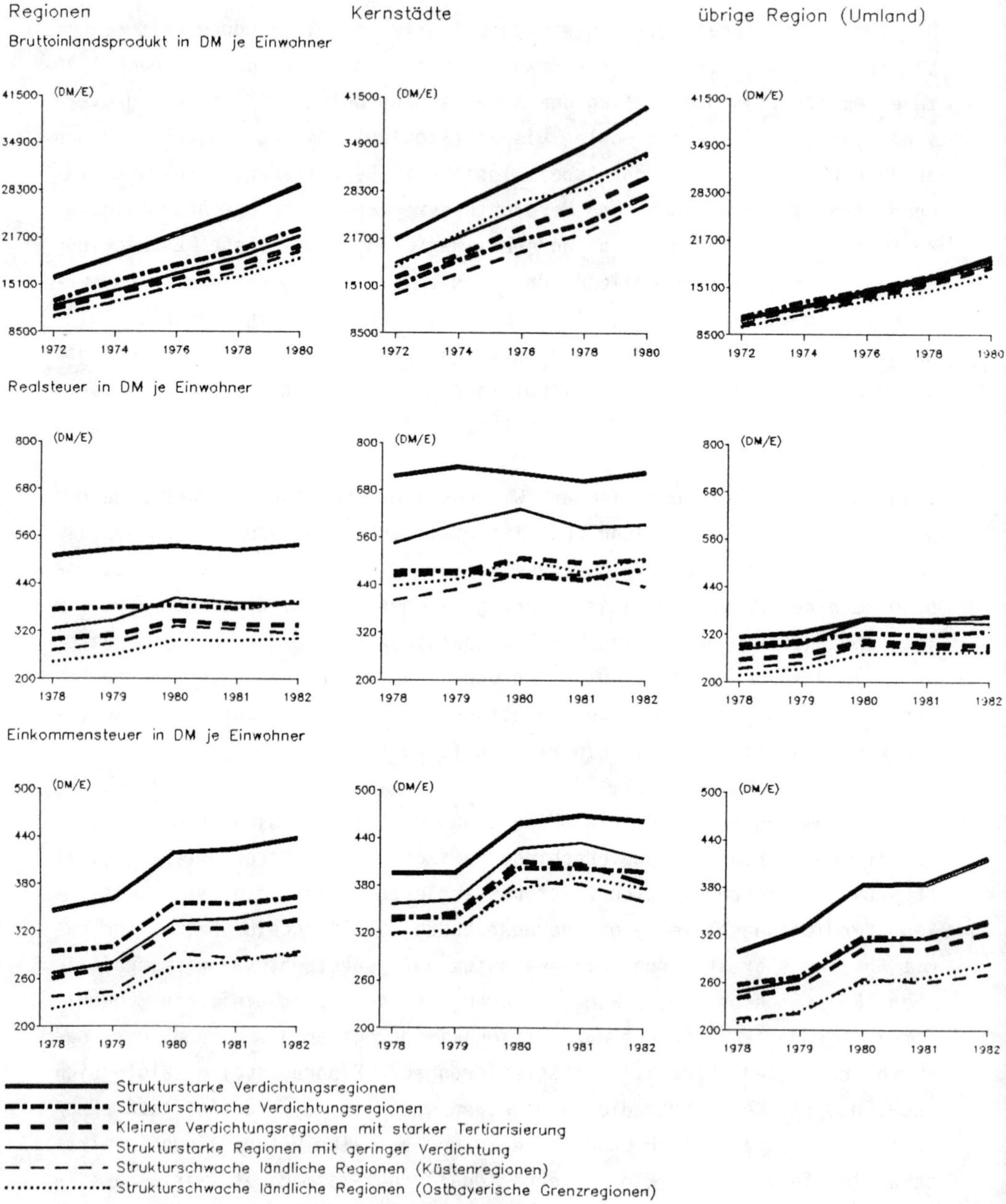

Quelle: Laufende Raumbeobachtung der BfLR

sentlich die regionale Differenzierung von Produktionswachstum und Produktivitätsfortschritt, was sich in einer Zunahme der regionalen Entwicklungsunterschiede bemerkbar macht.

Zwischen dem Prozeß der Raumentwicklung und den kommunalen Steuereinnahmen bestehen wechselseitige Beziehungen. Einerseits ist in der Konstruktion des kommunalen Finanzsystems eine Verbindung zu dem einzelnen Betrieb oder Einwohner als Steuerobjekt oder Bemessungsgrundlage gegeben. Andererseits ist die Wirtschafts- und Investitionskraft der Regionen abhängig von den Einnahmen aus dem kommunalen Finanzsystem. Über die Realsteuern, insbesondere die Gewerbesteuer, wird die erzielte Produktion zum Rückgrat der kommunalen Haushaltsplanung und Investitionspolitik.

Allerdings stagniert in den letzten Jahren die Entwicklung des Realsteueraufkommens (Grundsteuer, Gewerbesteuer). Neben den Auswirkungen der gesamtwirtschaftlichen Entwicklung führen vor allem die Großstädte die Stagnation oder gar Abnahme der Gewerbesteuereinnahmen auf Fehlentwicklungen im geltenden Gemeindesteuersystem zurück. Die stark eingeschränkte Bemessungsgrundlage der Gewerbesteuer, die Reduzierung der Zahl der Gewerbesteuerzahler und die Abschaffung der Lohnsummensteuer im Rahmen des Steueränderungsgesetzes von 1979 führten 1980 zu beträchtlichen innerregionalen Einnahmeumschichtungen zu Lasten der Kernstädte. Insgesamt zeigen sich beträchtliche inner- und interregionale Niveauunterschiede, die bestimmt werden durch Unterschiede in den Bemessungsgrundlagen (z.B. Gewerbeertrag und Kapital), die ihrerseits abhängig sind von den unterschiedlichen Industrialisierungsgraden, Betriebsgrößen- und Produktionsstrukturen.

Die Steuereinnahmen aus dem Gemeindeanteil an der Einkommensteuer sind dagegen in den letzten Jahren in allen Strukturtypen und innerregional insbesondere im Umland, kräftig gestiegen. Die 1979 vorgenommene Anhebung des Gemeindeanteils an der Einkommensteuer von 14% auf 15% führte in allen Regionen zu relativ gleichen Mehreinnahmen. Diese auch aus der Sicht der Kernstädte günstige Entwicklung wurde allerdings 1982 wieder ins Gegenteil verkehrt. Die Umbasierung der Schlüsselzahlen für die Aufteilung des Gemeindeanteils an der Einkommensteuer auf die Einkommensteuerstatistik 1977 brachte den Kernstädten erhebliche Einnahmeverluste und führte zu beträchtlichen Einnahmeumschichtungen zu Lasten der Kernstädte und zugunsten ihrer Umlandgemeinden. Mit der Umbasierung der Schlüsselzahlen wird sozusagen jeweils auf einen Schlag der aus selektiven Kern-Rand-Wanderungen mehrerer Jahre resultierende Einfluß auf das Einkommensteueraufkommen wirksam.

3.3 Mittelfristige Trends in der Bevölkerungs- und Arbeitsplatzentwicklung

Der Bundesminister für Raumordnung, Bauwesen und Städtebau hat vor kurzem für das Bundesgebiet eine regionalisierte Status-quo-Prognose der Bevölkerungs- und Arbeitsplatzentwicklung bis 1995 vorgelegt (7). Die Ergebnisse dieser Prognose deuten auf ein Anhalten der Benachteiligung strukturschwacher Verdichtungsräume und ländlicher Räume hin (vgl. Abb. 4). Die natürliche Bevölkerungsentwicklung führt vor allem in den ländlichen Regionen (Küstenregionen) bis in die 90er Jahre zu einem erheblichen Anstieg des demographischen Erwerbspotentials bzw. der Nachfrage nach Arbeitsplätzen. Es ist zu erwarten, daß nur ein Teil dieser Nachfrage durch die Abwanderung von jungen Erwerbspersonen exportiert wird und somit den Arbeitsmarkt in diesen Regionen entlastet.

Für die regionale Beschäftigtenentwicklung gilt, daß der strukturelle Anpassungsprozeß der Landwirtschaft noch nicht abgeschlossen ist. D.h., die landwirtschaftliche Beschäftigung wird in ländlichen Regionen weiter abnehmen. Das Produzierende Gewerbe, für das insgesamt auch ein Arbeitsplatzrückgang erwartet wird, besitzt dagegen eine deutliche Präferenz für strukturstarke, weniger verdichtete Regionen bzw. ländliche Regionen (Ostbayerische Grenzregion). Dies ist auf eine zunehmende Verschlechterung der Standortgunst in vielen Verdichtungsräumen zurückzuführen. Da die bevorzugten Räume gleichzeitig eine hohe Verfügbarkeit von Arbeitskräften sowie eine hohe Wohnortgunst (Regionen im Süden des Bundesgebietes vor allem) aufweisen, wirken hier gleichgerichtete Ursachen verstärkend auf eine höhere Standortgunst der weniger verdichteten bzw. ländlichen Räume hin. Für den Dienstleistungsbereich wird eine gewisse Tendenz zur regionalen Nivellierung des Arbeitsplatzangebots erwartet. Für die weniger verdichteten ländlichen Räume bedeutet dies tendenziell eine Arbeitsplatzzunahme.

Abbildung 4: Prognose der Bevölkerungs- und Arbeitsplatzentwicklung

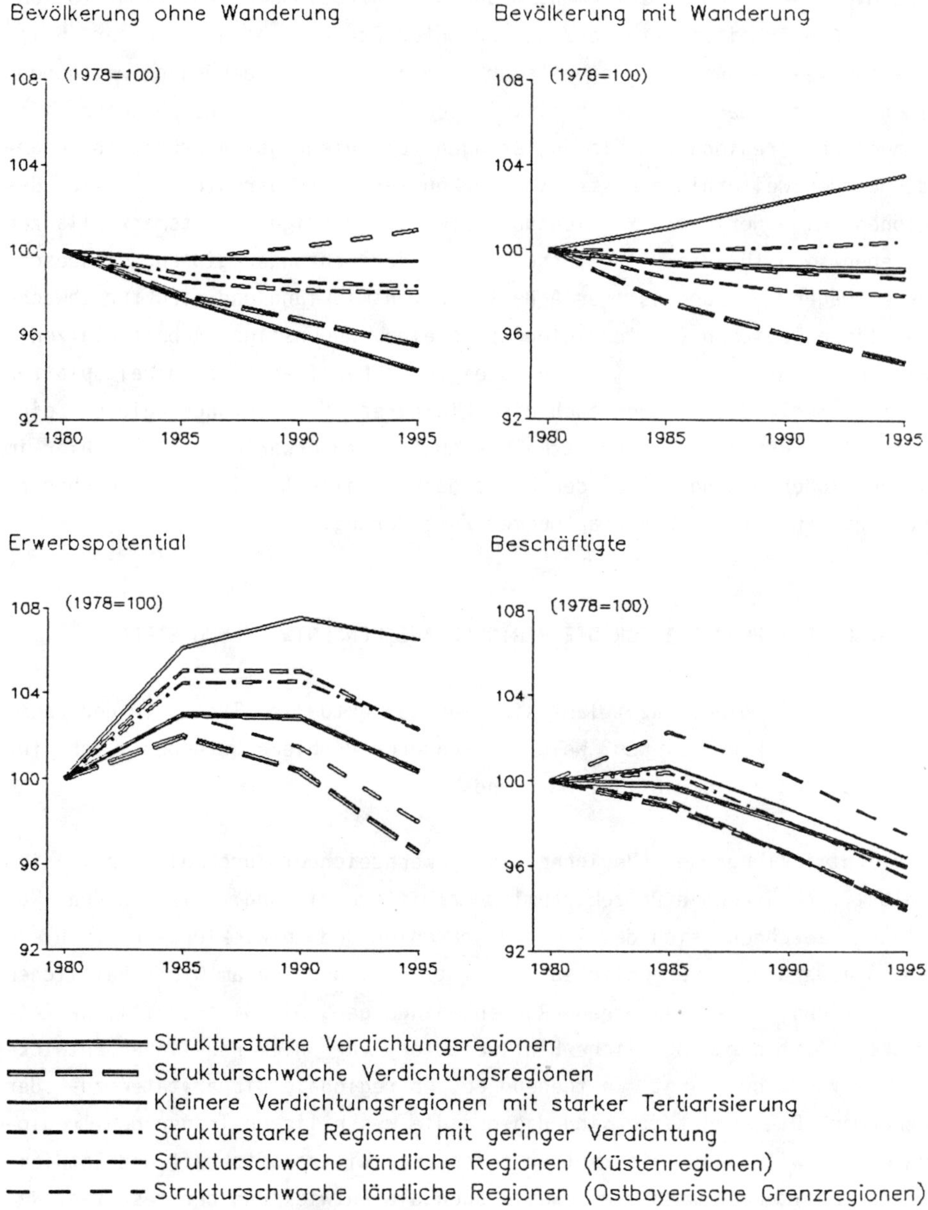

Quelle: Raumordnungsprognose 1995

Führt man die Projektionen für das regionale Erwerbspersonenpotential und die Beschäftigten zusammen, ergeben sich regionale Arbeitsmarktbilanzen. Diese Arbeitsmarktbilanzen sind unter Berücksichtigung einer Stille-Reserve-Bildung und arbeitsmarktinduzierter Wanderungen weitgehend identisch mit der Zahl der registrierten Arbeitslosen. Es ergeben sich erhebliche regionale Differenzierungen. Die niedrigsten Arbeitslosenquoten werden weiterhin die strukturstarken Verdichtungsregionen sowie Regionen mit geringer Verdichtung haben. Ungünstige Arbeitsmarktbilanzen ergeben sich für die strukturschwachen Verdichtungsregionen, insbesondere wegen der ungünstigen Arbeitsplatzentwicklung und strukturschwache ländliche Regionen (Küstenregionen), wo eine ungünstige Arbeitsplatzentwicklung zusätzlich auf eine steigende Nachfrage nach Arbeitsplätzen trifft. Schließlich haben auch die kleineren Verdichtungsregionen eine Verschlechterung der Arbeitsmarktsituation zu erwarten. Sie ist hier im wesentlichen bedingt durch den überproportionalen Anstieg der Erwerbspersonenzahlen infolge hoher autonomer Zuwanderung.

4. BESONDERE PROBLEME FÜR DIE REGIONEN AUS DEN ENTWICKLUNGSSTRENDS

Welches allemeine Fazit läßt sich aus den aktuellen Trends in der räumlichen Entwicklung ziehen? Welche besonderen Probleme ergeben sich für die Regionen aus den aktuellen Trends?

Die Entwicklung der Regionen ist gekennzeichnet durch einen z.T. sich selbst verstärkenden Prozeß räumlicher Differenzierung. Zwischen den Regionen zeichnen sich deutliche Hierarchien und Entwicklungsunterschiede ab. Sie werden im wesentlichen bestimmt von der gesamtwirtschaftlichen Entwicklung, also externen Rahmenbedingungen. Die wirtschaftliche Entwicklung ist der maßgebliche Einflußfaktor für die räumliche Entwicklung. Von ihr hängt weitgehend ab, ob regionale Disparitäten zu- oder abnehmen. Die Kernstädte sind dagegen die wesentlichen Träger der regionalen Entwicklung. Als Zentren besonderer Wirtschaftskraft und Entwicklungsdynamik bestimmen sie jeweils auch die Entwicklung der gesamten Region.

Im einzelnen lassen sich aus den aktuellen Trends folgende, die Regionen in den achtziger Jahren prägende Probleme ableiten:

Weitere Bevölkerungsverluste und Veränderungen in der Altersstruktur: Die aktuellen Trends sowohl der natürlichen Bevölkerungsentwicklung als auch der Wanderungen, lassen erwarten, daß vor allem die strukturschwachen Verdichtungsregionen auch in nächster Zeit weiter an Bevölkerung verlieren werden. Zudem wird es in allen Regionen zu erheblichen Veränderungen in der Altersstruktur kommen. Der Anteil der Kinder nimmt ab, der Anteil junger Erwerbsfähiger nimmt zu, der Anteil der mittleren Jahrgänge geht zurück, und der Anteil alter Menschen steigt relativ an. Diese demographischen Entwicklungstendenzen werden sich auf die Finanzausstattung, die Arbeitsmarktsituation, die Infrastrukturauslastung und die Wohnungsversorgung in allen Regionen auswirken.

Weitere Arbeitsplatzverluste und anhaltende Arbeitslosigkeit: Bei den derzeit absehbaren wirtschaftlichen Wachstumsraten muß mit weiteren Arbeitsplatzverlusten, insbesondere im sekundären Sektor, gerechnet werden. Diese Wachstumsraten werden wahrscheinlich allein schon über die zu erwartende Steigerung der Arbeitsproduktivität erreicht werden. Zudem sind Betriebe des sekundären Sektors, insbesondere mit flächenintensiven Produktionsverfahren, vom Umwidmungsdruck betroffen. Sie werden von Betrieben des tertiären Sektors verdrängt. Schließlich gibt es auch Anzeichen für eine zunehmende funktionale Arbeitsteilung zwischen den Regionen. Dispositive, tertiäre Funktionen einer Branche konzentrieren sich in den Zentren der Verdichtungsregionen, während produzierende Tätigkeiten in ländlichen Regionen verbleiben. Zusammen mit der demographisch bedingten, steigenden Arbeitsplatznachfrage lassen diese Trends nicht erwarten, daß sich mittelfristig die regionalen Schwerpunkte der Arbeitslosigkeit entscheidend verändern und verschieben werden.

Engpässe in der Wohnungsversorgung: Die Wohnungsbautätigkeit in den Verdichtungsregionen stagniert, in den altindustrialisierten Regionen zudem auf einem niedrigen Niveau. Gleichzeitig verringern Wohnungsmodernisierung und Stadterneuerung die Zahl der Wohnungen. Andererseits wird die Zahl der Haushalte, insbesondere jungen Haushalte, stark zunehmen, weil jetzt geburtenstarke Jahrgänge ins Haushaltsbildungsalter drängen und es einen generellen Trend zu immer kleineren Haushalten gibt. Daraus ergeben sich strukturelle Engpässe auf dem Wohnungsmarkt. Es fehlen preisgünstige Wohnungen für Neunachfrager, für junge bis mittlere einkommensschwache Haushalte. Diese Engpässe werden sich vor allem in den großen Verdichtungsregionen bzw. deren Zentren bemerkbar machen.

Anhaltender Trend zur Suburbanisierung: Die aktuellen Trends zeigen, daß auch in Zeiten einer stagnierenden bzw. rezessiven Wirtschaftsentwicklung die Suburbanisierung - wenn auch abgeschwächt - anhält. Suburbanisierung wird es solange geben, solange für Haushalte und Betriebe die Standortnachteile der Großstädte die Standortvorteile des suburbanen Raumes sind: das große und billigere Flächenangebot, die bessere Wohnumfeldqualität, die gute Verkehrserschließung, die das vielfältige Dienstleistungsangebot der Großstädte schnell erreichbar macht. Suburbanisierung ist immer auch Ausdruck eines Verlusts an gemeindlicher Wettbewerbsfähigkeit der Großstädte zugunsten der Umlandgemeinden, wobei die derzeitige Finanzkrise der Großstädte in den großen Verdichtungsregionen deren Wettbewerbsfähigkeit sicherlich nicht verbessert.

Weiter hohe Umweltbelastungen: Die Folgen von anhaltender, wenn auch gedämpfter Urbanisierung und Suburbanisierung werden sich vor allem in den Verdichtungsregionen weiter in Form von Lärm, schlechter Luft und wenig wohnungsnahem Grün bemerkbar machen. Hohe Bau- und Verkehrsdichten und eine intensive Flächennutzung führen zu einer zunehmenden Bodenbelastung und einem steigenden Landschaftsverbrauch. Insgesamt kommt es zu einer weiteren Degeneration der Standortbedingungen in den Verdichtungsregionen, die letztlich Urbanisierung und Suburbanisierung weiter vorantreiben.

Stagnierende Steuereinnahmen, zunehmende Ausgaben: Die finanziellen Handlungsspielräume der Regionen bzw. der Kommunen in den Regionen werden enger werden. Die Großstädte werden beim Anteil an der Lohn- und Einkommensteuer mit beträchtlichen Verlusten zugunsten ihrer unmittelbaren Umlandgemeinden konfrontiert. Die Gewebesteuereinnahmen verlieren womöglich noch mehr an Bedeutung, da sie zunehmend von der konjunkturellen Entwicklung und der Ertragslage einer immer geringer werdenden Zahl großer Gewerbebetriebe abhängig geworden sind. Besonders die strukturschwachen Regionen haben dadurch weitere Einnahmeverluste zu befürchten. Zusätzlich wird sich die restriktive Finanzausgleichspolitik von Bund und Ländern weiter negativ auf der Einnahmenseite auswirken. Dem gegenüber steht eine zunehmende Ausgabenbelastung. Dafür ist u.a. der starke Anstieg der Sozialausgaben als Folge steigender Arbeitslosenzahlen eine der Hauptursachen. Weiter zunehmen für die Kommunen wird auch die Zinsbelastung, einmal aufgrund von Altschulden aus den sechziger und frühen siebziger Jahren, zum anderen aufgrund der überproportionalen Neuverschuldung in der jüngsten Vergangenheit. Auch binden die Folgekosten von Infrastrukturinvestitionen aus früheren Jahren trotz aller Einsparbemühungen zunehmend mehr Mittel. Schließlich werden aufgrund der sozioökonomischen Veränderungen die Aufgaben und damit die Ausgaben im Bereich der bürgernahen und auch der unternehmensorientierten städtischen Leistungen nicht geringer.

Von den angeführten zentralen Problemen werden die Regionen im einzelnen sicherlich unterschiedlich betroffen sein. Gleichwohl lassen sich alle Regionen im Bundesgebiet in diesem zentralen, komplexen Problemnetz verorten. Hinter der vordergründigen siedlungsstrukturellen Stabilität häufen sich strukturelle Verwerfungen, verbirgt sich eine räumliche Polarisierung, die den ganzen Einsatz der Raumordnungspolitik erfordert.

5. SCHLUSSFOLGERUNGEN FÜR DIE RÄUMLICH ORIENTIERTE POLITIK

Welche Schlußfolgerungen sind aus der Analyse der regionalen Entwicklung für die Raumordnungspolitik zu ziehen? Unbestritten werden regionale Disparitäten auch in den 80er Jahren für die Raumordnung politische Legitimation sein. Unbestritten ist sicherlich auch, daß die Verringerung regionaler Disparitäten ein koordiniertes, zielgerichtetes Handeln aller Politikbereiche erfordert. Umstritten ist jedoch, wie die Raumordnung diese Koordinierungsaufgabe leisten kann und soll.

In den sechziger und siebziger Jahren wurden eine Reihe von räumlichen Koordinierungsinstrumenten geschaffen. Das Bundesraumordnungsprogramm von 1975 z.B. enthält für die Koordinierung der raumbedeutsamen Maßnahmen des Staates zwei Kategorien von räumlichen Koordinierungsinstrumenten: die sogenannten "Schwerpunkträume mit besonderen Strukturschwächen" und die großräumig bedeutsamen Achsen und Zentren. Mit der Zuweisung der hochwertigen staatlichen Infrastruktureinrichtungen und der erwerbsstrukturell bedeutsamen Fördermittel auf großräumig bedeutsame Achsen und Zentren in den vom Bundesraumordnungsprogramm ausgewiesenen Schwerpunkträumen, sollen entsprechend dem Prinzip der dezentralisierten Konzeption Erschließungseffekte und wirtschaftliche Entwicklungsimpulse für die strukturschwachen Gebiete möglich werden.

Die neueren Landesentwicklungsprogramme der einzelnen Bundesländer enthalten vor allem folgende Koordinierungsinstrumente: das Zentrale-Orte-System sowie Richtzahlen und Versorgungsrichtwerte. Mit dem System der zentralen Orte, - Unterzentren, Mittelzentren und Oberzentren - wird ein flächendeckendes Standortsystem bestimmt, das vor allen Dingen Vorgabe für die räumliche Verteilung der staatlichen und kommunalen Infrastruktureinrichtungen sein soll. Die regionalisierten Richtzahlen für Bevölkerung und Arbeitsplätze sind grob quantifizierte Entwicklungsziele, mit deren Hilfe über sogenannte Versorgungsrichtwerte der Infrastrukturbedarf und der Flächenbedarf in den einzelnen Regionen bestimmt wird. In diesen Richtzahlen ist gegenüber der Status-quo-Entwicklung eine günstigere Entwicklung zur Norm erhoben, die dann auch zu einer relativ stärkeren Mittelzuteilung führt.

Die räumlichen Koordinierungsinstrumente des Bundesraumordnungsprogramms und der Landesentwicklungsprogramme sind bislang unterschiedlich in die staatlichen Fachplanungen integriert: In der Gemeinschaftsaufgabe "Verbesserung der regionalen Wirtschaftsstruktur", in der Bund und Länder gemeinsam gewerbliche Investitionen und wirtschaftsnahe Infrastruktureinrichtungen in erwerbsstrukturell benachteiligten Gebieten fördern, bestehen eine Fördergebietskulisse und Schwerpunktorte, die weitgehend den

Vorstellungen der Raumordnung entsprechen. Diese Fördermittel kommen zum größeren Teil den strukturschwachen ländlichen Räumen zugute. Die Bundesverkehrswegeplanung ist ebenfalls in erheblichem Maße auf die raumstrukturellen Vorgaben des Bundesraumordnungsprogramms abgestellt. Andere staatliche Maßnahmebereiche wie z.B. die Gemeinschaftsaufgabe "Aus- und Neubau von Hochschulen", das Berufsbildungswesen, die Forschungs- und Technologiepolitik oder die Energiepolitik sind dagegen nicht explizit regionalisiert. Zwar gelten auch für diese Maßnahmebereiche die Grundsätze der Raumordnung, die fehlende Regionalisierung der Mittel gestattet es jedoch nicht, quantifiziert zu prüfen, inwieweit die räumlichen Vorgaben des Bundesraumordnungsprogramms und der Landesentwicklungsprogramme tatsächlich berücksichtigt werden.

Angesichts der Erfolglosigkeit von Raumordnung und Landesplanung im Bemühen, die von ihnen postulierten Ziele zu erreichen, sind die "alten" Handlungskonzepte bzw. Koordinierungsinstrumente in den letzen Jahren zunehmend auf Kritik gestoßen. Im Mittelpunkt der Diskussionen in Wissenschaft und Praxis stand die Frage, welche Strategien, welche Handlungskonzepte den räumlichen Problemstellungen der 80er Jahre am besten entsprechen. Dabei hat vor allem der Beirat für Raumordnung diese Diskussion aufgegriffen und Leitlinien vorgezeichnet für eine "neue" Raumordnungspolitik.

Ausgehend von der Kontinuität in den raumordnungspolitischen Zielen fordert der Beirat für Raumordnung in seiner Empfehlung vom 18. März 1983, "daß bei insgesamt verengten Finanzierungsspielräumen aller Gebietskörperschaften die Anstrengungen der Regionen für ihre Entwicklung gestärkt, effizienter gestaltet und besser koordiniert werden. In dem Maße, wie es gelingt, regionale Defizite, z.B. in der Energie- und Wasserversorgung, und regionale Engpässe, z.B. im Verkehrssystem, aufzudekken, um dafür regional angepaßte Lösungen zu finden, wird auch ein wichtiger Beitrag zu erhöhter Effizienz der bisherigen Raumordnungsinstrumente geleistet.

Träger der regionalen Entwicklung sind an erster Stelle jene Menschen, die in den jeweiligen Regionen leben und arbeiten. Sie tragen die Hauptverantwortung dafür, ob und wie die in ihren Regionen insgesamt verfügbaren Ressourcen genutzt und erhalten werden. Sie können aber auch erwarten, daß ihnen aus dem überregionalen Zuwachs an volkswirtschaftlichem Kapital Ressourcen zur Verfügung gestellt werden, wenn die eigenen Anstrengungen und Potentiale aufgrund der gegebenen wirtschaftlichen und politischen Rahmenbedingungen nicht ausreichen, die Mindeststandards an Lebensbedingungen zu erreichen, die in anderen Regionen bereits gegeben oder überschritten sind.

Die den einzelnen Regionen übergeordneten politischen und administrativen Ebenen und Instanzen haben dafür zu sorgen, daß alle Entwicklungschancen in den Regionen wahrgenommen werden. Sie haben Anreize zu geben, damit die regionalen Aktivitäten sich voll entfalten können, und sie müssen einen gemeinsamen Rahmen für die räumliche Ordnung und deren regionale Entwicklung setzen, der auch respektiert werden muß. Diese Aufgabe stellt für die Raumordnung die Herausforderung dar, die Balance zwischen eigenständiger, selbstverantworteter Entwicklung der Regionen, die sich am Wohl der jeweiligen Region orientiert, und bundesstaatlicher Raumordnung und Landesplanung, die für gleichwertige Lebensbedingungen zu sorgen hat, zu halten."(8)

Die bessere Nutzung regionaler Entwicklungspotentiale erfordert konkrete politische Maßnahmen. Für deren Ausgestaltung sollten zwei wesentliche Grundsätze gelten: Erstens mehr regionalisierte und zweitens mehr dezentralisierte Politik.

Mehr Regionalisierung meint einmal, daß es jeweils eine Reihe von Regionen gibt, die unterschiedliche Probleme haben und damit auch jeweils unterschiedliche Maßnahmen erfordern. D.h., die auf das Prinzip "Flächendeckung" ausgerichteten Förderinstrumente, wie z.B. die Gemeinschaftsaufgabe "Verbesserung der regionalen Wirtschaftsstruktur", werden in Zukunft an Bedeutung verlieren, wenn es nicht gelingt, deren Förderinstrumentarium besser auf die jeweils regionsspezifisch unterschiedlichen Problemstrukturen abzustellen. Regionalisierung meint zudem, daß konsequent angestrebt werden sollte, staatliche Maßnahmen, die zum Abbau regionaler Disparitäten geeignet erscheinen und zur Zeit nicht regionalisiert sind, unter Verantwortung des jeweiligen Fachressorts bei externer Koordination durch die Raumordnung zu regionalisieren. Schließlich - und das ist hervorzuheben - meint Regionalisierung, daß ein "Großteil der Aufgaben zentralstaatlicher Raumordnung, von denen regionale Institutionen und Bevölkerungen unmittelbar betroffen werden, besser auf regionaler Ebene umgesetzt werden kann als - allein und direkt - auf dem Wege "von oben nach unten". Die Gestaltung des engeren Lebensraumes durch selbständige Entscheidungsträger ist vermutlich nicht nur wirkungsvoller, sondern auch wirtschaftlicher" (9).

Die Forderung nach Dezentralisierung ist auf politische Grundströmungen zurückzuführen, die mit Entbürokratisierung, mehr Bürgernähe, Stärkung der Selbstverwaltung, Selbsthilfe, Eigenverantwortung u.a. beschrieben werden können und seit Mitte der siebziger Jahre an Boden gewinnen. Viele staatliche Planungsbereiche sind zum gegenwärtigen Zeitpunkt vom Bund über die Länder bis hin zu den Gemeinden durch Pläne, Richtlinien und organisatorische Regelungen straff durchorganisiert (vertikale Koordination). Gemeinden und Regionen werden häufig wider besseres Wissen dazu gezwungen, Planungen und Maßnahmen gutzuheißen, die sie bei eigener Verantwortlichkeit nicht durchführen würden. Horizontale Koordination ist erheblich erschwert, wenn sich die jeweiligen Fachplanungen, über alle administrativen räumlichen Ebenen hinweg, vorab bereits zu einer Koalition zusammengeschlossen haben. Im Hinblick auf eine Verbesserung der horizontalen Koordination muß Raumordnungspolitik deshalb eigentlich daran interessiert sein, die vertikale Verbundplanung zu lockern, Entscheidungen und Kompetenzen zu dezentralisieren, d.h. den Gemeinden und Regionen eigene Entscheidungsspielräume (bei der Mittelverteilung und -verwendung) zuzugestehen. Dezentralisierte Raumordnungspolitik würde bedeuten,
- daß die Regionalplanung den Gemeinden nicht mehr Vorschriften macht, als zur Sicherung einer tragfähigen Regionalstruktur langfristig notwendig sind,
- daß die Landesplanung die Eigenständigkeit der Regionalplanung stützt und weniger auf eine starke staatliche Anbindung erpicht ist,
- daß die Bundesraumordnung sich stärker um die Verwirklichung der Raumordnungsgrundsätze im Gesetzgebungsbereich kümmert (10).

Eine Vielzahl von einzelnen Maßnahmen und Instrumenten steht sicherlich für die Entwicklung der Regionen im Sinne raumordnungspolitischer Zielsetzungen zur Verfügung. Die Möglichkeiten der Raumordnung, dieses Potential für sich zu nutzen, sind gering. Sie ist im Prinzip weitgehend auf eine Strategie der "Koordination durch Information" angewiesen (11). Diese Strategie macht sich zu eigen, daß Informationen eine besondere Ressource sind. Sie besitzen die Eigenschaft, einen Vorlauf für aktives politisches Handeln zu ermöglichen. Die raumordnungspolitische Beurteilung der räumlichen Situation und Entwicklung muß so überzeugend dargestellt werden, daß schon von diesen Ergebnissen her ein regional gezielter und koordinierter Einsatz einzelner raumbedeutsamer Planungen und Maßnahmen aus gesamtpolitischer Verantwortung sinnvoll und notwendig erscheint. Dieser Beitrag versteht sich als ein kleiner Schritt im Rahmen einer solchen Strategie.

ANMERKUNGEN

1) Ein geeignetes räumliches Bezugssystem für die Messung regionaler Lebensbedingungen bilden die 75 Raumordnungsregionen. Sie decken sich weitgehend mit einem oberzentralörtlichen Standortsystem und den dazugehörigen Einzugsbereichen. Diese Feststellung ist wichtig, weil nach einer weitverbreiteten Auffassung der Abbau regionaler Disparitäten die Stärkung des oberzentralen Standortsystems insbesondere in den Räumen voraussetzt, in denen es nicht die volle Funktionsfähigkeit entfaltet. Vgl. Informationen zur Raumentwicklung, 1983, Heft 12, S. 1188.

2) Die mit Hilfe clusteranlytischer Verfahren vorgenommene Typisierung der Raumordnungsregionen basiert auf folgenden Indikatoren: 1. Siedlungsstruktureller Regionstyp mit den Merkmalsausprägungen "hochverdichtet", "mit Verdichtungsansätzen", "ländlich geprägt"; Binnenwanderungssaldo der 18- bis unter 25jährigen je 1.000 dieser Altersgruppe zur Messung der Urbanisierungsintensität, die Suburbanisierungsintensität wurde mit den Merkmalsausprägungen "starke", "mittlere", "schwache oder keine" Suburbanisierung gekennzeichnet; das regionale Einkommensniveau wurde als Vielfaches des Sozialhilfesatzes gemessen; die Indikatoren "Anteil der Arbeitsplätze im tertiären Sektor"und "Anteil der Arbeitsplätze in wachstumsintensiven Branchen" jeweils an allen Arbeitsplätzen beschreiben die Wirtschaftsstruktur; die Arbeitslosenquote kennzeichnet die Arbeitsmarktsituation. Vgl. Informationen zur Raumentwicklung, 1983, Heft 12, S. 1093 ff.

3) Geschwind, F., Henkel, D.: Innovationszyklen der Industrie - Lebenszyklen der Städte. In: Bauwelt 1984, HEFT 24.

4) Fuchs, G.: Die Bundesrepublik Deutschland. Stuttgart 1977, S. 33 ff.

5) Die nominalen Definitionen für den Urbanisierungsgrad (Ug) und den Urbanisierungsprozeß (U_p) lauten:

$$U_g = \frac{xr(t)}{x_B(t)} \cdot 100, \quad U_p = \frac{Ug(t)}{Ug(t-1)} ;$$ dabei ist

x = Merkmal, das als Maßstab der Urbanisierung verwendet wird (Bevölkerung, Arbeitsplätze)

x_r = Merkmalsausprägung in den jeweiligen Gebietstypen

x_B = Merkmalsausprägung im Bundesgebiet.

6) Müller, I.: Sektorale Struktur und Entwicklung der industriellen Beschäftigung in den Regionen der Bundesrepublik Deutschland. Berlin 1983. S. 159 ff.

7) Masuhr, K.: Regionale Bevölkerungs- und Arbeitsplatzentwicklung in den 80er Jahren. In: Informationen zur Raumentwicklung. 1982, Heft 8, S. 587-598.

8) Beirat für Raumordnung: Empfehlung vom 18.3.1983 "Selbstverantwortete regionale Entwicklung im Rahmen der Raumordnung".

9) Vgl. Stiens, G.: Einführung in das Themenheft "Endogene Entwicklungsstrategien" der Zeitschrift "Informationen zur Raumentwicklung", 1984, Heft 1/2, S. IV.

10) Vgl. Ganser, K.: Raumordnung in den 80er Jahren. In: der Landkreis, 50, 1980, Heft 1, S. 14.

11) Vgl. Gatzweiler, H.-P.: Raumordnungspolitik als Koordination durch Information. In: structur, 12, 1983, Heft 3, S. 63 ff.

Literaturverzeichnis

ABLER, R., 1977: The Telephone and the Evolution of the American Metropolitan System. In: I. de SOLA POOL (ed.): The Social Impact of the Telephone. Cambridge, Mass.

(AKADEMIE 1975) Akademie für Raumforschung und Landesplanung (Hg.), 1975: Beiträge zum Problem der Suburbanisierung. Hannover.

(AKADEMIE 1982) Akademie für Raumforschung und Landesplanung (Hg.), 1982: Wohnungspolitik und regionale Siedlungsentwicklung. Hannover.

ALBRECHT, G., 1972: Soziologie der geographischen Mobilität. Stuttgart.

ALLISON, P.D., 1982: Discrete-time Methods for the Analysis of Event Histories. In: S. LEINHARDT (ed.): Sociological Methodology 1982. San Francisco.

ALONSO, W., 1980: The Population Factor and Urban Structure. In: A.P. SOLOMON (ed.): The Prospective City. Cambridge, Mass.

(ANBA 1973) Amtliche Nachrichten der Bundesanstalt für Arbeit, Arbeitsstatistik 1973. Nürnberg.

AREND, M., 1982: Sozialökologische Analyse der kleinräumigen Ausländerverteilung in Zürich. In: H.J. HOFFMANN-NOWOTNY & K.O. HONDRICH (Hg.): Ausländer in der Bundesrepublik und in der Schweiz. Frankfurt/M.-New York.

ARIN, C., 1981: Immigrants as Inhabitants of Urban Renewal Areas. In: F. KUNST (ed.): Housing and Labour Immigrants: Problems and Policies in West German Metropolitan Areas. Berlin: Institut für Stadt- und Regionalplanung der Technischen Universität Berlin.

ARRAS, H.E. (Bearb.), 1981: Wohnungspolitik und Stadtentwicklung, Teil 1. Bonn-Bad Godesberg (Schriftenreihe des BMBau, 03.084).

BÄHR, J., 1983: Bevölkerungsgeographie. Verteilung und Dynamik der Bevölkerung in globaler, nationaler und regionaler Sicht. Stuttgart.

BALDERMANN, J., HECKING, G. & KNAUSS, E., 1976: Bevölkerungsmobilität im Großstadtraum. Raumforschung und Raumordnung 34, 145-156.

BARABBA, V.P., 1980: The Demographic Future of the Cities of America. In: BRYCE 1980.

BARTHEL, M., 1981: Policies towards Labour Immigrants in the FRG. In: F. KUNST (ed.): Housing and Labour Immigrants: Problems and Policies in West German Metropolitan Areas. Berlin: Institut für Stadt- und Regionalplanung der Technischen Universität Berlin.

BECKER, R., 1981: Grundzüge der Wohnungspolitik in der BRD seit 1949. arch+ , Heft 57/58, 64 - 68.

BELL, D., 1968: The Measurement of Knowledge and Technology. In: E.B.

SHELDON & W.E. MOORE (eds.): Indicators of Social Change. New York.

BELL, D., 1973: Coming of Post-Industrial Society. New York.

BERRY, B.J.L., 1979: The Open Housing Question: Race and Housing in Chicago, 1966-1976. Cambridge, Mass.

----, 1981: Comparative Urbanization: Divergent Paths in the Twentieth Century. New York.

---- & DAHMANN, D.C., Population Redistribution in the United States in the 1970s. In: BERRY & SILVERMAN 1980a.

---- & SILVERMAN 1980a: Population Redistribution and Public Policy. Washington, D.C.: National Academy of Sciences.

---- , 1980b: Introduction. In: BERRY & SILVERMAN 1980a.

BfLR (Hg.), 1982: Regionalstatistische Informationen aus der laufenden Raumbeobachtung. Informationen zur Raumentwicklung 11/12, 959-1042.

BIRCH, D., 1980: Job Creation in Cities. Cambridge, Mass.: MIT Program on Neighborhood and Regional Change.

BIRDSALL, S.S., 1980: Alternative Prospects for America's Urban Future. In: BRUNN & WHEELER 1980.

BIRG, H., 1983: Die Entwicklung des Erwerbspotentials in den Regionen der Bundesrepublik Deutschland 1975-2000, demographische Vorausberechnungen ohne Wanderungen. Hannover.

BLOTEVOGEL, H.H. & HOMMEL, M., 1980: Struktur und Entwicklung des Städtesystems. Geographische Rundschau 32, 155-164.

(BMI 1984) Bundesminister des Inneren (Hg.), 1984: Bericht über die Bevölkerungsentwicklung in der Bundesrepublik Deutschland. Bonn-Bad Godesberg. (Drucksache 10/863).

BODNER, J., SIMON, R. & WEBER, M.P., 1982: Lives of Their Own: Blacks, Italians, and Poles in Pittsburgh, 1900-1960. Chicago.

BOGUE, D.J. & BOGUE, E.J., 1976: Essays in Human Ecology. Chicago: University of Chicago, Community and Family Study Center.

BRANDT, S., 1983: Kommunikation und räumliche Struktur von Bürotätigkeiten. Hannover: Universität, FB Wirtschaftswissenschaften.

BRAUN, W., 1984: Ehescheidungen 1984. Wirtschaft und Statistik, Heft 2, 102-106.

(BREMER AUSSCHUSS 1983) Bremer Ausschuß für Wirtschaftsforschung (Hg.), 1983: Strukturkrise oder demographische Entwicklung? Zu den Ursachen der Massenarbeitslosigkeit. In: Konjunkturspiegel. Bremen.

BRETON, R., 1965: Institutional Completeness of Ethnic Communities and the Personal Relations of Immigrants. American Journal of Sociology 70, 193-205.

BRUNN, S.D., & WHEELER, J.O. (eds.), 1980: The American Metropolitan System: Present and Future. New York.

BRYCE, J.B. (ed.), 1980: Cities and Firms. Lexington: The Academy for Contemporary Problems and The National Policy Institute.

BUCHER, H., 1981: Ausreichend Wohnungen für junge Haushalte? Informationen zur Raumentwicklung, 827-846.

BUCHER, H., 1982: Die "neue Wohnungsnot". Welche Regionen sind betroffen? Geographische Rundschau 34, 13-18.

BUCHER, H., 1983: Ausgewählte aktuelle Trends in der räumlichen Entwicklung. Informationen zur Raumentwicklung, 1149-1183.

BÜCHTEMANN, C.F., 1983: Die Bewältigung von Arbeitslosigkeit im zeitlichen Verlauf. Bonn-Bad Godesberg (Schriftenreihe des BMA, Bd. 85).

BUNDESMINISTER FÜR DAS POST- UND FERNMELDEWESEN (Hg.), 1984: Konzept der Deutschen Bundespost zur Weiterentwicklung der Fernmeldeinfrastruktur. Bonn-Bad Godesberg.

BUNDESTAG (Hg.), 1980: Bericht über die Bevölkerungsentwicklung in der Bundesrepublik Deutschland. Bonn-Bad Godesberg (Drucksache 8/4437).

BUSSE, C.H., 1972: Strukturwandel in den citynahen Hamburger Wohngebieten Rotherbaum und Harvestehude. Berichte zur Landeskunde 46, 171-198.

CETRON, A., 1983: Arbeitsplätze für morgen. Wiesbaden: Verlag VAP.

CHESHIRE, P., 1979: Inner Areas as Spatial Labour Markets: A Critique of the Inner Area Studies. Urban Studies 16, 29-43.

CHRISTIAN, C.M., 1975: Emerging Patterns of Industrial Activity Within Large Metropolitan Areas and Their Impact on the Central City Work Force. In: GAPPERT & ROSE 1975.

CLARK, C., 1940: The Conditions of Economic Progress. London.

CLARK, T.A., 1980: Regional and Structural Shifts in the American Economy since 1960. In: BRUNN & WHEELER 1980.

CLAY, P.L., 1979: Neighborhood Renewal. Middle-Class Resettlement and Incumbent Upgrading in American Neighborhoods. Lexington.

----, 1980: The Rediscovery of City Neighborhoods: Reinvestment by Long-Time-Residents and Newcomers. In: LASKA & SPAIN 1980.

COHEN, Y. & PFEFFER, J., 1983: Organizational Hiring Standards. Working Paper. Stanford: Stanford University Graduate School of Business.

COLLINS, R., 1979: The Credential Society. New York.

CORTESE, C.F., FALK, R.F. & COHEN, J.K., 1976: Further Considerations on the Methodological Analysis of Segregation Indices. American Sociological Review 41, 630-637.

CYBRIWSKI, R.A., 1980: Revitalization Trends in Downtown-Area Neigborhoods. In: LASKA & SPAIN 1980.

DANGSCHAT, J., 1983: Unverheiratet zusammenlebende Paare. In: WAGNER, DROTH & DANGSCHAT 1983.

DAVID, M.H., 1983: Introduction. In: M.H. DAVID (ed.): Technical, Conceptual, and Administrative Lessons of the Income Survey Development Program. New York: Social Science Research Council.

DAVIS, L.E. et al., 1972: American Growth: An Economist's History of the United States. New York.

(DEUTSCHE BUNDESBANK (Hg.), 1981: Neuere Entwicklungen der Kommunalfinanzen. Monatsberichte 33, 23-28.

----, 1983: Entwicklung der Kommunalfinanzen seit Beginn der achtziger Jahre. Monatsberichte 35, 26-33.

DEUTSCHES INSTITUT FÜR URBANISTIK, 1980: Räumliche Entwicklungsplanung. Teil 2: Auswertung. Heft 3. Wanderungen und Wohnungsmarkt. Berlin.

DIW (Hg.), 1984: Analyse der strukturellen Entwicklungen der deutschen Wirtschaft. DIW-Wochenbericht 51, 59-71.

----, 1984: Zur Entwicklung des Produktionspotentials im Bergbau und Verarbeitenden Gewerbe der Bundesrepublik Deutschland. DIW-Wochenbericht 51, 87-91.

DOSTAL, W., 1983: Bildung und Beschäftigung im technischen Wandel. Nürnberg : IAB, 2. A.

---- & LAHNER, M., 1980: Strukturwandel. Studienbrief zum Fachgebiet Ökonomie im Fernstudiengang Arbeitslehre. Tübingen : DIFF.

DROTH, W., 1983: Die Alleinlebenden. In: WAGNER, DROTH & DANGSCHAT 1983.

----, FRIEDRICHS, J. & HELMHOLTZ, R., 1984: Zuzüge von jungen deutschen Familien in die Innere Stadt von Hamburg. Studie im Auftrag der Baubehörde der Freien und Hansestadt Hamburg. Hamburg: Gesellschaft für Sozialwissenschaftliche Stadtforschung.

DUNCAN, O.D. & DUNCAN, B.D., 1955: A Methodological Analysis of Segregation Indexes. American Sociological Review 20, 210-217.

ELLWEIN, H. & MEINECKE, B., 1984: Analytische Konzeption für Wohnstandortverhalten von Haushalten - Verlaufsmuster und Handlungspotential. In: W. SIEBEL & T. SIEVERTS (Hg.): Werkzeuge qualitativer Forschung. Stuttgart.

ELWERT, G., 1982: Probleme der Ausländerintegration. Kölner Zeitschrift für Soziologie und Sozialpsychologie 34, 717-731.

ESSER, H., 1980: Aspekte der Wanderungssoziologie. Darmstadt-Neuwied.

----, HILL, P.B. & OEPEN, G., 1983: Sozialökologische Bedingungen der Eingliederung ausländischer Arbeitnehmer im Ruhrgebiet. Forschungsbericht. Essen: Universität.

EULER, M., 1984: Struktur privater Haushalte im Januar 1983 nach dem Grundinterview der Einkommens- und Verbrauchsstichproben. Wirtschaft und Statistik, Heft 4, 361-365.

EVANS, A., & EVERSLEY, D. (eds.), 1980: The Inner City. Employment and Industry. London.

EVERS, A., LANGE, H.-G. & WOLLMANN, H. (Hg.), 1983: Kommunale Wohnungspolitik. Basel.

FARLEY, R., 1968: The Urbanization of Negroes in the United States. Journal of Social History, (Spring), 241-258.

FELS, G., SCHATZ, K.-W., & WOLTER, F., 1971: Der Zusammenhang zwischen Produktionsstruktur und Entwicklungsniveau. Versuch einer Strukturprognose für die westdeutsche Wirtschaft. Weltwirtschaftliches Archiv 106, 240-278.

---- & SCHMIDT, K.-D., 1981: Die deutsche Wirtschaft im Strukturwandel. Tübingen.

FISCHER, R., GSCHWIND, F. & HENCKEL, D., 1978: Nutzungsverlagerung und die Auswirkungen auf die kommunalen Einnahmen von Kernstadt und Umland. Information zur Raumentwicklung, Heft 2/3, 81-91.

FOURASTIE, J., 1949: Le grand espoir du XX siecle. Paris.

----, 1954: Die große Hoffnung des zwanzigsten Jahrhunderts. Düsseldorf/Wien: Econ.

FRIEDRICHS, J., 1975: Soziologische Analyse der Bevölkerungs-Suburbanisierung. In: AKADEMIE 1975.

----, 1977: Stadtanalyse. Räumliche und soziale Organisation der Gesellschaft. Reinbek; 3.A. Opladen 1983.

---- (ed.), 1982: Spatial Disparities and Social Behavior. Hamburg.

----, 1985: Stadtentwicklungen in West- und Osteuropa. Berlin: de Gruyter (im Druck).

----, DANGSCHAT, J., KIEHL, K. & SCHUBERT, K., 1983: Sozialer Wandel und Stadtentwicklung. Hamburg: Forschungsstelle Vergleichende Stadtforschung (Unveröff. Forschungsbericht).

---- & GROSSMANN-HENSEL, B., 1982: Suburbanisation in the Hamburg Region. In: FRIEDRICHS 1982

---- & KIEHL, K., 1985: Ökonomische Phasen der Stadtentwicklung. Kölner Zeitschrift für Soziologie und Sozialpsychologie 37, H. 1 (im Druck).

FRISBIE, W.P. & POSTEN, D.L., 1976: Sustenance Organization and Migration in Nonmetropolitan America. Iowa City, Iowa: The University of Iowa.

GALE, D., 1980: Neighborhood Resettlement. In: LASKA & SPAIN 1980.

GAPPERT, G., & ROSE, H.M. (eds.), 1975: The Social Economy of Cities. Beverly Hills. London (Urban Affairs Annual Review, Vol. 9).

GATZWEILER, H.-P. & MEUTER, H., 1983: Kleinräumige Raumbeobachtung - Informationen für Wohnungs- und Städtebaupolitik. Informationen zur Raumentwicklung, 1079-1105.

---- & SCHLIEBE, K., 1982: Suburbanisierung von Bevölkerung und Arbeitsplätzen - Stillstand? Informationen zur Raumentwicklung, 11/12, 883-913.

---- & STIENS, G., 1982: Regionale Mortalitätsunterschiede in der Bundesrepublik Deutschland. Jahrbuch für Regionalwiss., 3, 36-63.

GERTH, E., 1982: Lage und Erwartungen des Mietwohnungsbaus im Bauherrenmodell. Göttingen: Institut für Wohnungswesen GmbH.

GERSTENBERGER, W., 1981: Strukturwandel unter dem Einfluß weltwirtschaftlicher Veränderungen. Ifo-Schnelldienst, 5/1981, 24-35.

---- et. al., 1984: Strukturwandel unter verschlechterten Rahmenbedingungen, Strukturberichterstattung 1983. Berlin-München: Ifo-Institut.

GEWOS, 1980: Warteschlangen vor den Wohnungsämtern. Hamburg.

----, 1981: Wohnungsmarktanalyse Region Mittlerer Neckar. Hamburg.

----, 1982: Auswirkungen des Verkehrswegebaus auf die Wanderungsbewegung zwischen Hamburg und dem Umland - dargestellt am Beispiel der A7. Hamburg.

GIESE, E., 1978: Räumliche Diffusion ausländischer Arbeitnehmer in der Bundesrepublik Deutschland 1960-1976. Die Erde 109, 92-110.

GLATZER, W., 1983: Haushaltsproduktion in der modernen Gesellschaft. Frankfurt/M.-Mannheim: Sonderforschungsbereich 3, Arbeitspapier Nr. 86.

GLICK, P.C. & SPANIER, G.B., 1980: Married and Unmarried Cohabitation in the United States. Journal of Marriage and the Family 42, 19-30.

GLICKMAN, N.J., 1980: The Urban Impacts of Federal Policies. Baltimore.

GODDARD, J.B., 1975: Office Location in Urban and Regional Development. London.

----, 1977: Telecommunications and Office Location. Regional Studies 11, 19-30.

----, 1980: Technological Forecasting in Spatial Context. Futures 12, 90-105.

GÖB, R., 1982: Stadtentwicklung in den 80er Jahren. Structur , 1/82, 11-18.

GREENWOOD, M.J., 1980: Population Redistribution and Employment Policy. In: BERRY & SILVERMAN 1980.

GREENWOOD, M.J., 1982: Migration and Economic Growth in the United States: National, Regional and Metropolitan Perspectives. New York.

GSCHWIND, F., 1983: Wohnungsversorgung in Stuttgart: Verteilungsfrage oder Mengenproblem? Stadtbauwelt 77, S. 60-62.

---- & HENCKEL, D., 1984: Innovationszyklen der Industrie - Lebenszyklen der Städte. Stadtbauwelt 82, 134-137 (992-995).

GUDE, S. et al., 1981: Urban Policy in the Federal Republic of Germany. In: G.G. SCHWARTZ (ed.): Advanced Industrialization and the Inner Cities. Lexington.

GUSTAFSSON, K. & HOPPE, R., 1983: Die Bedeutung des Immobilienmarktes für die Wohnungsversorgung. Stadtbauwelt 77, 38-41.

HALSTRICK, M. & RETTIG, R., 1981: Die Entwicklung der Wirtschaft in der Bundesrepublik Deutschland bis zum Jahre 1990. Mitteilungen des Rheinisch-Westfälischen Instituts für Wirtschaftsforschung, Jg. 32.

HALL, P., 1981: Retrospect and Prospect. In: P. HALL (ed.): The Inner City in Context. London.

HALLER, M., & MÜLLER, W. (Hg.), 1983: Beschäftigungssystem im gesellschaftlichen Wandel. Frankfurt/M.-New York.

HAMMERSCHMIDT, A. & STIENS, G., 1980: "Stadtflucht" in hochverdichteten Regionen - Gefahr oder Erfordernis? Informationen zur Raumentwicklung, 585-598.

HANEFELD, U., 1982: Das sozio-ökonomische Panel. Frankfurt-Mannheim: Sonderforschungsbereich 3, Arbeitspapier Nr. 65.

HARKNESS, R.C., 1973: Communication Innovations: Urban Form and Travel Demand. Some Hypotheses and a Bibliography. Transportation 2, 152-193

----, 1977: Technology Assessment of Telecommunications/Transportation Interactions. Vol. 1. Introduction, Scenario Development, and Policy Analysis. Menlo Park, Calif.: Stanford Research Institute.

HARVEY, D., 1973: Social Justice and the City. Baltimore.

HAWLEY, A.H., 1981: Urban Society, New York, 2nd ed.

HEINZE, G.W., 1983: Telekommunikation und räumliche Entwicklung. Begründete Vermutungen bisheriger Verkehrsevolution. Berlin.

HELLBERG, H., 1975: Der suburbane Raum als Standort von privaten Dienstleistungseinrichtungen. In: AKADEMIE 1975.

HELLSTERN, M. & WOLLMANN, H., 1979: Neue Stadtpolitik? Zur Veränderung staatlicher und kommunaler Handlungsmuster als Reaktion auf verlorenes Entwicklungspotential. In: T. ELLWEIN (Hg.): Politikfeldanalysen. Opladen.

HELMERT, U., 1977: Konzentrations- und Segregationsprozesse der ausländischen Bevölkerung in Frankfurt am Main. In: H.-J. HOFFMAN-NOWOTNY & K.-O. HONDRICH (Hg.): Ausländer in der Bundesrepublik Deutschland und in der Schweiz. Frankfurt-New York.

HENCKEL, D., NOPPER, E. & RAUCH, N., 1984: Informationstechnologie und Stadtentwicklung. Stuttgart.

----, NOPPER, E. & RAUCH, N., 1984: Informationstechnologie und die Zukunft der Städte. Stadtbauwelt 82, 998-1002.

HEUER, H., 1970: Aktuelle Probleme kommunaler Wirtschaftsförderung in der Bundesrepublik Deutschland. Der Städtetag, N. F. 30, 548.

----, 1975a: Sozioökonomische Bestimmungsfaktoren der Stadtentwicklung. Stuttgart.

----, 1975b: Die wirtschaftliche Spezialisierung der Großstädte in der Bundesrepublik Deutschland. Raumforschung und Raumordnung 33, 275.

----, i. Vorb.: Instrumente kommunaler Gewerbepolitik - Ergebnisse empirischer Erhebungen.

---- & SCHÄFER, R., 1976: Möglichkeiten der Beeinflussung kleinräumiger Wanderungsprozesse in großstädtischen Verdichtungsgebieten. Raumforschung und Raumordnung 34, 157-167.

HICKS, D.A. (ed.), 1982: Urban America in the Eighties. New Brunswick, New Jersey.

HOFFMANN-NOWOTNY, H.-J., 1984: Auf dem Wege zu einer Gesellschaft von Einzelgängern? Neue Zürcher Zeitung vom 7.7.1984.

HOFFMEYER-ZLOTNIK, J., 1982: Community Change and Invasion: The Case of Turkish Guest Workers. In: FRIEDRICHS 1982.

HÜBL, L. & SCHEPERS, W., 1983: Strukturwandel und Strukturpolitik. Darmstadt: Wiss. Buchgemeinschaft.

HUNT, P.N. et al., 1983: ISDP 1979 Research Panel Documentation. Springfield, VA: National Technical Information Service.

HUSSMANNS, R., MAMMEY, U. & SCHULZ, R., 1983: Die demographische Lage in der Bundesrepublik Deutschland. Zeitschrift für Bevölkerungswissenschaft 9, 291-362.

INFRAS, 1984: Wirtschaftlich-räumliche Auswirkungen neuer Kommunikationsmittel. Zürich.

INGLEHART, R., 1981: Post-Materialism in an Environment of Insecurity. American Political Science Review 75, 880-900.

INSTITUT FÜR ARBEITSMARKT UND BERUFSFORSCHUNG (Hg.), 1982: Wachstum und Arbeitsmarkt. 2. Nachtrag zu Quint AB 1. Nürnberg: IAB. (Identisch mit KLAUDER, SCHNUR & THON 1982.)

JESSEN, J., MEINECKE, B. & WALTHER, U.-J., 1979: Faktoren innerregionaler Wanderung - Verhalten der Wohnbevölkerung. In: ROBERT BOSCH STIFTUNG GmbH (Hg.): Beiträge zur Stadtforschung 1. Stuttgart.

KALBA, K., 1974: Urban Telecommunications: A New Planning Context. Socio-Economic Planning Science 8, 37-45.

KARRENBERG, H. & MÜNSTERMANN, E., 1983: Gemeindefinanzbericht 1983. Der Städtetag, N. F. 36, 69-108.

----, 1984: Gemeindefinanzbericht 1984. Der Städtetag, N. F. 37, 84.

KASARDA, J.D., 1978: Urbanization, Community, and the Metropolitan Problem. In: STREET et al. 1978.

----, 1980: The Implications of Contemporary Redistribution for National Urban Policy. Social Science Quarterly 61, 373-400.

----, 1983a: Entry-level Jobs, Mobility, and Urban Minority Umemployment. Urban Affairs Quarterly 19, 21-40.

----, 1983b: Caught in the Web of Change. Society 21, 41-47.

---- & FRIEDRICHS, J., 1985: Comparative Demographic-Employment Mismatches in U.S. and West German Cities. In: R.E.L. SIMPSON & I.H. SIMPSON (eds.): Research in the Sociology of Work, Vol. 3. Greenwich: JAI Press (im Druck).

KELLERHALS, J., 1979: Fragen und Vorschläge zum soziologischen Studium der Krise der Familie. In: M. PERREZ (Hg.): Krise der Kleinfamilie? Bern-Stuttgart-Wien.

KLAUDER, W., SCHNUR, P & THON, M., 1982: Wachstum und Arbeitsmarkt. 2. Nachtrag zu QuintAB1. Nürnberg: IAB.

KLEBER, W., 1983: Die sektorale und sozialrechtliche Umschichtung der Erwerbsstruktur in Deutschland 1882-1970. In: HALLER & MÜLLER 1983.

KLEIN, R.P. & GLEITZE, J.M., 1975: Gemeindefinanzbericht 1975. Der Städtetag, N. F. 28, 2-15.

KOCH, R.: 1980: Counterurbanisation auch in Westeuropa? Informationen zur Raumentwicklung, 59-69.

KOSACK, G., 1973: Immigrant Workers and Class Structure in Western Europe. London.

KOVALEFF, T.P., 1974: Industrialization and the American City. In: F.J. COPPA & P.C. DOLCE (eds.): Cities in Transition. Chicago.

KREIBICH, V., 1979: Zum Zwangscharakter räumlicher Mobilität. In: P. JÜNGST & H.-J. SCHULZE-GÖBEL (Hg.): Stadt und Gesellschaft - Sozio-ökonomische Aspekte von Stadtentwicklung. Kassel: URBS ET REGIO, Kasseler Schriften zur Geographie und Planung, Bd. 13.

----, 1981: Stadtflucht - Zur Kritik der Erklärungsansätze und politischen Leitbilder. In: P. AHRENS, V. KREIBICH & R. SCHNEIDER (Hg.): Stadt-Umlandwanderung und Betriebsverlagerung in Verdichtungsräumen.

Dortmund (Dortmunder Beiträge zur Raumplanung, Bd. 23).

----, 1982: Determinanten des Standortverhaltens von Haushalten. In: AKADEMIE 1982.

----, MEINECKE, B. & NIEDZWETZKI, K., 1980: Wohnungsversorgung und regionale Mobilität. Am Beispiel München. Dortmund (Dortmunder Beiträge zur Raumplanung 19).

KROMREY, H., 1984a: Neue Kommunikationstechnologien in der Freizeit. Angewandte Sozialforschung 12, 69-77.

----, 1984b: Räumliche Auswirkungen neuer Medien? arch+ , Heft 75/76, 45-52.

---- et al., 1984: Bochumer Untersuchung im Rahmen der wissenschaftlichen Begleitung des Feldversuchs Bildschirmtext Düsseldorf/Neuss. Bochum.

LANDESHAUPTSTADT STUTTGART (Hg.), o.J.: Wohnort Stuttgart. Stuttgart (Beiträge zur Stadtentwicklung, Bd. 20).

LANDWEHR, R., 1980: Innenstadtnahe Altbaugebiete: Das materielle Substrat einer studentischen Alternativkultur. Angewandte Sozialforschung 8, 33-63.

LANGKAU-HERRMANN, M., 1982: Konzentration von Arbeitern und Ausländern in Großstadtinnenstädten am Beispiel der Stadt Köln. Opladen.

LA PORTE & ABRAMS, C., 1976: California as a "Post-Industrial" Society: A Test Case? Paper, Annual Meeting of the American Political Science Association, New Orleans, 4.-8. September 1976. In: L. KERN (Hg.): Probleme der postindustriellen Gesellschaft. Köln.

LASKA, S.B. & SPAIN, D. (eds.), 1980: Back to the City. Issues in Neighborhood Renovation. New York.

LEMPOLD, A., 1983: Liebe und Partnerschaft: Formen der Codierung von Ehen. Zeitschrift für Soziologie 12, 297-327.

LEONTIEF, W.W., 1982: Die Folgen für Arbeitsplätze und Einkommensverteilung. In: Spektrum der Wissenschaft.

LESLIE, G.R., 1976: The Family in Social Context. New York.

LIBBY, W.L., 1969: La fin du trajét quotidien? Analyse et Prévision 7, 235-258.

LIEBERSON, S., 1980: A Piece of the Pie: Blacks and White Immigrants Since 1880. Berkeley-Los Angeles.

LIEBERSON, S. & CARTER, D.K., 1982: Temporal Changes and Urban Differences in Residential Segregation: a Reconsideration. American Journal of Sociology 88, 296-310.

LOLL, B.-U., 1982; Guest Worker Assimilation in West Germany. In: FRIEDRICHS 1982.

----, 1983: Jugendkriminalität von Ausländern der zweiten und dritten Generation. Studie im Auftrage des Bundeskriminalamtes. Hamburg: Forschungsstelle Vergleichende Stadtforschung. (Erscheint 1985 im Verlag des BKA, Wiesbaden.)

LONDON, B., 1980: Gentrification as Urban Reinvasion: Some Preliminary Definitional and Theoretical Considerations. In: LASKA & SPAIN 1980.

LONG, J.F., 1981: Population Deconcentration in the United States. Washington, D.C.: Bureau of the Census.

LONG, L.H., 1975: How the Racial Composition of Cities Changes. Land Economics 3, 258-267.

LONG, L.H. & DAHMAN, D.C., 1980: The City-Suburb Income Gap. Washington, D.C.: U.S. Government Printing Office.

LOWRY, I.S., 1980: The Dismal Future of Central Cities. In: SOLOMON 1980

LOY, G., 1981: Theoretische Ansätze zur Erklärung des veränderten generativen Verhaltens in der BRD. Wiesbaden: Bundesinstitut für Bevölkerungsforschung (Materialien zur Bevölkerungswissenschaft, Heft 25).

LUTZ, B., 1976: Bildungssystem und Beschäftigungsstruktur in Deutschland und Frankreich. In: Institut für sozialwissenschaftliche Forschung (Hg.): Betrieb - Arbeitsmarkt - Qualifikation I. Frankfurt/M.

LUTZ, T., 1983: Entwicklungslinien der Informationstechnologie. Stuttgart.

MÄRTENS, H.W., 1980: Gastarbeiter in einem city-nahen Mischgebiet. Bauwelt, Heft 13, 553-55.

MEIER, B., 1983: Qualifikationsstukturen der Arbeitnehmer ausgewählter Wirtschaftszweige. iw-trends, 3/1983, 25-32.

MERTENS, S. & KLAUDER, W., (Hg.): 1980: Probleme der Messung und Vorausschätzung des Erwerbspersonenpotentials. Nürnberg: IAB.

MERTINS, G., 1983: Zwischen Integration und Reintegration. Geogr. Rundschau 35, 46-53.

METCALF, D. & RICHARDSON, R.,1976: Unemployment in London. In: G.D.N. WORSWICK (ed.): Measurement of Unemployment. London.

MEYER, S. & SCHULZE, E., 1983: Nichteheliche Lebensgemeinschaften - Alternativen zur Ehe. Kölner Zeitschrift für Soziologie und Sozialpsychologie 35, 725-734.

MILLER, A., 1962: Kultur und menschliche Fruchtbarkeit. Stuttgart.

MÖLLER, J., 1975: Perspektiven und Probleme räumlicher Entwicklungen. Göttingen (Kommission für wirtschaftlichen und sozialen Wandel, Bd. 104).

MÖLLERS, R. & OSENBERG, H., 1984: Belegung von Sozialwohnungen. Hannover

(Unveröffentlichter Bericht zur Wohnungsmarktanalyse Großraum Hannover).

MÖLLERS, R. & SCHLARB, M., 1984: Sozialer Wohnungsbau - Status quo und Perspektiven. Dortmund.

MORGAN, B.S., 1983: An Alternative Approach to the Development of a Distance-based Measure of Racial Segregation. American Journal of Sociology 88, 1237-1249.

MORRISON, P.A., 1972: Population Movements and the Shape of Urban Growth: Implications for Public Policy. In: U.S. Commission on Population Growth and the American Future: Population, Distribution, and Policy, V.I.V. Washington, D.C.: U.S. Government Printing Office.

MORRISON, P.A., 1973: Migration from Distressed Areas: Its Meaning for Regional Policy. Santa Monica, Calif.: Rand Corporation.

MULLER, P.O., 1980: Suburbanization in the 1970s: Interpreting Population, Socioeconomic, and Employment Trends. In: BRUNN & WHEELER 1980.

NEIDHARDT, F., 1970: Die Familie in Deutschland. In: Deutsche Gesellschaft im Wandel, Band 2, 9-84. Opladen.

NELSON, D. et al., 1983: An Overview of the Survey of Income and Program Participation. Washington, D.C.: U.S. Bureau of the Census.

NIPPER, J., 1983: Räumliche Autoregressivstrukturen in raum-zeit-varianten sozioökonomischen Prozessen. Gießen (Gießener Geogr. Schriften, Nr. 53).

NORTON, R.D., 1979: City Life-Cycles and American Urban Policy. Baltimore.

----, 1983: Reindustrialization and the Urban Underclass. In: D.A. HICKS & N.J. GLICKMAN (eds.): Transition to the 21st Century: Prospects and Policies for Economic and Urban-Regional Transformation. Greenwich, Conn.

NOVY, K., 1983: Mehr Gemeinwirtschaft statt "mehr Markt". Stadtbauwelt 77, 28-29.

OECD (Organization for Economic Development), 1981: Urban Decline in OECD Countries. Paris: OECD.

OGBURN, W.F., 1922: Social Change. New York.

OSMAY, S., 1981: Immigrant Workers, Housing and Integration. In: F. KUNST (ed.): Housing and Labour Immigrants: Problems and Policies in West German Metropolitan Areas. Berlin: Institut für Stadt- und Regionalplanung der Technischen Universität Berlin.

PAINE, S., 1974: Exporting Workers: The Turkish Case. London.

PALLUCH, H.C., 1984: Arbeitsmarkt und Ausländerarbeitslosigkeit - Neue Aufgabenschwerpunkte der Städte. In: Verband Deutscher Städtestatistiker (Hg.): Jahresbericht 1983. Wuppertal: Amt für Stadtentwicklung und Stadtforschung.

PETERSON, G., & MULLER, T., 1980: The Economic and Fiscal Accompaniments of Population Change. In: BERRY & SILVERMAN 1980a.

PFEIFER, U., 1984: Problemfelder des Wohnungsmarktes - neue Politiken für Gruppen und Teilmärkte? In: Landeshauptstadt München, Referat die Stadtplanung und Bauordnung (Hg.). Dokumentation über den Wohnungspolitischen Kongreß 1983. München.

PFEIL, E., SCHMIDT-RELENBERG, N. & FRIEDRICHS, J., 1967: Die Kommerzialisierung von Harvestehude. Zur Wandlung eines citynahen Stadtteils. In: H.D. ORTLIEB & B. MOLITOR (Hg.): Hamburger Jahrbuch für Wirtschafts- und Gesellschaftspolitik, Bd. 12. Tübingen.

PHILLIPS, P.D., & BRUNN, S.D., 1980: New Dynamics of Growth in the American Metropolitan System. In: BRUNN & WHEELER 1980.

PIEPENBRINK, K.-H. & v. ROHR, H.-G., 1981: Hamburg und seine Region. Einige ausgewählte aktuelle Entwicklungstrends. Geogr. Rundschau 33, 414-420.

POHL, M., 1982: Wirtschaftsförderung in Großstädten. Teil I: Arbeitsmarkt und Wirtschaftsstruktur. Bremer Zeitschrift für Wirtschaftspolitik 5, 1-153.

POHL, R. & VOSS, K.-F., 1978: Wohngemeinschaften in Braunschweig. In: POHL et al. 1978: Mittlere Wohndauer 18 Monate. Bonn (Reihe "Wohngemeinschaft leben und verändern", Nr. 2).

PORST, R., 1984: Haushalt und Familien 1982. Zur Erfassung und Beschreibung von Haushalts- und Familienstrukturen mit Hilfe repräsentativer Bevölkerungsumfragen. Zeitschrift für Soziologie 13, 165-175.

(PRESIDENT´S COMMISION 1980) President´s Commission for a National Agenda for the Eighties (ed.), 1980: Urban America in the Eighties. Washington: U.S. Government Printing Office. (Um eine Einleitung erweitert veröffentlicht von HICKS 1982.)

PROEBSTING, H. & FLEISCHER, H., 1983: Bevölkerungsentwicklung 1982. In: Wirtschaft und Statistik, Heft 7, 544-549.

PROGNOS AG, 1977: Kernstadt - Randwanderung: Motive und Tendenzen. Unterlage für das Fachseminar Wohnungsmarktentwicklung und Stadtentwicklung beim Bundesminister für Raumordnung, Bauwesen und Städtebau, im September 1977. Basel.

----, 1978: Strukturelle Veränderungen in Verdichtungsräumen - Arbeitsplätze. Bonn-Bad Godesberg (Schriftenreihe des BMBau 06.030).

----, 1982: Die Bundesrepublik Deutschland 1985-1990-2000. Report Nr. 11. Basel.

REGIONALE WOHNUNGSMARKTUNTERSUCHUNG GROSSRAUM HANNOVER, 1985. Dortmund: Institut für Raumplanung (Unveröff. Forschungsbericht).

REID, G.L., 1980: Manpower Policy and Inner Cities. In: EVANS & EVERSLEY

1980.

RHODE, B., 1977: Die Verdrängung der Wohnbevölkerung durch den tertiären Sektor. Hamburg: Christians.

ROBERS, J., 1983: Nur ein Sofortprogramm kann die Finanzkraft kurzfristig stärken. Demokratische Gemeinde 35, 772-773.

ROEBUCK, J., 1974: The Shaping of Urban Society. New York.

von ROHR, H.G., 1971: Industriestandortverlagerungen im Hamburger Raum. Hamburg: Institut für Geographie und Wirtschaftsgeographie der Universität Hamburg.

----, 1972: Die Tertiärisierung citynaher Gewerbegebiete. Berichte zur Landeskunde 46, 29-48.

----, 1975: Der Prozeß der Industriesuburbanisierung. In: AKADEMIE 1975.

----, 1978: Intraregionale Wanderungen in ihrem Einfluß auf die Entwicklung in Verdichtungsräumen. Erklärungsansätze und Trendszenarien. Bonn-Bad Godesberg (Schriftenreihe des BMBau 06.029).

----, 1981: Stadtflucht - Ende einer Diskussion? Hamburg (Material zur angewandten Geographie Nr. 3).

ROSENBLADT, B.v. & BÜCHTEMANN, C.F., 1980: Arbeitslosigkeit und berufliche Wiedereingliederung. MittAB, Heft 4/1980, 525-572.

ROTHSCHILD, E., 1981: Reagan and the Real America. New York Review of Books, (February), 12-15.

RÜRUP, B. & CREMER, R., 1982a: Arbeitsplatzeffekt per Saldo negativ. Computerwoche, Nov. 1981-Jan. 1982.

----, 1982b: Informationstechnik: Beschäftigungswirkungen. Bundesarbeitsblatt, 4/1982, 9-12.

RUPP, S., 1981: In der Bundesrepublik Deutschland lebende ausländische Arbeiter, ihre Haushalte und Familien. Boppard (Schriftenreihe des Bundesinstituts für Bevölkerungsforschung, Nr. 10).

(SACHVERSTÄNDIGENRAT 1972) Sachverständigenrat zur Begutachtung der gesamtwirtschaftlichen Entwicklung, 1972: Jahresgutachten 1972/73. Stuttgart-Mainz.

(SACHVERSTÄNDIGENRAT 1971) Sachverständigenrat zur Begutachtung der gesamtwirtschaftlichen Entwicklung, 1971: Jahresgutachten 1971/72. Stuttgart-Mainz.

(SACHVERSTÄNDIGENRAT 1974) Sachverständigenrat zur Begutachtung der gesamtwirtschaftlichen Entwicklung, 1984: Jahresgutachten 1974/75. Stuttgart-Mainz.

(SACHVERSTÄNDIGENRAT 1982) Sachverständigenrat zur Begutachtung der gesamtwirtschaftlichen Entwicklung, 1982: Jahresgutachten 1982/83. Stuttgart-Mainz.

SCHAFFER, F., 1981: Wanderungsverhalten, Wohnumfelder und Verkehrsmittelwahl in Verdichtungsgebieten. Hannover (Forschungs- und Sitzungsberichte der Akademie für Raumforschung und Landesplanung, Nr. 136).

SCHENCK, U., 1984: Die Rückwanderungsbereitschaft aus dem Umland der Städte in die Kernstadt. Dargestellt am Beispiel der Region Hamburg. Hamburg: Institut für Soziologie (Unveröffentlichte Diplomarbeit).

SCHÜTZ, M., 1985: Die Trennung von Jung und Alt in der Stadt. Eine vergleichende Analyse der Segregation von Altersgruppen in Hamburg und Wien. Hamburg.

SCHULTES, W., 1983: Neue Wohnungsnot in deutschen Großstädten - Herausforderung an die kommunale Wohnungspolitik. Wiesbaden (43. Deutscher Geographentag Mannheim 1981, Tagungsbericht und wissenschaftliche Abhandlungen).

---- u.a. (Hg.), 1985: Wohnungspolitik und Wohnmobilität. Stuttgart (Beiträge zur Stadtforschung, Bd. 5).

SCHWARTZ, G.G., 1980: Urban Revitalization and Industrial Policy: The Issues. Testimony before the Subcommittee on the City, Committee on Banking, Finance, and Urban Affairs, U.S. House of Representatives, Washington, D.C.

SCHWARZ, K., 1981: Die Haushalte der Unverheirateten und der verheiratet Getrenntlebenden. Zeitschrift für Bevölkerungswissenschaften 7, 447-473.

----, 1982: Bericht 1982 über die demographische Lage in der BRD. Zeitschrift für Bevölkerungswissenschaft 8, 121-223.

----, 1983: Untersuchungen zu den regionalen Unterschieden der Geburtenhäufigkeit. Hannover (Forschungs- und Sitzungsberichte der Akademie für Raumforschung und Landesplanung, Nr. 114).

----, 1983: Die Alleinlebenden. Zeitschrift für Bevölkerungswissenschaft 9, 241-257.

SCHWIRIAN, K.P., 1983: Models of Neighborhood Change. In: Annual Review of Sociology, Vol. 9. Palo Alto, Calif.

SEETZEN, J. & PFAB, R., 1981: Macro- and Microeconomic Modelling on Information Economy and its Links with Questions of Employment. Berlin.

SIEBEL, W., 1984: Krisenphänomene der Stadtentwicklung. arch+ , Heft 75/76, 67-70.

SINZ, U., 1981: Bevölkerungsrückgang ohne regionale Folge? Informationen zur Raumentwicklung, 773-795.

SOCIAL SCIENCE RESEARCH COUNCIL, 1984: The Survey of Income and Program Participation and the Income Survey Development Program: An Overview. (Mimeo.) New York.

SOZIALBERICHT 1978: hg. vom Bundesminister für Arbeit und Sozialordnung. Bonn-Bad Godesberg.

SOZIALBERICHT 1980: hg. vom Bundesminister für Arbeit und Sozialordnung. Bonn-Bad Godesberg.

SOLA POOL, I. de et al., 1977: Foresight and Hindsight: The Case of the Telephone. In: I. de SOLA POOL (ed.): The Social Impact of the Telephone. Cambridge, Mass.

SOLOMON, A.P. (ed.), 1980: The Prospective City. Cambridge, Mass.

STÄDTE IN ZAHLEN, 1983. Ein Strukturbericht zum Thema Finanzen. Hamburg: Statistisches Landesamt (Verband Deutscher Städtestatistiker).

STATISTISCHES BUNDESAMT (Hg.), 1966: Statistisches Jahrbuch 1966 für die Bundesrepublik Deutschland. Stuttgart-Mainz.

----, 1970: Statistisches Jahrbuch 1970 für die Bundesrepublik Deutschland. Stuttgart-Mainz.

----, 1974: Statistisches Jahrbuch 1974 für die Bundesrepublik Deutschland. Stuttgart-Mainz.

----, 1976: Statistisches Jahrbuch 1976 für die Bundesrepublik Deutschland. Stuttgart-Mainz.

----, 1982: Statistisches Jahrbuch 1982 für die Bundesrepublik Deutschland. Stuttgart-Mainz.

----, 1983: Statistisches Jahrbuch 1983 für die Bundesrepublik Deutschland. Stuttgart-Mainz.

STATISTISCHES JAHRBUCH DEUTSCHER GEMEINDEN, 1970. Köln.

STATISTISCHES LANDESAMT HAMBURG (Hg.), 1983: Statistisches Taschenbuch 1983. Hamburg.

STANBACK, T.M. & NOYELLE, T.J., 1981: Metropolitan Labor Markets in Transition: A Study of Seven SMSAs. Final Report. Washington, D.C.: U.S. Department of Commerce.

STEINBERG, B, 1983: The Mass Market is Splitting Apart. Fortune, November 28, 76-82.

STERNLIEB, G., 1971: The City as a Sandbox. The Public Interest 25, 14-21.

---- & HUGHES, J.W. (eds.), 1975: Post-Industrial America: Metropolitan Decline and Inter-Regional Job Shifts. New Brunswick, N.J.: Rutgers University, Center for Urban Policy Research.

----, 1980: The Changing Demography of the Central City. Scientific American 243, 48-57.

----, 1980a: Some Economic Effects of Recent Migration Patterns on Central Cities. In: STERNLIEB, HUGHES et al. 1980.

----, 1980b: Back to the Central City: Myths and Realities. In: STERNLIEB, HUGHES et al. 1980.

----, 1980c: The "Two-Cities" Phenomenon. In: STERNLIEB, HUGHES et al. 1980.

----, 1983: The Uncertain Future of the Central City. Urban Affairs Quarterly 18, 455-472.

---- et al., 1980: America´s Housing. Prospects and Problems. New Brunswick: Rutgers University, Center for Urban Policy Research.

STREET, D. et al., 1978: Handbook of Contemporary Urban Life. San Francisco.

SUTTLES, G., 1978: Changing Priorities for the Urban Heartland. In: STREET et al. 1978.

THOMAS, W., 1984: Wanderungen in Niedersachsen - innerhalb des Landes und über die Landesgrenzen. 3. Teil: Wanderungen auf der Ebene der Verwaltungseinheiten sowie der kreisfreien Städte und Landkreise (1970-1981). Göttingen-Hannover (Forschungen zur niedersächsischen Landeskunde, Nr. 113).

TROST, J., 1980: Cohabitation without Marriage in Sweden. In: EEKELAAR & KATZ (eds.) 1980: Marriage and Cohabitation in Contemporary Societies, 16-22. Toronto.

TUMA, N.B., 1980: Invoking RATE. Mimeographed. Menlo Park, CA: SRI International.

----, HANNAN, M.T., & GROENEVELD, L.P., 1979: Dynamic Analysis of Event Histories. American Journal of Sociology 84, 80-854.

U.S. BUREAU OF THE CENSUS, 1982: Current Population Survey, March 1982. Tape Technical Documentation. Washington, D.C.: U.S. Government Printing Office.

U.S. DEPARTMENT OF HOUSING AND URBAN DEVELOPMENT, 1978, 1980: The President´s National Urban Policy Report. Washington, D.C.: Department of Housing and Urban Development.

VAUGHAN, R.J., 1977: The Urban Impacts of Federal Policies: Vol. 2, Economic Development. Santa Monica, Calif.: The Rand Corporation.

VINYARD, J., 1976: The Irish on the Urban Frontier: Nineteenth Century Detroit, 1850-1880. New York.

WAGNER, M., 1983: Wohngemeinschaften. In: WAGNER, DROTH & DANGSCHAT 1983

----, DROTH, W. & DANGSCHAT, J., 1983: Räumliche Tendenzen der Entwicklung Neuer Haushaltstypen. Eine Literaturstudie im Auftrag der Akademie für Raumforschung und Landesplanung Hannover). Hamburg (Unveröff. Manuskript).

WEGENER, H.-U., 1983: Telearbeit für das Büro. data report, 18, 4-7.

WILEY, N.F., 1970: The Ethnic Mobility Trap and Stratification Theory. In: P.I. ROSE (ed.): The Study of Society. New York, 2nd. ed.

WILSON, W.J., 1982: The Urban Underclass in Advanced Industrial Society. Paper presented at the University of Chicago Public Policy Conference on the Future of the City.

----, 1983: Inner-City Dislocations. Society 21, 80-86.

WINSHIP, C, 1977: A Revaluation of Residential Segregation. Social Forces 55, 1058-1066.

WINTER, G., 1983: Die Zuteilung von Sozialmietwohnungen. Stadtbauwelt 77, 44-46.

WISTA 1983: Tabellarischer Anhang. Wirtschaft und Statistik, Heft 7.

WOLFRAM, U., 1974: Citynahes Wohnen in Harvestehude und Rotherbaum. Hamburg: uni hh forschung.

WOLLENHAUPT, H.G., 1973: Die Hamburger Privathaushalte nach Art und Größe sowie ihre Haushaltsvorstände nach Stellung im Beruf und nach überwiegendem Lebensunterhalt - Ergebnis der Volkszählung 1970. Hamburg in Zahlen, Heft 9, 304-329.

ZIMMER, B., 1975: The Urban Centrifugal Drift. In: A.H. HAWLEY & V.P. ROCK (eds.): Metropolitan America in Contemporary Perspectives. New York.

ZINNECKER, J., 1981: Jugend 1981: Porträt einer Generation. In: A. FISCHER, R.C.FISCHER, W. FUCHS & J. ZINNECKER, 1981: Jugend ´81. Band 1 (Shell-Studie).Hamburg.

ZUNZ, O., 1982: The Changing Face of Inequality: Urbanization, Industrial Development and Immigrants in Detroit, 1880-1920. Chicago.